Die Katze in Magie, Mythologie und Religion

M. Oldfield Howey

DIE KATZE
IN MAGIE, MYTHOLOGIE UND RELIGION

Fourier Verlag • Wiesbaden

2. Auflage 1996
Alle Rechte vorbehalten
© MECO Buchproduktion, Dreieich
Lizenzausgabe für Fourier Verlag GmbH, Wiesbaden
Gesamtherstellung: Mladinska knjiga Tiskarna, Slowenien
ISBN 3-925037-58-6

VORWORT

DER MENSCH SCHUF GOTT NACH SEINEM EBENBILD, war ein Ausspruch Voltaires, doch die Menschen haben sich die
Götter nicht immer in Menschengestalt vorgestellt. In vergleichsweise frühen Stadien der religiösen Entwicklung wurde dem Anhänger bewußt, daß sich die dem Menschen inne-
wohnende Vorstellung von Göttlichkeit nicht in adäquater
Form durch den Menschen symbolisieren oder personifizie-
ren ließ. Bei den frühen Völkern ist das Leben mit der Religion eng verwoben, und jedes konkrete Objekt der Wahrnehmung wird als Idee und Manifestation des Schöpfergottes
betrachtet und deshalb als rechtmäßiger Beansprucher der
ehrfürchtigen Verehrung durch den Menschen. Tiere, Vögel,
Fische, Reptilien, ja sogar Insekten, Pflanzen, Steine und ge-
waltige Gebilde, die die Vorstellungskraft beflügelten, wurden in den phantasievollen Anfängen als Abbilder von At-
tributen des Unendlichen gesehen.

So wurde zunächst eine grundlegende Gleichheit aller be-
lebten und unbelebten Dinge angenommen; doch tieferge-
hendes Forschen zeigte, daß manche Formen so vielseitige
Facetten besaßen, daß sie alle kleineren Lichter in den
Schatten stellten und ihrem Betrachter durch sich selbst etwas von der Allumfassendheit des Göttlichen übermittelten.
Eines dieser Symbole ist die Schlange, wie ich in einem
früheren Band darzustellen versucht habe, aber ein weiteres,
besonders herausragendes Beispiel für ein ›Multum in parvo‹-
Sinnbild, das wegen seiner unbedingten Angemessenheit
Jahrtausende über sein Entstehen hinaus weiterbestanden
hat, ist das Thema dieses Buches, die Katze. Die Katze vermittelt, wie die Schlange, wenn auch durchaus unvollkommen, den Gedanken, daß Gott Alles ist. Eine so ungeheure
Vorstellung schließt die Untersuchung vieler, völlig unter-

5

schiedlicher, und sogar scheinbar widersprüchlicher Aspekte mit ein, die nur durch diesen einzigen Gedanken vereinigt werden können. Daher müssen meine Leser jegliches Fehlen einer logischen Reihenfolge verzeihen, das sich in meiner Untersuchung aufdrängen kann. Die Katze ist Symbol für Gut und Böse, für Licht und Dunkel, für Christus und Satan, für Religion und schwarze Magie, für Sonne und Mond, für Vater, Mutter und Kind. Unsere Erforschung wird belohnt werden mit einer Fülle von Einblicken, die das Anheben des Schleiers gewährt. Die Themen, auf die uns das Symbol Katze führt, sind so gewaltig, daß nicht einmal eins von ihnen in lebenslanger, völliger Hingabe ausgeschöpft werden könnte, so daß dieses Werk selbstverständlich keinen Anspruch auf Vollständigkeit erhebt. Doch trotz der in dieser Hinsicht absoluten Unzulänglichkeit glaube ich, daß es so viel Wissenswertes enthält, daß der allgemein interessierte Leser und der Erforscher der Geheimnisse des Lebens gleichermaßen gefesselt sein werden.

M. O. H.

KAPITEL I

Bastet

AN DER SPITZE DER GOTTHEITEN des alten Ägyptens, in dem die Katze als besonders heilig galt, stand die große Göttin Bastet oder Ubastet, auch bekannt als Bubastis und Pascht. Sie war die Zweite in der Triade von Memphis, die geliebte Gefährtin von Ra. Ursprünglich war sie wohl eine fremde Gottheit, aber sie wurde schon in sehr früher Zeit als weibliches Gegenstück zu den Sonnengöttern Ptah, Ra, Osiris und Tem gesehen. Man kann in ihr die Personifizierung bestimmter Aspekte der Isis sehen, die, wie der Mond oder die Katze, die den Mond verkörperte, in der nach Bubastis benannten Stadt Aboo-Pascht, der Stadt der Pascht, besonders verehrt wurde. Hier geht die Anbetung von Bastet in die früheste Vorzeit zurück, und die Verehrung der Katze als ihr Symbol hatte bei den Bewohnern eine so große Bedeutung, daß der Tod des heiligen Tiers tiefe Trauer bewirkte.

Die Stadt Bubastis lag im östlichen Teil des Nildeltas, nicht weit vom pelusischen Nilarm

Bastet mit Sistrum und heiligen Katzen

7

entfernt, und die großen Erhebungen von Tel Basta markieren noch heute ihre Lage. Sie wird in Ezechiel 30 17 unter der Bezeichnung Pi-beseth (Pubastum) erwähnt und scheint damals eine recht bedeutende Stadt gewesen zu sein. Der Prophet sagt ihren Untergang voraus, indem ihre jungen Männer durch das Schwert fallen und die Stadt in Gefangenschaft geraten wird.

Die Herkunft der meisten Statuen der Bastet, die heute in großer Anzahl im Britischen Museum stehen, ist unbekannt, aber einige stammen aus Theben und manche zierten wahrscheinlich den Tempel der Göttin. Viele von ihnen tragen den Namen Amenhoteps III., und es ist nicht ganz verständlich, warum dieser Monarch der thebanischen Linie so viele Statuen zu Ehren einer Göttin anfertigen ließ, die viel eher zu Unterägypten gehörte. Sharpe vermutet eine mögliche Erklärung in einem Bestandteil der Namenskartusche des Pharaos, in dem er sich selbst als »Herrscher über die Stadt Mendes« bezeichnet. In jedem Fall genoß Bastet große Verehrung in Oberägypten, und in Theben und Heliopolis nahm sie eine bedeutende Stellung unter den Gottheiten ein. Sie wird in den Pyramidentexten des Phiops erwähnt, und auch im Totenbuch tritt sie gelegentlich in Erscheinung.

Durch Herodot ist uns eine anschauliche Beschreibung des Heiligtums der Göttin überliefert worden: »Es steht auf einer Insel, die bis auf den Eingangsbereich vollkommen von Wasser umgeben ist. Zwei getrennte Kanäle führen vom Nil zum Eingang hin, zweigen nach rechts und links ab und umfließen den Tempel.« Diese Kanäle waren etwa 30 m breit und ihre Ufer wurden von Bäumen gesäumt. Die Überreste des einst prachtvollen Bauwerks lassen erkennen, daß es eine Länge von etwa 150 m hatte. Es war aus feinstem roten Granit erbaut und wurde von einer heiligen Mauer geschützt, die eine Fläche von ungefähr 180 m² umfaßte. Diese wurde wiederum von einer Einfriedung umgeben, die 270 auf 365 m maß und einen Wassergraben, einen kleinen Wald und einen See umschloß. Herodot berichtet weiter: »Das Vestibül ist 18 m hoch und wird von stattlichen Figuren von ca. 3 m Höhe geziert. Der Tempel befindet sich in der Mitte der Stadt und ist von jedem Platz aus zu sehen, weil die Häuser auf erhöhten Fundamenten erbaut wurden, während der Tempel auf dem ursprünglichen Niveau des Bodens steht. Das heilige Gelände wird von einer mit zahlreichen Skulpturen geschmückten Mauer abgegrenzt, hinter der sich, umgeben von hohen Bäumen, die Cella des Tempels befindet. In der Cella steht die Statue der Göttin. Der heilige Bezirk hat eine Größe von einem Stadion (185 m) im Quadrat. Eine Straße, die am Eingang des Tempels beginnt, überquert den öffentlichen Platz und führt weiter nach Osten bis zum Tempel des Merkur.«

Eines der größten Feste in Ägypten war das in Bubastis zu Ehren von Bastet, das in den Monaten April und Mai stattfand. Laut Herodot (2 59, 60) hatte dieses Fest für die Ägyp-

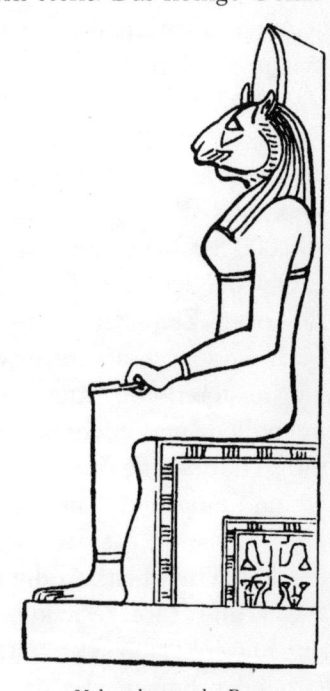

Kolossalstatue der Bastet
mit Löwenkopf

ter eine besondere Bedeutung unter all den zahlreichen Feierlichkeiten, die jährlich in ihrem Land abgehalten wurden, und er hat uns von seiner Reise nach Bubastis seine Beobachtungen über das Zeremoniell überliefert. Er schreibt: »Die Zelebranten bewegen sich auf dem Wasser, und zahllose Boote sind angefüllt mit Menschen beider Geschlechter.

Während der Fahrt schlagen einige Frauen die Crotala (Klapperinstrument), manche Männer spielen die Flöte und die übrigen Menschen singen und klatschen in die Hände. Wenn sie an einer Stadt vorbeikommen, lenken sie das Boot ans Ufer. Einige der Frauen singen weiter und spielen die Crotala, andere lassen Schmährufe gegenüber der Bevölkerung der Stadt ertönen, die zu tanzen beginnt, während die ersteren sich in spöttischer Weise entblößen. Bei jeder Stadt, die sie auf dem Fluß passieren, wiederholt sich die gleiche Vorstellung. Bei Bastet angekommen, feiern sie das Fest der Diana, sie bringen viele Opfer dar und der Weinkonsum zu dieser Gelegenheit ist größer als im ganzen Jahr; denn es sind, was die Teilnehmerzahl betrifft, nicht weniger als 700.000 Menschen anwesend, Kinder nicht inbegriffen.«

Obwohl der Name Bastet auch die Bedeutung von »Reißerin« oder »Zerreißerin« einschließt, versinnbildlicht sie dennoch, im Gegensatz zu der wilden Kriegsgöttin Sachmet, die die zerstörerische Kraft der Sonne widerspiegelt, deren freundliche und fruchtbar machende Wärme. In ihr sah man die Verkörperung der wohltätigen Seite des mächtigen Feuers und eine Glücksbringerin. Sie wurde auch »Herrin des Sept« genannt, des Sterns Sothis. Bastet ist ein Pendant zu der fröhlichen Hathor, die genau wie sie Gefallen findet an Musik und Tanz. Wir können sie wiedererkennen an dem mit Katzenköpfen oder Katzenfiguren verzierten Sistrum der tanzenden Frauen, das sie in der Hand hält, an dem Brustschild oder an dem Korb, der von ihrem Arm gestützt wird. Manchmal wird sie jedoch ohne diese Attribute dargestellt, und dann ist es schwierig zu unterscheiden, ob wir dem Katzenkopf der freundlichen Bastet oder dem Löwenkopf der mächtigen und fürchterlichen Sachmet gegenüberstehen. Auch Bastet selbst wird häufig mit Löwenkopf dargestellt, und gelegentlich ist das erklärende Zeichen hinter ihrem Namen der Löwe anstelle der Katze, die ihr eigentliches Emblem war. Einige der schwarzen Basaltfiguren des Britischen Museums zeigen Bastet als löwenköpfige Göttin, und es ist wahrscheinlich, daß diese aus frühester Zeit datieren, da Bastet erst in einer späteren Periode mit dem Kopf einer Katze erscheint und dann hauptsächlich in Form kleiner Votivbronzen.

Sowie festgestellt werden konnte, daß Wolf und Schakal dem Gott Anubis geweiht waren, können wir ebenso davon ausgehen, daß Löwe und Katze in gleicher Weise die Embleme von Sachmet und Bastet waren. Ursprünglich wurde Bastet wohl mit dem Kopf eines Löwen dargestellt (nicht einer Löwin, da die Mähne erkennbar ist), in Anspielung auf ihre halb männliche und halb weibliche Natur. Die Ägypter betrachteten die verschiedenen Katzengattungen anscheinend als austauschbar in ihrer symbolischen Bedeutung. Bei den Bronzefiguren überwiegt der Kopf der Katze allerdings deutlich. In einigen Fällen wird Bastet mit dem Sistrum in der rechten Hand und mit dem Kopf eines Löwen, der von einer Scheibe und einer Schlange überragt wird, in der linken Hand dargestellt. Diese Bronzen sind allerdings späteren Datums und können daher nicht so sehr als verläßliches Abbild der Attribute der Göttin angesehen werden, wie die Skulpturen der alten Monumente. Die Löwen, die Aelian zufolge in den Gärten des Tempels des Sonnengottes gehalten wurden, waren wahrscheinlich der Bastet geweiht. Die im Britischen Museum zu sehende kolossale Sitzfigur aus Sienit zeigt Bastet als löwenköpfige Frau. Sie trägt ein enganliegendes Kleid, die Füße stehen geschlossen nebeneinander, die Hände ruhen auf den Knien, während die Rechte das Symbol des Lebens, das Schleifenkreuz (Ankh), hält und die Linke geöffnet ist. Auf den Seiten des Sitzes befindet sich folgende Inschrift: Zu Ehren »des Priesters, des Sohnes der Sonne, des guten Königs von Oberägypten, des Herrn der Schlachten, Amenhotep III., geliebt von Pascht.« Diese Statue hat eine Höhe von

11

1,57 m vom Kopf bis zu den Füßen, ohne die Basis, auf der sie steht, und ohne die krönende Sonnenscheibe.

Eine weitere Kolossalstatue von Bastet trägt einen Katzenkopf. Diese ist, ohne Basis und Sonnenscheibe, 1,80 m hoch. Sie verewigt den Namen des Schischak, des frühesten ägyptischen Königs, der namentlich in den hebräischen Schriften genannt wird. Er regierte in Bubastis, der Hauptstadt jenes Teils von Ägypten, in dem die Juden zu Lebzeiten Moses' und später lebten. Schischak erhob sich schließlich zum Herrscher über Theben und wurde König von ganz Ägypten. Im Jahr 956 v. Chr. kämpfte er gegen Rechabeam, den König von Juda, wie im ersten Buch der Könige (14 25) berichtet wird, und es heißt: »Er nahm die Schätze aus dem Tempel des Herrn weg, ebenso die Schätze des Königspalastes, überhaupt alles nahm er weg.« In der Liste der eroberten Nationen, die sich an den Wänden des Tempels von Karnak befindet, wird das Reich Juda aufgezählt. Es scheint, als habe Schischak in Bastet die »Reißerin« oder »Zerreißerin« verehrt.

Ein weiterer Aspekt von Bastet wird in dem eindrucksvollen Ausstellungsstück des Britischen Museums symbolisiert, das eine kolossale katzenköpfige Göttin mit einem großen Kopfschmuck in Form eines aus heiligen Schlangen bestehenden Reifs zeigt, von denen jede mit einer Sonne gekrönt ist. Dadurch erfahren wir, welche Art von Verehrung Bastet durch ihre Anbeter erfuhr, und ihre doppelte Natur, die zugleich Sonne und Mond und alles, was in der ägyptischen Mystik durch sie symbolisiert wurde, wird deutlich, insbesondere die essentielle Einheit des von beiden ausgehenden Lichts. Wie die Katze in der Dunkelheit sah die Sonne in der Nacht, wenn sie in die Unterwelt reiste, durch ihre Finsternis. Bastet war die Stellvertreterin des Mondes, der als das Auge des Sonnengottes während der Stunden der Dunkelheit galt. So wie der Mond das Licht der Sonnenkugel reflektiert, sah man die phosphoreszierenden Augen der Katze als Spiegel der Sonnenstrahlen an, wenn diese sonst nicht zu sehen waren. Bastet hielt bei Nacht als Mondkatze die Sonne im Auge, hielt Wache mit dem Licht, das sie ihr schenkte, während ihre Klauen den Kopf des Todfeindes der Sonne, der Schlange der Finsternis, packten, quetschten und durchbohrten. Auf diese Weise rechtfertigte sie ihren Titel als »Reißerin« und »Zerreißerin« und zeigte damit, daß er durchaus mit Liebe vereinbar war.

Die spätere ägyptische Theologie hat offenbar wenige eigene Gedanken hervorgebracht, sie hat ihre Anstrengungen vielmehr darauf verwendet, das Alte zu rekonstruieren und wiederzubeleben. Ihre ursprüngliche Reinheit ging verloren, und Vorstellungen, die der Magie entstammten, wurden in die Religion übernommen. Da die Götter häufig als Vögel symbolisiert worden waren, gab man jedem der großen Götter eine Vogelgestalt. In dieser korrumpierten Theologie wurde Bastet als katzenköpfiger Falke dargestellt. Möglicherweise sollte diese Metapher ihre Identität mit Isis unterstreichen, denn diese Göttin schwebte über dem Leichnam des Osiris in Gestalt eines Sperbers, der versuchte, durch das Fächeln mit den Flügeln wieder Atem in den toten Körper des Gottes zu bringen, damit dieser ein neues Dasein als König der Unterwelt antreten könne.

Während Isis auf diese Weise ihrem Gemahl neues Leben verlieh, empfing sie ein Kind und gebar später den falkenköpfigen Horus.

Der Geier, der Mut (die Weltmutter und großes weibliches Gegenstück zu Amen-Ra) repräsentierte, tritt ebenfalls in Verbindung mit Bastet in Erscheinung, wobei letztere als ein Mitglied der ägyptischen Dreiheit gesehen wird, was sich aus dem zusammengesetzten Namen Sachmet-Bastet-Ra ergibt. Diese Figur veranschaulicht deutlich die außerordentlich komplizierte Natur der Göttin, denn sie stellt eine Frau mit

Männerkopf dar, deren Armen Flügel entwachsen. Die Symbolik wird weiter verdunkelt durch zwei Geier, die aus ihrem Hals herauswachsen, sowie durch Löwenklauen, die ihre Füße bewehren.

Es ist unmöglich, diese Gottheit nicht in Diana Triformis und Tergemina wiederzuerkennen, die aufgrund ihrer drei verschiedenen Aufgaben bekannt ist als Luna im Himmel, Diana auf der Erde und Hekate in der Hölle. Symbologen griffen zu unterschiedlichen Mitteln, um die paradoxen Aspekte der Großen Mutter zu versinnbildlichen. Porphyrion sieht in ihr die Vereinigung der drei Gestalten von Stier, Hund und Löwe. Andere Schriftsteller beschrieben sie mit einem Kopf, der auf der rechten Seite wie der eines Pferdes, auf der linken Seite wie der eines Hundes und in der Mitte wie der eines Menschen aussehen sollte.

Vergil spricht folgendermaßen von ihr:

»Dreifache Hekate mit ihren hundert Namen,
und drei Dianas: ...«

Und Claudian sagt:

»Sieh, von Ferne nähert sich die Göttin Hekate
in dreifacher Gestalt.«

Mit ihrem Äußeren muß die Göttin Hekate selbst den Tapfersten erschreckt haben. Gemäß Tooke heißt es: »Man sagt, sie sei außergewöhnlich groß, ihr Kopf sei nicht mit Haaren, sondern von schrecklichen Nattern bedeckt und ihre Füße glichen Schlangen.« Er weist außerdem darauf hin, daß ihr Name in Verbindung mit dem Mond zu sehen ist, der seine Strahlen gleich Pfeilen über weite Strecken aussendet, und daß sich der Beiname Triformis aus den drei verschiedenen Mondphasen herleiten läßt.

So wie Bastet gelegentlich mit Mut identifiziert wird, finden wir Diana bisweilen mit Venus verwachsen. So schreibt Servius in seinem Kommentar zu Vergil (Aenaeis, 2), daß die Männer in Frauenkleidern und die Frauen in Männerkleidern der Venus unter dem Namen Lunas opferten, und der römische Historiker Spartianus gibt einen ähnlichen Hinweis (Imp. Caracalla).

Wilkinson hat darauf hingewiesen, daß wir die Identität von Diana und Venus anerkennen müssen, denn sonst könnte sie nicht zu den acht großen Gottheiten gezählt werden, sondern nur zu denen der dritten oder gar vierten Ordnung, und das wird Lügen gestraft durch die hervortretende Rolle, die sie in den Tempeln von Theben einnimmt. Er hält es für möglich, daß Horus der Ältere oder Aroeris, der Bruder des Osiris, der ebenfalls die Sonne verkörperte, mit Horus, dem Sohn des Osiris, der mit dem griechischen Apoll identifiziert wird und dessen Schwester Diana ist, verwechselt wurde. Aber er warnt davor, solche Analogien zu weit zu spannen. Der jüngere Horus hatte keine Schwester, und Bastet kann nicht die Schwester des älteren Horus gewesen sein.

Herodot, der Ägypten um 450 v. Chr. bereiste, bemühte sich, die Identität der ägyptischen und der griechischen Götter aufzuzeigen, aber auch für ihn blieb der Ursprung von Bastet verborgen. Er hielt sie für die Tochter des Osiris (oder Bacchus) und der Isis und sah sie identisch mit der griechischen Diana. Ein steinerner Tempel, der Bastet geweiht war und den Namen Speos Artemidos (Die Höhle der Artemis, d. h. Diana) trägt, zeigt, daß dies die anerkannte Auffassung in Ägypten während der griechischen Periode war; von den Griechen in Sais und Alexandria wurde sie bisweilen Diana oder Minerva genannt. Dies ist der Ursprung der alexandrinischen sprichwörtlichen Beschreibung zweier völlig ungleicher Dinge, wo es heißt, sie hätten so viel Ähnlichkeit miteinander wie eine Katze mit Minerva. Die durch Ovid

15

überlieferte griechische Sage, in der Diana die Gestalt einer Katze annimmt, um Typho zu entkommen (Met. v. 330), bekräftigt noch einmal den Schluß, zu dem Herodot gelangt ist.

KAPITEL II

SACHMET

DIE FURCHTBARE SACHMET, die katzen- oder löwenköpfige Göttin Ägyptens, die das heftige zerstörende Feuer der sengenden Sonne verkörperte, war das weibliche Gegenstück zu Ptah – die Bezeichnung für den Sonnengott Ra in Memphis. In dieser Stadt befanden sich die Tempel von Ptah, Sachmet, Bastet, Hathor, Osiris und Seker, und diese Ansammlung war wohl kein Zufall, sondern sie sollte die essentielle Einheit aller dieser Gottheiten erkennbar machen.

Um das Wesen der Sachmet besser zu verstehen, wollen wir zunächst einmal den vielfältigen Charakter ihres Gemahls Ptah betrachten. Dabei ist festzustellen, wie tief die Doktrin von der ringförmigen Schlange oder, um bei der Metapher zu bleiben, die wir hier betrachten, die der zusammengerollten Katze, in der ägyptischen Mystik verwurzelt ist. Die Gottheit war alles, und die Einheit umfaßte die Vielheit.

Der Name Ptah bedeutet wohl »Öffner«, denn dieser Gott personifizierte die aufgehende Sonne und stieß die Tore des Tages auf. Wir finden ihn allerdings immer wieder mit anderen Gottheiten verschmolzen, bisweilen sogar mit solchen, die üblicherweise als seine Todfeinde dargestellt wurden. Als Ptah-Seker versinnbildlicht er beispielsweise die Verbindung des Schöpferprinzips mit Chaos und Dunkelheit, er ist Osiris in der Gestalt des toten Sonnengottes oder der Sonne in der Nacht. In dieser Eigenschaft wird er treffend durch die Katze verkörpert, die die Nacht ungesehen durchquert.

Wir finden ihn ebenso in der Dreiheit Ptah-Seker-Osiris, die etwa in der XXII. Dynastie zu Osiris verschmolzen ist. Als Meisterarchitekt und Weltschöpfer, der die Pläne des

17

Thot und seiner Helfer gemeinsam mit seiner Gemahlin Sachmet ausführte, hatte er teil an den Eigenschaften der Sieben Weisen, die in Form von sieben Falken der Pupille des Auges von Ra entsprangen.

Seine Verbindung mit Sachmet veranschaulicht wohl eher das Axiom der sich anziehenden Gegensätze, denn im Unterschied zu den schöpferischen Aktivitäten des wohlwollenden Ptah verkörperte sie die zerstörende Kraft der Sonnenglut, in Afrika ein so offensichtlicher Aspekt, daß man ihn nicht völlig außer acht lassen kann, wenn man die Sonne in diesem Kontinent betrachtet. Ihr Aufgang wird von vielen afrikanischen Stämmen mit Furcht und Schrecken beobachtet, denn sie haben gelernt, die Stärke ihrer brennenden Strahlen zu fürchten, und sie verbergen sich selbst mit Bedacht, wenn sie erscheint.

Der Sonnenkult entstand durch die Priesterherrschaft in Heliopolis, und alle Katzengöttinnen Ägyptens waren Stellvertreter der verschiedenen Grade der Sonnenintensität, von der milden Wärme bis zur brennenden Verwüstung. Dies erklärt viele Paradoxa innerhalb des ägyptischen Pantheons und auch solche Beschreibungen wie die der Isis-Hathor in einer Schrift von Philae: »Sie ist freundlich wie Bastet, sie ist furchtbar wie Sachmet.«

In einer Erzählung aus der XII. Dynastie erscheint Sachmet als die schreckliche Göttin der Seuchen, doch das ist nur eine ihrer vielen Seiten. Man muß ihr das gleiche Verhältnis zu der freundlichen und wohltätigen Bastet zugeschrieben haben, wie es zwischen Nephthys, der Gemahlin des bösen Seth, und ihrer Schwester Isis bestanden hat. Der Widerstreit ist mehr scheinbar als tatsächlich existent. Im Grunde sind beide eins. In diesem Sinn läßt sich feststellen, daß, obwohl der Name Bastet einst als Pashet gelesen wurde, einige Fachleute so weit gehen, zu behaupten, die wahre Lesart sei Sachmet.

Eine weitere Bestätigung der Identität der beiden Göttinnen besteht in der Tatsache, daß in dem Tempel von Koptos die thebanische Göttin Mut zu einer Zeit als Bastet und zu einer anderen Zeit als Sachmet von Memphis bezeichnet wurde. Auf den Skulpturen sind verschiedene Namen für die katzenköpfigen Göttinnen zu erkennen, wie »Sachmet, die große Merenptah«, Geliebte des Ptah, Herrin des Himmels und »Sachmet, die große Urhek«. Auch hier wird Sachmet mit Mut verknüpft und betitelt als »Mut, die im Wohnsitz des Ptah weilt, Herrin des Himmels, Herrscherin des Erde«.

Es finden sich Beispiele, wo Mut mit dem Kopf einer Katze oder eines Löwen dargestellt wird, und Wilkinson plädiert für die Annahme, sie habe hier die Merkmale der Bastet oder der Thriphis übernommen, da ihre eigene Erscheinung in Form eines Geiers bestehe.

Es scheint offensichtlich, daß Bastet und Sachmet ursprünglich dasselbe waren oder zumindest eine gemeinsame Quelle hatten und aus einer der Himmelsgöttinnen, Hathor, Nut oder Neith, hervorgegangen sind. Der Name Hathor bedeutet »Haus des Horus« und ist gleichbedeutend mit Himmel, dem Aufenthaltsort des Sonnengottes Horus. Sie wurde ebenfalls als Mondgöttin angesehen und als solche »Auge des Ra« genannt, eine der Bezeichnungen für Sachmet. Hathor galt als Mutter, Gattin und Tochter des Ra und war für die Ägypter der Inbegriff der idealen Weiblichkeit. Sie wurde beschrieben als »Herrin der Musik und Meisterin der Lieder, Herrin des Springens und Meisterin im Winden von Kränzen« und sie war die Personifizierung des weiblichen Prinzips.

Unter diesem Aspekt läßt sich Bastet wiedererkennen, doch wenn Hathor das Instrument der Rache des Ra verkörperte, wird sie identifiziert mit der furchtbaren Sachmet, die als Sachmet-Hathor das Menschengeschlecht mordet und frohlockend in seinem Blut watet, bis Ra selbst die Menschheit aus ihren Händen befreit, indem er zu der List greift, sie betrunken zu machen und sie somit außer Stande setzt, ihr Werk der Zerstörung fortzusetzen.

Die syrische Göttin Astarte, den Ägyptern bekannt als »Herrin der Pferde« und »Wagenlenkerin«, gilt ebenfalls als eine Erscheinungsform der Hathor oder Sachmet-Hathor, und ihr Kult wurde wohl während des Syrienfeldzugs unter Tutmosis III. in Ägypten eingeführt. Sie wird wie Bastet und Sachmet mit dem Kopf einer Löwin dargestellt. Sie war die schreckliche und zerstörende Göttin des Krieges und steht auf einem von vier Pferden gezogenen Streitwagen, mit dem sie über die Leichname ihrer gefallenen Gegner hinwegfährt.

Eine zweite syrische Gottheit, Getesh oder Gedesh, die Göttin der Liebe, der Schönheit und des Mondes, wurde in der ägyptischen Gedankenwelt mit dem anderen Aspekt der Hathor in Verbindung gebracht. In ihrem Ursprungsland wurde sie in recht ausschweifenden Ritualen als Naturgöttin verehrt, während die Ägypter zu ihr beteten, um die Gaben des Lebens und der Gesundheit zu erhalten. Von einigen Forschern wird sie für eine andere Form der Astarte gehalten.

In der ägyptischen Kunst wird sie nicht mit einem Löwenkopf dargestellt, sondern sie steht auf einem Löwen. Sie trägt die Sonne und den Mond auf ihrem Kopf. Ihre Gestalt ist nackt, in ihrer rechten Hand hält sie einen Spiegel und Lotusblüten, die Wahrzeichen des Lebens, in ihrer Linken zwei Schlangen, die Symbole des Todes, und sie spiegelt damit die gnostische und manichäische Doktrin der Antithesen wider.

In einer späteren Periode wird ihre Identifikation mit Hathor deutlicher erkennbar, und sie trägt dann die Haartracht dieser Göttin. In einer Inschrift der XVIII. und XIX. Dynastien wird sie ähnlich beschrieben als »Herrin des Himmels, Herrscherin aller Götter, Auge des Ra, die nicht ihresgleichen hat.«

Diese Personifizierung der Merkmale einer einzelnen Göttin in so vielen verschiedenen Formen ist für die heutige Vorstellung verwirrend, doch man sollte immer bedenken, was ein alter Dichter festgehalten hat:

»Pluto, Proserpina, Ceres, Venus, Cupido,
Triton, Nereus, Thetis und Neptun,
Hermes, Vulkan, Pan, Jupiter, Juno,
Diana und Apollon sind *ein* Gott.«

KAPITEL III

DAS SISTRUM

VON SEINEM SYMBOLISCHEN STANDPUNKT betrachtet ist das mystische Musikinstrument, das Sistrum, in hohem Maße interessant und bedeutsam. Auf seinem Scheitel thront die Heilige Katze als Symbol des Mondes und der großen Göttin, die diesen Planeten verkörperte. Vielleicht wurde kein anderes Musikinstrument je so allgemein mit Magie und religiösem Ritual assoziiert wie das antike Sistrum. Die Ägypter haben es allerdings scheinbar speziell der Hathor (oder Athor) geweiht, der ägyptischen Venus. Diese Göttin war in Wirklichkeit nichts anderes als die volkstümliche Personifizierung der Isis in ihrer Rolle als liebende und beschützende Mutter der Lebenden und Hüterin der Seelen der Verstorbenen auf ihrer Reise in die düstere Unterwelt. In den Inschriften des großen Tempels der Hathor in Denderah wird sie durchgehend mit Isis identifiziert, obwohl sich ein kleinerer, speziell der Isis geweihter Tempel innerhalb derselben Anlage befindet. Nirgends sonst findet sich eine solche Hervorhebung des heiligen Sistrums wie in diesem Heiligtum der Hathor, und es ist offensichtlich, daß es

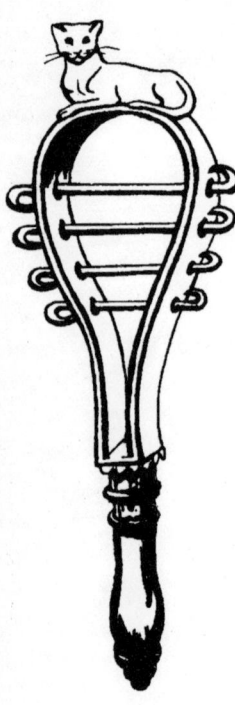

Beispiel eines antiken Sistrums mit heiliger Katzenfigur

eine spezielle Bedeutung in Hinblick auf diese Göttin besaß; welche Bedeutung gemeint war, läßt sich unschwer erkennen, denn die Katze versinnbildlicht und veranschaulicht die Idealform der Mutter.

Es wurde vermutet, das die Form des Sistrums von der des Schleifenkreuzes (ankh) abgeleitet wurde, dem bekannten Symbol für Leben, das jede ägyptische Gottheit bei sich trägt; die umgekehrte Version, daß das Schleifenkreuz sich aus dem Sistrum entwickelt hat, bietet eine weitere Möglichkeit. Die Fruchtbarkeit der Katze läßt sich mit beiden Theorien in Einklang bringen. Das aufrecht stehende Oval ist Symbol für das weibliche Prinzip der Natur, dargestellt als Mutterleib der göttlichen Offenbarung, während der senkrechte Griffstab das entsprechende männliche Prinzip symbolisiert. Die Katze ist die präsidierende Gottheit, die diese mystische Union mit Fruchtbarkeit und Fülle segnet.

Wir wollen dies mit der Beschreibung und Deutung des Sistrums vergleichen, die durch Plutarch überliefert ist. Er beschreibt es als

Priester und tanzende Frau mit Sistra

»oben gerundet« und fügt hinzu, daß »die Schlaufe die vier Stäbe hält, die geschüttelt werden. Auf dem Bogen des Sistrums sitzt häufig eine Katze mit menschlichem Gesicht; unterhalb der vier kleinen Stäbe befindet sich auf der einen Seite das Gesicht der Isis, auf der anderen Seite das der Nephthys.«

Das Sistrum ist das Symbol der Weltharmonie. Die Köpfe von Isis und Nephthys, die den Griff zieren, bedeuten Geburt und Tod. Das Schütteln der vier Stäbe innerhalb des runden Apex stellt die Bewegung der vier Elemente innerhalb des Erdkreises dar, durch die alle Dinge unaufhörlich zerstört und wieder erneuert werden; weiter bedeutet es, daß jede Kreatur einer vorgegebenen Ordnung folgen muß, wie der Mond, dessen Kreisbahn alles umschließt, was sich auf der Erde befindet.

Zur Hervorhebung des Mondsymbolismus wird die Katze häufig mit einem Halbmond auf ihrem Kopf dargestellt, aber auch Plutarch läßt keinen Zweifel offen. Er führt aus, daß die Katze durch »ihre Verschiedenheit in der Farbe, ihre Aktivität während der Nacht und die besonderen Umstände, die ihre Fruchtbarkeit begleiten«, das passende Sinnbild des Mondes ist.

Im Zusammenhang mit der letzten dieser Eigenschaften glaubten die Ägypter, die Katze bringe bei der Geburt erst ein, dann zwei, dann drei Kätzchen zur Welt, und so ginge es weiter, daß bei jeder weiteren Geburt eins hinzukäme, bis die Zahl sieben erreicht wäre. Sie brächte somit insgesamt achtundzwanzig Junge zur Welt, die den verschiedenen Helligkeitsgraden entsprechen, die der Mond während seiner Erdumrundung zeigt. Plutarch, der dieses überliefert hat, stellt fest: »Obwohl diese Dinge einen Hauch von Fiktion in sich zu tragen scheinen, mag ihre Erklärung darin liegen, daß die Pupillen ihrer Augen mit dem größer werdenden Mondlicht zu wachsen scheinen, während sie bei abnehmendem Mond kleiner werden und in ihrer Helligkeit nachlassen.«

Das Sistrum wurde mit der rechten Hand gehalten und geschüttelt, und diese Tatsache begründet seinen Namen (aera repulsa manu, d. h. »Eisen, das in der Hand geschüttelt wird«. Tibull, 1 3, 24). Seine gebräuchlichste Form ist in der zweiten Zeichnung abgebildet. Es war eine Art Rassel, die normalerweise aus einem Metallrahmen bestand, der von vier Messing- oder Eisenstäbchen durchbohrt wurde, die entweder lose waren oder mit losen Ringen versehen waren. Apuleius beschreibt es als Bronzerassel, die aus einer schmalen Platte besteht, die wie ein Schwertgurt gekrümmt ist und durch die Stäbe hindurchführen, die einen lauten, schrillen Ton erzeugen. Er geht davon aus, daß man zu dritt spielte und so eine Art einfacher Musik hervorbrachte. Er berichtet, die Sistra seien manchmal aus Silber oder sogar aus Gold gewesen.

Das Sistrum soll in Ägypten auch als militärisches Instrument gedient haben, zum Sammeln der Truppen (Vergil, Aenaeis VIII, 696), aber dies bedeutete keineswegs seine Verweltlichung, da die Ägypter in jeder Handlung auch religiöse Aspekte sahen. In diesem Fall wurde es wohl als Werkzeug der Hathor oder Isis unter ihrem kriegerischen Aspekt gesehen, der in der fürchterlichen Sachmet personifiziert wird, denn die Katze ist, wie die Schlange, eine stete Mahnung, daß Extreme aufeinandertreffen und daß Alles von Einem umfaßt wird. Die Göttin gibt oder zerstört Leben, abhängig von dem Blickwinkel, unter dem sie betrachtet wird. Als Herrin des Himmels und Herrscherin des Westens in ihrer himmlischen Gestalt ist sie das Auge von Ra, der Sonne, und die Sonnengottheiten Schu und Tefnut sind ihre Kinder; in ihrer irdischen Darstellung ist sie wohl die Göttin der Jugend, der Freude und der Schönheit. Sie ist, wie die griechische Aphrodite, die Göttin der Liebe, oder sie zeigt sich als grausame und zerstörende Sachmet, deren Gegenstück die Kriegsgöttin Bellona war.

Sistra scheint es nicht nur in Ägypten gegeben zu haben. Sie wurden verwendet bei dem Kreistanz der Mysterien von Saba, deren Ursprung in den Nebeln der Vergangenheit ruht, wenngleich die Vermutung besteht, daß sie aus den Mysterien von Mithras hervorgegangen sind. Der Tanz symbolisierte die Bewegung der Planeten um die Sonne. Heute soll das Sistrum noch in Abessinien und Nubien gebräuchlich sein.

Die Einführung der Isisanbetung in Italien kurz vor Beginn der christlichen Ära machte die Römer mit dem Instrument bekannt, und es gibt zwei Gemälde an Säulenhallen (am Fuß des Vesuv), die einen Priester der Isis und eine kniende Frau darstellen, die es in der Hand halten.

Ein vergleichbares Musikinstrument ist das Samisen, das von den Singmädchen in Japan benutzt wird; es ist mit Saiten aus Katzendarm versehen. Vor nicht allzu langer Zeit spendeteten die Geishas von Tokio noch für Messen, die abgehalten wurden für die Seelen der zu einem vorzeitigen Ende gekommenen Katzen, die das Material für den Hauptbestandteil dieses Instrument liefern mußten. Solche Ehre und Beachtung legt die Vermutung nahe, daß die Verbindung zwischen der Katze und der Musik der Geishas nicht rein zufällig ist, sondern möglicherweise ihren Ursprung in der gleichen Vorstellung findet, durch die eine Katze auf das Sistrum der Isis gesetzt wurde.

KAPITEL IV

Die Katze und die Schlange

Die Katze und die Schlange müssen zu den ältesten Zeichen Ägyptens gerechnet werden. In ihrer ursprünglichen Form waren sie wohl identisch mit dem Symbol für die Jungfrau und den Drachen. Da die Katze das Emblem für das allzeit verehrte Ideal der jungfräulichen Mutterschaft darstellt, wurde die große ägyptische Muttergottheit, die, abhängig von Ort und Zeit, unter verschiedenen Namen wie Isis, Atet, Mut usw. angebetet wurde, stets in Katzengestalt abgebildet. Atet soll diese Gestalt angenommen haben, als sie die Schlange des Bösen überwältigte und tötete, und dieser Mythos ließ in Ägypten den Glauben entstehen, Katzen besäßen die Kraft, diejenigen zu heilen, die von Schlangen oder anderen giftigen Tieren gebissen wurden.

Wie die anderen großen Muttergöttinnen ging Atet schließlich auf in der großen Mutter Mut, der »Königin der Götter«, die die Doppelkrone Ägyptens trägt. Ihr Symbol war die Löwin, und die Wahl dieses Tieres sollte wohl ihre Herrschaft über alle anderen Gottheiten verdeutlichen; denn sie ist das Oberhaupt der Familie, zu der die Katze – Repräsentantin so vieler Gottheiten – gehört.

Die Individualität der Atet wurde durch eine größere als ihre eigene ersetzt, ihre Ruhmestat, das Töten der Schlange, wurde in der späteren Mythologie dem Ra zugeschrieben, der die lebensspendenden Eigenschaften der Sonnenscheibe verkörperte. Es ist sicher bemerkenswert, daß Ra, wie seine Vorgängerin, die Gestalt einer Katze annahm, um die Macht des Bösen zu bekämpfen. Der Kampfplatz befand sich im Jenseits, denn Schlangen waren nicht nur die Feinde der Lebenden, sondern auch der Toten. Der schrecklichste unter den geisterhaften Schlangengegnern war der ungeheuerartige Rerek, der seine Wohnstatt in der tiefsten Finsternis des Jenseits hatte und Ra und seinem Heer von herrlichen Wesen, die ihn in das Reich des Tages begleiteten, den Weg versperrte. Rerek hatte viele Erscheinungsformen und war unter verschiedenen Namen bekannt, doch von allen seinen Metamorphosen war es die fürchterlichste, wenn er als Apep erschien. Er war unsterblich, und obwohl Ra jeden Tag seinen Kopf spaltete, seine Knochen zertrümmerte und seine Glie-

Ra tötet Apep

der ausriß, und er viele andere Bestrafungen durch die Götter erfuhr, kehrte er immer wieder zum Leben zurück und vollbrachte weiter seine bösen Taten.

Während einer Sonnenfinsternis glaubte man, es finde eine furchtbare Schlacht statt, ein ungeheurer Kampf zwischen Dunkelheit und Licht, zwischen dem Bösen und dem Guten. Voller Angst über den Ausgang beobachteten die Menschen atemlos die Gefährdung des Sonnengottes, schrien und schlugen das Sistrum, um den Schlangenfeind zurückzuschrecken. Plötzlich springe dann die Himmelskatze mit glühenden Augen und gesträubtem Fell auf das todbringende Reptil, und Apep fliege blutig und zerrissen in die Tiefen der Finsternis. Nachdem eine Sonnenfinsternis auf diese Weise beendet war, wuchs die Verehrung des ägyptischen Volkes gegenüber dem heiligen Tier noch mehr. Zu anderen Zeiten konnte priesterlicher Einfluß den Mörder einer Katze vor der Rache des Volkes bewahren, doch nach einer Sonnenfinsternis konnte selbst die Macht der Priesterschaft eine schuldige Person nicht retten, so hoch ihr Rang auch gewesen sein mochte. Der sizilianische Historiker Diodorus, der Ägypten im ersten Jahrhundert v. Chr. bereist hat, berichtet, wie ein römischer Soldat, der in Alexandria stationiert war, eine Katze tötete und infolgedessen vom Pöbel ergriffen und hingerichtet wurde, ungeachtet seiner Privilegien als römischer Bürger und der Fürsprache des Königs Ptolemäus, der die Rache Roms fürchtete.

Von diesem Ereignis erzählt C. Brookes nachstehendes eindrucksvolle Gedicht an eine Katze:

TEMPORA MUTANTUR

When Nile was young; when Britain's savage hordes
Woad-stained, lurked beastlike in their woods and caves,
Whilst daily battling with the wolf and bear,
And mighty Urus: then, wast Thou divine!
'Fore Thee a priesthood, wise in ancient lore
Spread offerings rich and rare, and humbly bowed,
Whilst Temple girls paced in the votive dance,
With Utchat-Amulet of gold adorned,
Thou didst recline on Pharaoh's golden throne;
And when Thy time upon this earth was o'er
– And mighty Pharaoh, too, must pass away,
Ptah-Seker-Asar having called ye hence –

Then cunning workmen wrapped Thy slender form
In choicest swaddling-cloths, with spices rare,
And, jewel-decked, Thou shareds't the Pharaoh's tomb.
                                        Egypt fell
On evil days: the Roman Eagles waved
Their threatening pinions o'er Nile's yellow sand –
'Gainst Thee the Roman raised an impious hand –
Not yet, not yet, was Egypt's spirit dead!
»The Roman slew a cat!« – Athirst for blood –
Forgotten dread of Rome – the swarthy mob
Poured, howling vengeance, from each alley-way –
And the proud Roman knew the taste of death –
For he had slain a Cat! … Far, far away
Are now those Pagan days! O'er all our heads
Civilisation's blessings freely pour;
O, Bast, look downward through the centuries,
And see Thy children! Timorous through the streets
Some crouch, the sport of every ruffian lad;
Cold-blooded torturers wrench their tender limbs
In name of Science: others meet their end
Choking and struggling in the deadly gas,
Whilst white-clad savants, smiling, book their throes,
And khaki soldiers, shuddering, stand aghast –
Yet scarce a soul lifts a protesting voice!
We are not pagans, as those sons of Nile!
Let us give thanks we are not such as they!

TEMPORA MUTANTUR
(Wie sich die Zeiten ändern!)

Ägypten war noch jung. In England hausten wilde
                                        Horden,
Mit Waid bemalt, wie Tiere in Höhlen und Wäldern;

Sie kämpften tagtäglich mit Wölfen und Bären,
Dem mächtigen Wisent. Damals warst göttlich Du!
Die Priester, kundig alten Brauchs, sie brachten
Dir Opfer reich und hehr und beugten ihre Knie;
Mädchen mit Utschat-Amulett aus Gold geschmückt
Setzten den Schritt zum Weihetanz im Tempel:
Du lagst dabei auf Pharaos goldenem Thron.
Wenn Deine Zeit auf Erden war vorbei
– Selbst Pharao der große mußte sterben,
Von Ptah-Seker-Asar* ward er wie Du gerufen –
Dann hüllten Deinen schlanken Körper in Seide
Und Essenzen geschickte Diener ein,
Mit Pharao teilst Du sein Grab, juwelengeschmückt.
                    Ägypten nahm
Ein böses Ende. Feldzeichen Roms, die ›Adler‹
Wehn drohend überm gelben Sand des Nil.
Ein Römer gegen Dich erhob die Frevlerhand! –
Doch war der Geist Ägyptens noch nicht tot!
»Ein Römer hat 'ne Katz' erschlagen!« Blutdürstig,
Die Todesangst vergessend, stürzte der Mob
Der dunklen Leiber, nach Rache schreiend,
Aus jeder Gasse – der stolze Römer fand den Tod –
Weil er 'ne Katze totgeschlagen… Wie fern
Sind uns die Tage jener Heiden! Der Segen
Der Kultur ist über uns're Häupter ausgeleert;
O Bast, blick nieder auf dieses Jahrhundert
Und schaue Deine Kinder an! Ängstlich durch Gassen
Manche krauchen, gemeinen Streichen ausgesetzt!
Eiskalt verrenkt ein Folterknecht die zarten Glieder
Im Dienst der Wissenschaft! Andere ersticken
Zappelnd vor Qual im tödlichen Gas, wobei
Der Laborant in Weiß lächelnd die Agonie verfolgt,

---

* der dreieinige Gott der Auferstehung

Soldaten in Khakibraun entsetzt daneben steh'n;
Doch kaum ein Mensch erhebt die Stimme zum Protest!
Ja, wir sind keine Heiden wie jene einst am Nil
Lasst uns Dank sagen, dass wir nicht sind wie sie!

(H.C. Brooke: »*Lines to an Abyssinian Cat*«, 1925)

Zurück zu unserem Thema von dem Kampf zwischen der Katze der Sonne und der Schlange der Finsternis: Es wird anschaulich beschrieben in den folgenden Zeilen aus dem Papyrus von Nebseni (British Mus., Nr. 9900, Bl. 14, I, 16 ff.), die von Dr. Budge übersetzt wurden. Es ist Ra selbst, der spricht, und er sagt:»Ich bin die Katze, die schwer kämpfte (?) am Perseabaum in Anni (Heliopolis) an dem Abend, als die Feinde des Neb-er-tcher vernichtet wurden.«

Da der exakte Wortlaut des Originalsatzes zugestandenermaßen relativ unbekannt ist, soll hier eine leicht veränderte Interpretation derselben Zeilen von einem weiteren Fachmann, Samuel Birch, angeführt werden. Seine Version lautet:»Ich bin die große Katze an dem Teich der Persea dort in Heliopolis; aus der Nacht des Kampfes gegen die vereinte Macht des Bösen wurde der Tag, an dem die Feinde des unversehrten Gottes erwürgt wurden.«

Die Vignette aus dem siebzehnten Kapitel des Rituals, die hier abgebildet ist, stellt den Sonnengott (bekannt als der große Máu, Ra oder Schu) in Gestalt einer Katze dar, die Apep (Apap oder Aphosis), die Schlange der Finsternis, tötet. Wenn wir Karl Blind folgen dürfen, war das Ritual bereits antik, als in der XII. Dynastie, etwa um 2500 v. Chr. oder früher, die Erläuterung hinzugefügt wurde, die Katze sei der Sonnengott selbst, der diese Gestalt als sein Symbol angenommen habe.

Dr. Budge sagt,»die männliche Katze ist Ra« und »er wird ›Máu‹ genannt wegen der Rede des Gottes Sa, (der) in Bezug auf ihn (sagte): ›Er ist gleich (máu) dem, das er geschaffen hat‹; auf diese Weise erhielt er den Namen ›Máu‹*; oder er ist (wie andere sagen) der Gott Schu**, der den Besitz von Seb auf Osiris überträgt.«

Tefnut, die Gemahlin des Schu, hatte wie Mut den Kopf einer Löwin. Sie hatte den Beinamen »die Sprühende«, weil sie den Regen schickte. Ihr Titel legt eine weitere Verbindung zwischen der Katze und der Schlange nahe, denn es ist vielfach festgestellt worden, daß das »Fauchen« der Katze das Zischen der Schlange so perfekt imitiert, daß man von einer Art schutzbietender Nachahmung sprechen kann.

Kapitel XXXIII des »Totenbuches« richtet sich gegen Apep, hier Rerek genannt, der einem Verstorbenen keinen Schaden mehr zufügen kann, wenn dieser die Namen von Seb und Schu ausspricht. Der Verstorbene fordert Rerek auf, stillzustehen und verspricht, ihm die Ratte zu fressen zu geben, den Greuel des Ra, und die Knochen der »dreckigen Katze«.

»Heil, du Schlange Rerek, geh' nicht weiter. Siehe Seb und Schu. Bleibe stehen und du wirst die Ratte fressen, die ein abscheuliches Ding ist für Ra, und du wirst die Knochen der dreckigen Katze zermalmen.«

Da die Katze das Sinnbild des Ra ist und in dieser Rolle der Töter der Schlange der Finsternis, ist die Bedeutung des Textes schwer zu erklären, es sei denn, der tote Mensch hoffte, einen Feind durch Schmeichelei zu entwaffnen, gegen den Gewalt nichts ausrichten kann. Er verspricht der Schlange nicht nur, daß sie die Sonnenkatze verschlingen

---

* Dies ist ein altes Wortspiel mit den Wörtern »máu« – »Katze« und »máu« – »gleich«. Es ist ebenfalls denkbar, was Renouf vorschlägt: »Die Katze, im Ägyptischen ›Máu‹, wurde zum Symbol des Sonnengottes oder des Tages, denn das Wort ›Máu‹ bedeutet gleichzeitig ›Licht‹.«

** Ra, der Vater der Götter, soll als ersten Schu, den Windgott, als Personifizierung seiner selbst erschaffen haben. In dieser Rolle wird er »in den ägyptischen Monumenten oft sitzend mit einem Kreuz, dem Symbol der vier Jahreszeiten oder Elemente, das auf einem Kreis befestigt ist, dargestellt.« (Blavatsky)

33

kann, sondern auch die Ratte, von der sich die Katze ernährt. Die Finsternis soll in gleicher Weise die Sonne verschlucken, und die grauen Wolken, die ihre Beute sind.*

Eine möglicherweise einleuchtendere Erklärung mag darin bestehen, daß wir hier einem der in der ägyptischen Mythologie so zahlreichen scheinbaren Paradoxa gegenüberstehen. Wir müssen berücksichtigen, daß die Schlange nicht nur das Böse und die Finsternis verkörperte, die von der göttlichen Sonnenkatze getötet wurde, sondern daß sie ebenso tatsächlich das Symbol des Sonnengottes selbst war, insbesondere wenn die Sonnenscheibe als Ra-Tem personifiziert wurde, als untergehende Sonne, die in die Unterwelt der Dunkelheit eintritt; gleichzeitig war die Katze, wenn sie die Repräsentantin der Sachmet, der Gattin des Ra, darstellte, die Personifizierung von Zerstörung und Chaos.**

Read hat darauf hingewiesen, daß einige Passagen in dem Buch von Amduat (oder dem »Buch über das, was in der Unterwelt ist«) die Vermutung zulassen, daß diejenigen, die Ra auf Erden nicht genügend huldigten, nach ihrem Tod teilhatten an den Bestrafungen, die er über Apep verhängte; und es wird deutlich, daß die späteren Ägypter diese Texte auf jeden Fall in dieser Weise verstanden, denn als sie das Christentum annahmen, übertrugen sie ihre Vorstellungen vom Amenti vollkommen auf den Hades ihres neuen Glaubens. Zum Beweis dafür zitiert Sir Ernest Budge folgendermaßen aus dem gnostischen Werk ›Pistis Sophia‹ (»Götter der Ägypter«), Vol. I, p. 266:

»Jesus sagt zur Jungfrau Maria: Die äußere Dunkelheit ist eine große Schlange, die ihren Schwanz in ihrem Maul hält, und sie ist außerhalb der ganzen Welt und sie umgibt die ganze Welt; in ihr befinden sich viele Orte der Bestrafung

---

* Vgl. das Kapitel über die Katze und die Maus.

** Vgl. das Kapitel über Sachmet.

und sie enthält zwölf Säle, in denen Strafen verhängt werden. In jedem Saal gibt es einen Herrscher, doch das Gesicht eines jeden Herrschers unterscheidet sich von dem seines Nachbarn... Der Herrscher des zweiten Saals hat als wahres Gesicht das Gesicht einer Katze, und sein Name ist dort Kharakhar... Und in dem elften Saal gibt es viele Herrscher, und dort sind sieben Vorsteher, von denen jeder als sein wahres Gesicht das Gesicht einer Katze hat; und der größte unter ihnen, der über ihnen steht, wird dort Rokhar ge-

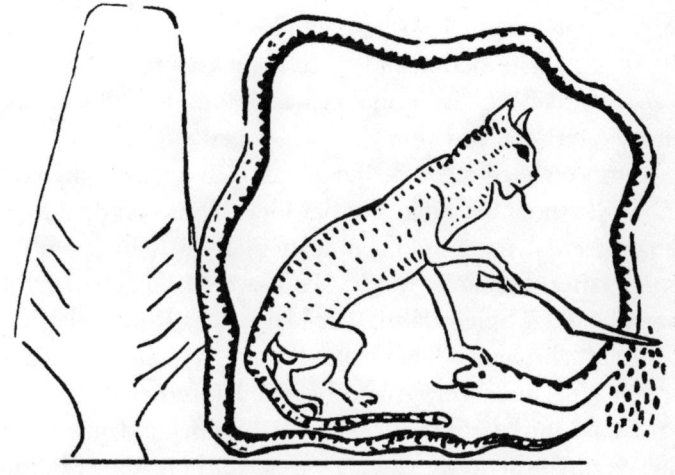

Ra tötet Apep

nannt... Diese zwölf Herrscher befinden sich in der Schlange der äußeren Dunkelheit, und jeder von ihnen hat einen Namen, der der Stunde entspricht, und jeder von ihnen verändert sein Gesicht entsprechend der Stunde.«

Das obige Zitat berichtet von katzengesichtigen Herrschern über bestimmte Säle der Bestrafung, die sich in dem Körper der die Welt umgebenden Schlange der Dunkelheit befinden sollen. Katze und Schlange arbeiten einträchtig zusammen, um die Rache des Ra zu vollstrecken.

35

Diese einander widersprechenden Vorstellungen waren nicht zufällig enstanden und beruhen auch nicht auf Verwirrung im Denken, wie der Laie vielleicht annimmt, sondern sie sind ein durchgängiges Charakteristikum des okkulten Symbolismus und verfolgten eine tiefe Absicht. Indem auf diese Weise Extreme in Einklang gebracht wurden, bereitete der priesterliche Initiator den Geist des verständigen Anwärters darauf vor, spirituelle Wahrheiten und Mysterien zu erkennen, die durch Worte nicht zu vermitteln wären. Wenn wir uns bemühen, diese heiligen und antiken Symbole zu interpretieren, ist es unerläßich, den Kontext und die Umstände, in denen sie sich befinden, zu berücksichtigen, sowie die Tatsache, daß sie fast ausnahmslos eine esoterische als auch eine exoterische Bedeutung in sich tragen.

Zum Vergleich möge der Leser sich den norwegischen Mythos in Erinnerung rufen, wo der Gott Thor von dem König der Riesen, Utgard-Loki, bei seinem Besuch in Jotunheim zum Narren gehalten wurde. Thor wurde aufgefordert, die Katze, die der Spielgefährte der Kinder des Riesen war, vom Boden hochzuheben, aber trotz aller Anstrengung vermochte er nur eine ihrer Tatzen anzuheben. Hinterher erklärte Utgard-Loki ihm den Grund seines Versagens, indem er sagte, die vermeintliche Katze sei in Wahrheit die Midgard-Schlange, die die Erde umgibt. Die Katze und die Schlange sind lediglich zwei Erscheinungsformen derselben Allegorie, die beide symbolisch die Wahrheit verdeutlichen, daß Gott Alles ist. Jede allein repräsentiert die offensichtlich dualen und widerstreitenden Kräfte von Gut und Böse.

In der gesamten Mythologie wird die Idee, die dem Symbol der zusammengerollten Katze (oder der ringförmigen Schlange) zugrunde liegt, hervorgehoben und betont. Gute Wesen bringen böse hervor, und böse Wesen gute. Aus dem Schönen entsteht das Häßliche, und aus dem Häßlichen das Schöne.

Alle natürlichen Phänomene bestätigen dies und verursachten möglicherweise die Allegorie. Die Nacht wird aus dem Tag geboren, der Tag aus der Nacht, das Licht aus der Dunkelheit, die Dunkelheit aus dem Licht, die Kälte aus der Wärme und die Wärme aus der Kälte, das Leben aus dem Tod und der Tod aus dem Leben. Die Katze rollt sich beim Ruhen zu einem Kreis, ebenso wie die Schlange mit ihrem Kopf auf ihren Schwanz trifft und ihn faßt. So ist dies das Ideogramm für das Göttliche in der Natur, das Ewige, das Universelle, das Ganze. Es ist Om, der heilige Name, das Gebet, das jedes Gebet übertrifft und Worte durch Erkenntnis ersetzt.

KAPITEL V

Die Katze und das Sieb der Isis

Um die ungeheure Macht zu verstehen, die zu allen Zeiten den Hexen zugeschrieben wurde, müssen wir uns fortwährend daran erinnern, daß sie ursprünglich die Priesterinnen und Anhängerinnen der Mondgöttin Isis, Diana oder Luna waren, der Königin des Himmels und großen Mutter allen Lebens. Als solche beanspruchten sie die Fähigkeit, und sie wurde ihnen auch zugestanden, die Kräfte zu beeinflussen, die von dem Planeten ausgehen sollten, dessen Vorsitz ihre Gottheit ausübte. Diese waren zahlreich und weitreichend in ihren Auswirkungen. Die alten Alchemisten lehrten, der menschliche Körper sei ein Mikrokosmos, in dem das Herz die Sonne repräsentiere und der Mond das Gehirn. Daher wurde der Mond für geistige Störungen verantwortlich gemacht, ein Glaube, der sich bis in die Neuzeit in dem Wort ›Mondsucht‹ fortsetzt. Es gibt eine Unzahl von Fällen, in denen Ärzte aus allen Epochen zu beweisen versuchen, daß Geistesgestörte bei Vollmond eine Steigerung ihrer Krankheit erfahren. Doch das Gehirn war nicht das einzige menschliche Organ, das von den wechselnden Mondphasen in Mitleidenschaft gezogen wurde. Das Knochenmark und das Körpergewicht der Menschen sollen sich durch den jeweiligen Einfluß des Mondes vermehrt oder vermindert haben. Tatsächlich gab es fast nichts, das sich dem subtilen Einfluß unseres Trabanten entziehen konnte. Die Zirkulation des Saftes in den Bäumen, die Qualität der Weinlese oder der Ertrag bei der Getreideernte wurden ihm gleichermaßen zugeschrieben. Deshalb mußten das Holz gefällt, die Trauben gekeltert und die Ernte eingebracht werden, wenn der richtige Zeitpunkt durch den Stand des Mondes angezeigt wurde. Ansonsten wäre ein Scheitern vorprogrammiert gewesen. Der Einfluß der Mondbewegungen auf die Gezeiten wurde viel früher beobachtet, als er erklärt werden konnte und leistete so dem Gedanken Vorschub, der Mond sei verantwortlich für die Entstehung des Wetters. Es wäre ein leichtes, ein ganzes Buch mit Beispielen für die dem Mond zugeschriebenen Kräfte zu füllen, die sich auf so viele Gebiete erstrecken konnten. Und alle diese verschiedenen Möglichkeiten sah man unter der Obhut von Hexen und Zauberern, den entarteten und gottlosen Überlebenden der einstmals mächtigen Hierarchie der Luna.

Auf diese Vorstellung bezieht sich Shakespeare in »The Tempest«:

»A witch; and one so strong
She could control the moon – make flows and ebbs,
And deal in her command without her power.«

»Eine Hex', und zwar so stark, daß sie
Den Mond in Zwang hielt, Ebbe und Flut machte,
Und außer seinem Kreis Gebote gab!«

Daß menschliche Wesen sich solcher okkulter Kräfte bemächtigen und sie beherrschen konnten, war ein ebenso weitverbreiteter wie alter Glaube, und dem Religionsforscher wird es nicht schwerfallen, dessen Ursprung zurückzuverfolgen. Überall ist das Wasser das Symbol für die Mutterschaft Gottes. Ob sie als Venus oder als Maria personifiziert wird, die Hauptcharakteristika sind dieselben.

Die Mutter des Gottes der Liebe ist die Königin des Meeres und die Schutzpatronin der Seeleute. Ihre Farbe ist das Blau des Ozeans. Die Macht Gottes bewegt ihre Gewässer und spiegelt sich darin wider, indem sich materielle Phänomene manifestieren. Der hebräische Name Mariah bedeutet »Spiegel«. Der Name der Mutter Buddhas, Maya oder Illusion, vermittelt dieselbe Idee von Gegenstandslosigkeit und wird vollkommen symbolisiert durch die scheinbar vorhandenen Gebilde, die sich in tiefem Wasser zwar erblicken lassen, die aber nicht nur unwirklich sind, sondern auch

*Figur mit Katzenohren zur Veranschaulichung
der Kontrolle des Zauberers, den Mond tragend*

spiegelverkehrt. Man könnte viele weitere Beispiele anführen, aber diese sollen genügen.

Man glaubte, das heilige Element gehorche den Priestern und Priesterinnen, die der Göttin dienten, die sowohl das Wasser personifizierte als auch den Mond, der die Gezeiten kontrollierte.

In anderen Kapiteln haben wir gezeigt, wie eng die alten Völker die Katze mit dem Mond in Verbindung brachten. So darf es uns nicht überraschen zu sehen, daß Hexen, wenn sie danach trachteten, einen Sturm zu erzeugen, mit Vorliebe Katzengestalt annahmen und daß Seeleute in jeder unbekannten Katze eine verwandelte Hexe sahen. Deshalb werden die kleinen Schaumstreifen, die bei leichter Brise auf dem Wasser entstehen und eine aufkommende Bö anzeigen, als Katzenpfoten bezeichnet; eine fröhlich springende Katze wird als Vorzeichen für einen Sturm angesehen, wenn nicht sogar als ihr Verursacher.

In Schottland ist es allgemein bekannt, daß eine Katze, die an einem Tisch oder an Stuhlbeinen kratzt, Wind macht, und Rev. James Macdonald berichtet, wie er einst »eine schottische Hausfrau zu ihrer Tochter sagen hörte, sie solle das Tier hinausjagen: ›Siehst du nicht, daß sie Wind macht, und wir werden heute nicht einen Wisch Heu ins Haus kriegen, wenn sie weitermacht.‹«

In vielen Sprachen wird das Wort Katze mit Gegenständen aus der Nautik in Verbindung gebracht. Ein Beispiel im Deutschen ist der Katzenkopf (Holz zum Anbinden des Ankertaus), im Englischen finden wir Begriffe wie ›cat-block‹, ›cat-boat‹, ›cat-harping‹, ›cat-head‹, ›cat-rigged‹, ›cat-roller‹, ›cat-stopper‹, ›cat-tail‹, und es gibt so viele andere technische Ausdrücke mit demselben Präfix, daß sie zu zahlreich sind, um vollzählig aufgeführt zu werden.

Sogar das Schiff selbst wurde zeitweilig als Katze bezeichnet. Das war insbesondere der Fall bei den Schiffen des norwegischen Typs und bei den mit flachem Boden gebauten Feuerschiffen, die die Engländer im Jahr 1904 gegen die Franzosen einsetzten. Es wird bisweilen behauptet, die »Katze« von Dick Whittington sei ein Schiff gewesen, und oft werden Kohlen- oder Handelsschiffe so bezeichnet. Man kann wahrscheinlich davon ausgehen, daß der Gedanke, die

Bezeichnung für das heilige Tier als Schutzfunktion zu übernehmen, aus der ägyptischen Mythologie entlehnt wurde, die über Italien in die europäische Gedankenwelt eindrang und auf die nautische Nomenklatur angewendet wurde, in der Absicht, Isis um Beistand anzurufen und ihre Priesterinnen zu verständigen, dem Schiff, das sich in ihre Obhut begeben hatte, keinen Schaden zuzufügen. Wo Hexen die Zerstörung von Seeschiffen zugetraut wurde (wie es gemäß den Annalen englischer Gerichtshöfe häufig der Fall war), können wir davon ausgehen, daß die Seeleute eine solche Bitte nicht an die Königin des Meeres richteten und daß ihre Anhänger einen Anlaß zur Erzürnung in der groben Verletzung des geheiligten Elements sahen. Solche religiösen oder patriotischen Motive müssen die Hexen von Mull erfüllt haben, die in der von Dr. Macleod überlieferten Legende Katzengestalt angenommen haben sollen, um ein feindliches Schiff zu versenken.

»Der König von Spanien hatte ein Kriegsschiff zu der Stadt ausgesandt mit dem Auftrag, seine Tochter Viola zu rächen, die von Mrs. MacLean of Duart ermordet worden war. Aber alle Hexen des Ortes verwandelten sich in Katzen und versammelten sich auf den Segeln des Unglücksschiffes, um es auf Grund zu setzen. Es war aber so, daß der Kapitän des Schiffes etwas von der Zauberkunst verstand und ihrem schrecklichen Vorhaben entgegenwirken konnte. Als sie sahen, daß sie auf diese Weise nicht die Oberhand gewinnen konnten, baten die Hexen die Königin der Zauberinnen des Hochlands zu Hilfe, die Große Garmal of Moy. Sie erschien in der Gestalt der größten Katze, die man je gesehen hatte auf der Spitze des Schiffsmastes, und sobald sie anfing, einen Zauberspruch zu sagen, sank das Schiff wie ein Stein auf den Meeresgrund.«

Eine Sage von der Isle of Skye, die von Rev. J. Gregorson Campbell berichtet wurde, ist von besonderem Interesse, denn sie erzählt von einer Hexe, die in Katzengestalt ein Sieb als Schiff benutzte und damit den ägyptischen Einfluß verdeutlicht, der für solche Geschichten verantwortlich ist.

»Einer Hexe, die jede Nacht aus dem Haus ging, folgte ihr Ehemann nach, denn er fragte sich, was sie wohl vorhaben könnte. Sie verwandelte sich in eine Katze und fuhr im Namen des Teufels in einem Sieb über das Meer, zusammen mit sieben anderen Katzen. Der Ehemann rief die Dreifaltigkeit an, so daß das Sieb kenterte und die Hexen ertranken.«

Durch Reginald Scott erfahren wir, daß man von Hexen glaubte, sie »könnten in Eischalen oder Muscheln auf und unter den tosenden Meeren fahren.« Ihr Lieblingsschiff war allerdings mit Sicherheit das Sieb, eines der Embleme der Isis und als solches häufig dargestellt auf gnostischen Gemmen. Man erinnere sich daran, daß die Göttin die verstreuten Glieder ihres Gatten Osiris in einem Sieb sammelte, nachdem dieser von seinem Feind Set, dem griechischen Typhon (Wirbelwind, Taifun) ermordet und in Stücke gerissen worden war. Die christliche Kirche, die es sich zur Politik gemacht hatte, die heidnischen Götter in der Hölle anzusiedeln, übertrug das Sieb der Isis auf Satan, der in seiner Person praktisch alle anderen antiken Gottheiten neben Jehovah repräsentierte, gleichgültig ob sie männlichen oder weiblichen Geschlechts waren. Ein Gegenstand, der so leicht verfügbar war und eine solche geschichtliche Vergangenheit besaß wie das allgegenwärtige Sieb, wurde natürlich als ein besonders günstiges Instrument angesehen, um die Anhänger Satans – einstmals die Priesterinnen der Isis – über die Wasser, die ihr heiliges Symbol waren, zu steuern oder den Teufel selbst zu beschwören.

Wenn wir von den Aktivitäten Satans auf den Gewässern sprechen, tritt eine weitere Verbindung zwischen antiker Kosmogonie und dem Teufel des christlichen Dualismus in Erscheinung. Denn in seinem in England gebräuchlichen

Spitznamen »Old Nick« läßt sich der Meeres- und Flußgott Nicksa oder Nixas wiedererkennen, der dieselben Eigenschaften besaß wie Neptun und Isis und der einst an den baltischen Küsten verehrt wurde. Inmitten der fürchterlichen Unwetter, die diese düsteren Gewässer aufwühlten, muß deren oberste Gottheit den Menschen als Feind erschienen sein und wurde gleichsam identifiziert mit dem Prinzen der Gewalt über die Lüfte, der die Hexen und Teufelsgehilfen auf ihren wilden Flügen leitete und ihnen die Herrschaft über den Sturm verlieh.

Das erste Kirchengesetz in England, der ›Liber Penitentialis‹ des Hl. Theodor (Erzbischof von Canterbury 668–690), richtete sich gegen diejenigen, die durch die Anrufung von Teufeln (d. h. die antiken Götter) Unwetter heraufbeschworen.

»Si quis emissor tempestatis fuerit.«
»Wenn jemand Auslöser eines Sturmes wäre.«

Über hundert Jahre später wird in den Kapitularien Karls des Großen die Todesstrafe für diejenigen verfügt, die mit Hilfe des Teufels die Lüfte aufrühren und Gewitter erzeugen. Und in seiner Bulle von 1484 (Summis desiderantes affectibus) bezichtigt Papst Innozens VIII. ausdrücklich die Zauberer solcher Praktiken.

Hexen trieben Handel mit diesem Aberglauben und machten nicht davor halt, günstige Winde an Seeleute zu verkaufen. Dieses schildert ein zeitgenössischer Vers von Summer aus dem Jahr 1600:

»In Ireland and in Denmark both,
  Witches for gold will sell a man a wind,
  Which in the corner of a napkin wrapp'd
  Shall blow him safe unto what coast he will.«

»In Irland und in Dänemark,
Verkaufen Hexen gegen Gold 'nem Manne Wind,
Der, in die Falte eines Tuchs gehüllt,
Ihn sicher zur gewünschten Küste bläst.«
>> *Last Will and Testament.* «

Es scheint nicht notwendig gewesen zu sein, daß eine
Hexe oder ein Hexenmeister in die Gestalt einer Katze
schlüpfen mußte, um einen Wind zu erzeugen, denn es sind
viele Fälle überliefert, in denen eine gewöhnliche sterbliche
Katze für denselben Zweck mit dem gleichen Effekt verwendet wurde. So berichtet Polson, die Leute aus dem Hochland
hätten eine Katze durch das Feuer gezogen, um Wind zu erzeugen, wenn sie ein Schiff auf See beschleunigen wollten.

Manchmal wurde ein recht umständliches Ritual vollzogen, um den gewünschten Effekt zu erzielen. Als Satan beispielsweise einen Schiffbruch für King James und Queen
Anne auf ihrer Heimreise von Dänemark plante, befahl er
seinen Gehilfen und Hexen, eine Katze zu nehmen, sie zu
taufen, sie ins Meer zu werfen und »Hola!« zu rufen, was, wie
er sagte, einen Sturm auslösen werde. Sein Ratschlag wurde
praktisch durchgeführt von John Fian alias Cunninghame,
einem Lehrer der School at Saltpans, Lothian. Dieser Herr
wurde beschrieben von Agnes Sampson, deren eigene Berufung sie zu einer Autorität auf diesem Gebiet machte als »in-
nige Vertraute des Teufels, stets zu seiner Linken.« Demgemäß wurde er im Jahr 1590 in diesem Zusammenhang
angeklagt, weil er »eine Katze in Tranent gejagt hatte; bei
der schnellen Verfolgung flog er mit großer Geschwindigkeit
in hohem Bogen durch die Luft, so leicht wie die Katze
selbst, und über einen höheren Erdwall, konnte sie jedoch
nicht ergreifen. Als man ihn fragte, zu welchem Zweck er die
Katze verfolge, antwortete er, Satan habe bei einer Unterre-
dung in Brumhoillis alle Anwesenden aufgefordert, Katzen zu

fangen; aus Gehorsam Satan gegenüber habe er die besagte Katze gejagt, um sie ins Meer zu werfen und dadurch Winde zu erzeugen zur Zerstörung von Schiffen.«

Eine seltene Frakturbroschüre mit dem Titel »Nachrichten aus Schottland über das verdammenswerte Leben des Doktor Fian, eines berüchtigten Zauberers« beschreibt ihn als »Verschriebener des Teufels, der in der North-Baricke-Kirche verschiedentlich einer Anzahl von berüchtigten Hexen gepredigt hat« und deckt weiter auf, wie »der besagte Doktor und die Hexen ... vorgaben, seine Majestät auf See bei seiner Rückkehr von Dänemark zu behexen und zu ertränken mit so erstaunlichen Mitteln, von denen man noch nie gehört hat.«

Gemäß der Anklage, die gegen John erhoben wurde und der er auch überführt wurde, erschien ihm der Teufel in der Nacht, »ganz in schwarz gekleidet und mit einem weißen Zauberstab in der Hand,« und »verlangte von ihm, seinen treuen Dienst zu tun gemäß seinem ersten Eid und dem Versprechen, das er dazu gegeben hatte, was er (wie er dann sagte) ihm ins Gesicht verleugnete und folgendermaßen sprach: ›Weiche, Satan, weiche – ich widersage dir endgültig.‹« Diese Entsagung konnte John jedoch nicht retten, und er wurde, nachdem er auf Befehl des eifrigen King James und seines Ratgebers entsetzliche Foltern erduldet hatte, »auf einen Karren gebracht und, nachdem man ihn erwürgt hatte, sogleich in ein großes Feuer geworfen, das zu diesem Zweck vorbereitet worden war, und dort verbrannte er auf dem Burghügel von Edenbrough an einem Samstag Ende Januar des Jahres 1591.«

Ein kompliziertes Ritual zur Erzeugung von Unwettern auf See mit Hilfe einer Katze wird in dem Geständnis der Agnes Sampson beschrieben, »der weisen Frau von Keith«, die demselben Bund angehörte wie John Fian. Laut Wrights »Nachrichten aus Schottland« »wurde die vorher erwähnte

Agnes Sampson, die die Hexenälteste war, ergriffen und nach Haliriud-House vor seine königliche Hoheit und verschiedene andere Adlige Schottlands gebracht, wo sie streng befragt wurde, aber alle Überredungskünste seiner Majestät und dessen Beratern konnten sie zu keinem Geständnis bringen, sondern sie verharrte darin, alles zu leugnen, dessen sie beschuldigt wurde; daraufhin ließ man sie in den Kerker schaffen, wo sie die neuerdings in diesem Land für Hexen vorgesehenen Foltern erleiden mußte... Item. Anschließend wurde besagte Agnes Sampson erneut vor seine Majestät und dessen Berater gestellt, und während ihrer Befragung über die Zusammenkünfte und die abscheulichen Handlungen von Hexen gestand sie die von Allhollon-Even, wo sie von den vorher genannten Personen begleitet wurde, sowie von einer großen Anzahl von anderen Hexen, nämlich zweihundert, und daß sie alle miteinander auf das Meer gingen, jede von ihnen in einem Sieb, und sie fuhren darin wirklich zu der Kirche von North-Barrick in Lowthian, wobei sie Weinkannen dabeihatten und lustig waren und tranken während sie in den Sieben saßen, und nachdem sie gelandet waren, faßten sie sich bei den Händen und tanzten einen kleinen Tanz und sangen einstimmig dazu:

»Commer, goe ye before, commer goe ye;
  Gif ye will not goe before, commer, let me.«

»Gevatterin, geh du voraus, geh, Gevatterin;
  Wenn du nicht vorausgehen willst, Gevatterin,
                                              dann laß mich.«

Es ist wenig überraschend, wenn wir lesen, daß »diese Geständnisse den König in größte Verwunderung versetzten«; aber Agnes wußte noch über viele weitere Wunder zu berichten und sie ließ sie in seine königlichen Ohren fließen. »Sie gab zu, daß sie zu der Zeit, als seine Majestät in Dänemark weilte, in Begleitung der Gesellschaft, die vorher im einzelnen erwähnt wurde, eine Katze nahm und sie taufte und anschließend an jeden Teil dieser Katze die Geschlechtsteile und verschiedene Gelenke eines toten Mannes band; und daß in der folgenden Nacht die besagte Katze von allen diesen Hexen gemeinsam in ihren Sieben auf das Meer geschafft wurde, wie es schon vorher erwähnt wurde, genau bis vor die Stadt Leith in Schottland; anschließend erhob sich auf See ein so großer Sturm, wie man es noch nie erlebt hatte, und dieser Sturm verursachte die Vernichtung eines Schiffes, das von der Stadt Brunt Island hinüberfuhr zu der Stadt Leith und verschiedene Juwelen und wertvolle Geschenke an Bord hatte, die der neuen Königin von Schottland bei der Ankunft ihrer Majestät in Leith überbracht werden sollten.«

»Ferner wird zugegeben, daß die besagte getaufte Katze verantwortlich war für den ungünstigen Wind, der das Schiff seiner königlichen Majestät bei seiner Rückkehr von Dänemark beeinträchtigte, während die Schiffe seiner Begleiter verschont blieben, was äußerst erstaunlich, aber wahr gewesen sein soll, wie seine königliche Majestät bestätigt; denn während die übrigen Schiffe einen besonders günstigen Wind hatten, blies der Wind dem Schiff seiner Majestät in umgekehrter Richtung entgegen. Weiterhin erklärte die genannte Hexe, seine Majestät wäre niemals heil vom Meer zurückgekehrt, wenn sein Glaube nicht die Oberhand über ihre Absichten gehabt hätte.«

In den gerichtlichen Aufzeichnungen über die Tat der Hexen werden die Siebe nicht erwähnt, aber andere Details werden ergänzt. Der Coven (Geheimbund) von Prestonpans schrieb einen Brief an den Coven von Leith, in dem er ihn auffordert, »über dem gesamten Meer einen Sturm zu entfachen. Und acht Tage, nachdem der erwähnte Brief angekommen war, tauften besagte Agnes Sampsoune, Jonet Campbell, Johnne Fean, Gelie Duncan und Meg Dyn eine Katze in dem Weberhaus auf folgende Weise:

»Zuerst legte die eine ihren Finger auf den großen eisernen Ring im Kaminschlot, die andere tat dasselbe, nur von der anderen Seite, so daß sich ihre Fingerspitzen berührten. Dann steckten sie die Katze dreimal durch den Ring und zogen sie dreimal durch den Rauchfang. Danach banden sie im Haus der Begie Toddis vier Gelenke eines Toten an die vier Füße der Katze. Anschließend brachte besagte Janet sie nach Leith. Um Mitternacht ging sie mit den beiden (Schwestern) Linhop und den zwei Frauen namens Stobbeis zum dortigen Molenkopf. Alle sprachen dann die Worte: ›Gebt acht, daß kein Betrug uns elend macht!‹ und damit warfen sie die Katze in die See, so weit sie konnten. Die aber schwamm zurück an Land. Die anderen, welche in der Salzsiederei waren, warfen um elf Uhr eine andere Katze ins Meer. Daraufhin ging das Boot zwischen Leith und Kinghorne unter, von ihren bösen Zaubersprüchen verhext.«

Pitcairn I, 2, 237

KAPITEL VI

DIE KATZE IM CHALDÄISCHEN UND ÄGYPTISCHEN MAGISMUS

VON DEN FRÜHESTEN ZEITEN bis zum heutigen Tag hat die Furcht vor dem Großen Unsichtbaren das Leben der primitiven Völker verfolgt. Die zerstörerischen Kräfte der Natur und die vielen Beeinträchtigungen des Menschen haben die Vermutung nahegelegt, daß der Lauf der Dinge durch Dämonen oder bestenfalls durch feindlich gesinnte Gottheiten regiert wird. Der spirituelle Feind ist unsichtbar und kann nicht mit materiellen Mitteln bekämpft werden, also müssen spirituelle Waffen geschaffen werden und die Kunst der Magie wird entwickelt. Als Waffen werden Zaubersprüche und Beschwörungen verwendet, um die unvorhersehbaren Ereignisse des täglichen Lebens zu bewältigen, aber da die Anzahl der schützenden Formeln so schnell anwächst, daß der normale Mensch nur die wichtigsten behalten kann, wird der Zauberpriester mit seinen besonderen Fähigkeiten und Kenntnissen ins Leben gerufen. Unter seinem Einfluß gehen die dämonenorientierten Religionen früher oder später über zu einer dualistischen Form, und gute wie böse Geister werden anerkannt.

Dann erheben sich die Götter aus der Dunkelheit und werden durch den Magier zu Hilfe gerufen bei seinem Kampf gegen die Mächte der Hölle. Die göttliche Hilfe wird gewährt und dankbar angenommen, aber der Mensch, der die Macht kennengelernt hat, weigert sich, sich selbst einem Gott zu unterwerfen und erfindet neue, wissenschaftlichere Hilfsmittel, um die höheren Wesen, deren Existenz er erkannt hat, zu kontrollieren.

Die beiden Hauptquellen der naturwissenschaftlichen Magie, die eine so herausragende Stellung im alten Griechenland und in Rom einnahm, und die in dekadenter Form im mittelalterlichen England wieder in Erscheinung trat, lagen in Ägypten und Chaldäa. Daher erscheint es lohnend, den grundlegenden Unterschied zwischen den beiden verschiedenen Doktrinen zu betrachten und unseren Blick auf einige Verbindungsglieder in der zweifachen Kette zu richten, die sie mit der späteren Hexerei vereinigten.

Der akkadische Chaldäer glaubte, der Mensch könne den Dämonen durch bestimmte Rituale und Beschwörungen gebieten und selbst die niederen Götter zum Gehorsam zwingen, und daß die übernatürlichen Kräfte, die für die Beherrschung der Geister notwendig waren, nach seinem Belieben aus göttlichen oder teuflischen Quellen hergeleitet werden könnten. Tatsächlich erkannte er, daß Gut und Böse im Urquell eins waren, denn in den fragmentarischen Aufzeichnungen, die noch immer das alte Glaubensbekenntnis beinhalten, sehen wir »abscheuliche Dämonen wie Namtar und gnädige Götter, die den Dämonen gegenüberstehen, wie Nin-dar, die beide hervorgehen aus Mul-ge«* (Lenormant).

Wenn der Akkader göttliche Hilfe suchte, wendete er sich an die Priester, die ihre Kraft von größeren Göttern erhielten. Diese Kraft wurde durch demütiges Bitten erlangt, nicht durch Erzwingen, und diente einzig wohltätigen Zwecken. Die Überreste der heiligen Schriften, die uns zur Verfügung stehen, enthalten ausschließlich Formeln und Beschwörungen der göttlichen Magie. Der teuflische Aspekt wird entschieden verurteilt, aber gerade durch diese Verurteilung erfahren wir etwas von der Furcht, die durch ihn ausgelöst wurde. Böswillige Hexen und Zauberer waren zahlreich im antiken Chaldäa und erscheinen häufig auf den Tafeln. Es ist

---

* Das akkadische Gegenstück zum assyrischen Be!.

interessant festzustellen, daß ihnen dort die gleichen Möglichkeiten und Methoden zugetraut werden, wie den Töchtern Hekates im christlichen England.

Der magische Magismus des antiken Medien war weitgehend auf der chaldäisch-assyrischen Religion begründet und erleichtert uns das Verständnis der Grundlagen, auf denen sich das mittelalterliche Hexentum aufbaute. Denn die Meder setzten nicht nur voraus, daß es zwei Gottheiten gab, die die Prinzipien von Gut und Böse vertraten und einen gemeinsamen Ursprung besaßen – Zarvana-akarana – sondern sie verehrten auch beide gleichermaßen an ihren Altären. In diesem Glauben waren Beschwörung und Zauberei weit entwickelt.

Ein Buch, das dem Magus Osthanes zugeschrieben wird, war in Griechenland zur Zeit der medischen Kriege in Umlauf und beinhaltete, so weit wir wissen, die Lehre von der Anrufung der Toten und der Geister der Hölle als größtes Geheimnis der Kaste der Magi. Die magischen Priester verbreiteten sich über ganz Persien; dadurch, daß sie als Zauberer und Beschwörer angesehen wurden, bekam das Wort Magie seine heutige Bedeutung.

Lenormant hat auf die auffällige Verbindung zwischen dem chaldäischen und medischen Magismus und der finnischen Mythologie und Magie hingewiesen. Er bringt mit Erstaunen zum Ausdruck, wie groß die bestehende Ähnlichkeit ist: »so viele Götter und Geister, die dieselben Merkmale unter anderen Namen bewahrt haben, und eine so auffallende Ähnlichkeit zwischen bestimmten Beschwörungsformeln trotz der großen räumlichen und zeitlichen Distanz, die das heidnische Finnland, das erst im Mittelalter mit dem Christentum konfrontiert wurde, von dem unverfälschten akkadischen Chaldäa, das fünfzehnhundert Jahre vor dem Zeitalter des Christentums vollständig vernichtet wurde, trennte.«

Finnland kann uns dabei behilflich sein, die Nebel der Zeit zu durchdringen, die den Magismus in Chaldäa verdunkeln. In Akkad unterschied man den Priester der Magie eindeutig von dem böswilligen Zauberer, dem man den Mißbrauch der höchsten Geheimnisse unterstellte. Man glaubte, eine absolute Macht gehe von Beschwörungen und magischen Riten aus, sowohl für das Gute als auch für das Böse. »Die Erde und der Himmel, die sichtbaren und die unsichtbaren Bereiche, Wasser und Feuer waren der Macht von Zaubersprüchen unterworfen; sie ließen die Toten zurückkehren, um die Lebenden zu peinigen; sie beeinträchtigten selbst die mächtigsten Götter, setzten ihren Einfluß außer Kraft oder stellten sie unter einen gewissen Zwang.«

In der finnischen Dichtung, die die Auswirkungen dieser Zauberei in hyperbolischer Weise beschreibt, treffen wir auf die Katze, und sie tritt hier, wie so oft in der späteren Hexenkunst, als Fortbewegungsmittel auf. Es ist sicher bemerkenswert, daß sie im Okkultismus so betrachtet wurde, denn die Umstände im wirklichen Leben widersprechen dem Einsatz einer Katze als Lasttier vollkommen. Allein ihre geringe Körpergröße schließt eine solche Idee aus, und selbst wenn wir sie uns entsprechend vergrößert vorstellen, würden ihr Temperament und ihre ungeheure Freiheitsliebe unüberwindliche Hindernisse bedeuten. Die Erklärung liegt in der ihr zugeschriebenen Hellsichtigkeit, die den Flug der Gedanken repräsentiert.

Die finnische Kalevala erzählt von den Zaubereien des Lemminkainen und was diese bewirkten. Wir lesen dort, daß er ein Haus betrat, in dem Männer sich unterhielten und sangen. »Und die Männer wurden auf einen Schlitten geworfen, der von einer verfärbten Katze gezogen wurde; und die Katze brachte sie in schneller Fahrt hinweg bis an die äußerste Grenze von Pohjola (der Welt der Dunkelheit und bösen Geister) in die riesigen Wüsten Lapplands, wo der

Hufschlag der Pferde nicht mehr widerhallt und das Fohlen der Stute kein Futter findet... So verspottete Lemminkainen junge Männer, alte Männer und Männer in der Blüte ihres Lebens durch seine Zaubersprüche.«

Die finnische Mythologie sah in bösen Geistern nicht nur die Verursacher aller Unannehmlichkeiten, sondern sie personifizierte das Prinzip des Bösen in ihrer epischen Dichtung in dem Riesen Hiisi, mit seiner Frau, seinen Kindern, Pferden, Katzen, Hunden und Dienern, die alle ebenso verwachsen und schlecht waren wie er selbst. Seine Katze, bekannt als Hiiden-Kissa, scheint das am wenigsten unangenehme Mitglied seines Haushalts gewesen zu sein, denn obwohl sie Schrecken verbreitete, wo immer sie erschien, zwang sie Diebe, ihre Missetaten zu gestehen und diente auf diese Weise auch einem guten Zweck.

Die Zauberer hatten ständigen Umgang mit allen diesen bösen Geistern und verdankten ihnen großenteils ihre Macht. Doch »die magischen Priester führten diese Kommunikation ausschließlich durch spirituelle Vertiefung und heilige Worte herbei« und sie exorzierten die Dämonen »durch die Kraft ihrer Formeln und mit Hilfe der geistigen Wesen des Prinzips des Guten; viele ihrer Beschwörungen dienten so der Vertreibung von bösen Dämonen, der Aufhebung teuflischer Zaubersprüche und der Anrufung von guten Geistern um Hilfe bei ihren Tätigkeiten« (Lenormant). »Die finnischen Beschwörungsformeln für die Austreibung von Dämonen bei Krankheiten wurden in genau demselben Sinn verfaßt und basieren auf denselben Angaben, wie die akkadischen Beschwörungsformeln, die den gleichen Zweck verfolgen. Es waren Formeln, die derselben Familie angehörten und häufig eine auffallende Ähnlichkeit in der Sprache aufwiesen; im Gegensatz dazu nahmen die ägyptischen Beschwörungsformeln eine ganz andere Form an, wurden sie doch von einem Volk entwickelt, das eine völlig andere Vorstellung von der Welt des Übernatürlichen besaß« (Lenormant).

In den ägyptischen Schriften gibt es nicht eine Spur von dem Glauben an die elementaren Geister, die die Chaldäer günstig stimmen, austreiben oder kontrollieren wollten. Die Magie der Ägypter basierte auf einer völlig verschiedenen Grundlage und entwickelte sich aus der Lehre von dem höchsten Einen, von dem eine abgestufte Hierarchie von Wesen ausging, von denen jedes der Erde näher kam, als das vorhergehende. Dieser Ordnung entsprechend konnten Menschen durch okkulte Wissenschaft und reinigende Rituale zur Göttlichkeit emporsteigen und so mit ihr identifiziert werden, um die Herrschaft über die Kräfte der unteren Emanationen zu erlangen.

Zaubersprüche und Beschwörungen nahmen in der ägyptischen sowie in der chaldäischen Liturgie großen Raum ein, und in Ägypten werden wir den Schlüssel finden, der eine Tür zu vielen dunklen Gängen der mittelalterlichen Hexerei öffnen und sie mit unerwartetem Licht erfüllen wird. Isis selbst war die »Hexengöttin« und leitete einen großen Teil ihrer Macht aus Zaubersprüchen und Beschwörungen her. Budge berichtet uns, daß »ihr Mund vollendet geschult war und ihr keine Fehler unterliefen bei der Aussprache ihrer Zauberformeln.‹«

Die Verehrung von heiligen Tieren begann in Ägypten vor dem Erwachen der Geschichte und lebte weiter über tausende von Jahren in Verbindung mit späteren Glaubensbekenntnissen. Sie entstand wahrscheinlich lange vor der ersten Zivilisation, von der uns keine Überbleibsel bekannt sind, und sie nahm mit Sicherheit eine herausragende Stellung in allen großen Zentren und bei den meisten Völkerstämmen ein.

Die Katze von Bubastis, der Widder von Theben, die Stiere von Memphis und Heliopolis, der Falke von Edfu sind die

Überbleibsel eines Glaubens, der schon uralt war, als Bastet und Amun, Ptah und Horus sie in den Städten in den Schatten treten ließen, in denen sie so lange regiert hatten. Ohne Zweifel wurde durch sie das anthropomorphe Idealbild der Götter stark modifiziert, das vermutlich durch das libysche Volk mit der Entstehung der prähistorischen Zivilisation geprägt wurde. Mit der Verschmelzung der unterschiedlichen Völker kam die Vermischung ihrer jeweiligen Ideale, die in den außergewöhnlichen Göttern mit Tierköpfen und Menschengestalt endete, die von dem ägyptischen Volk bis in die Römerzeit hoch verehrt wurden, was durch die Fülle der uns erhalten gebliebenen Amulette in Form von heiligen Tieren bestätigt wird.

Viele sehr interessante Exemplare befinden sich in der schönen Sammlung ägyptischer Amulette im University College von London, die Flinders Petrie sehr umfassend beschrieben hat; diejenigen, die das Horusauge oder ›Uzat‹ in Verbindung mit Katzen darstellen, demonstrieren die Verehrung, die der antiken Katzengottheit entgegengebracht wurde. Petrie katalogisiert folgende Gegenstände: »141c, grün-blaue Glasur, flache Rückseite mit 19 Katzen und sekundärem ›uzat‹ oberhalb der Pupille; 141d, blaue und schwarze Glasur mit 13 Katzen; 141e, blaue und schwarze Glasur mit 9 Katzen.«

Er schreibt sie der XXIII. Dynastie zu und bemerkt, daß die Horusaugen Sonne und Mond verkörpern, macht aber ansonsten keinen Versuch, ihre Symbolik zu erklären. Zweifellos hatte auch die Anzahl der Katzen eine Bedeutung. Wir stellen fest, daß sich die neun darunter befindet, die so oft mit der Katze in Verbindung gebracht wird. Das ›uzat‹ ist außerdem »verbunden mit einer Gruppe von sieben Göttinnen, deren Namen einzeln auf den viereckigen Augen oder zusammen auf einem Auge zu finden sind.« Unter den sieben befinden sich die katzenköpfigen Göttinnen Bastet und

Sachmet. Beide sind auf vielen Amuletten abgebildet und können nicht immer voneinander unterschieden werden, was nicht erstaunlich ist, wenn wir uns erinnern, daß beide Aspekte der Isis waren.

Der Ägypter setzte großes Vertrauen in das Vermögen einer lebenden Katze, ihn vor allem Bösen beschützen zu können, gleichgültig, ob es natürlicher oder übernatürlicher Art war. Doch wenn er nicht das Glück hatte, eines dieser Tieramulette zu besitzen, suchte er Zuflucht in der Zauberei, in Zaubersprüchen oder wirkungsvollen Worten und später in der Anrufung der Götter. Da jeder beliebige Dämon ihn in seinem ungeschützten Zustand belästigen oder schädigen konnte, betete er zu Ra, der in der Gestalt einer Katze den bösen Apep vernichtet hatte, um die bösen Geister abzuwehren, und er unterrichtete diese Gottheit über deren Missetaten.

Während er über den Pantheon der Götter nachdachte, kam er häufig zu dem Entschluß, eine bestimmte Gottheit anzurufen, weil ihm eine Episode aus der legendären Vergangenheit des Göttlichen in Erinnerung kam, die mit seinem eigenen Problem korrespondierte. So hätte er, wenn er von einem Skorpion gestochen worden war, daran gedacht, wie die Katzengöttin Bastet einen ähnlichen Unglücksfall auf einer ihrer Wanderungen erlitten hat, der für sie tödlich verlaufen wäre, wenn sie nicht die Zauberformel gekannt hätte, die sie durch Toth erfahren hatte und die ihr augenblicklich den Sonnengott Ra zu Hilfe schickte.

Der Ägypter hätte die Szene der Katzengöttin in dem Moment der Wahrnehmung des giftigen Stichs wiederholt und ausgerufen: »Oh Ra! Komme zu deiner Tochter! Ein Skorpion hat sie auf ihrem einsamen Weg gebissen! Ihr Weinen erreicht sogar den Himmel. Das Gift fließt in ihre Adern und sie legt ihre Lippen darauf. Und Ra hat geantwortet: ›Fürchte dich nicht, fürchte dich nicht, meine wunderbare Tochter; sieh, ich bin bei dir. Ich bin es, der das Gift in allen Gliedern dieser Katze vernichtet.‹ Derjenige, der die exakten Formeln aufsagte, erlangte den Beistand von Ra, denn der Sonnengott war bereit, die göttliche Katze durch seine eigene Person immer wieder zu retten, indem er durch die Beschwörungsformeln ihre Stelle einnahm.«

Für die Ägypter war das gesprochene Wort eine mächtige Waffe, die von den Toten ebenso machtvoll geführt werden konnte wie von den Lebenden. Budge berichtet uns, daß »die Kau oder Ebenbilder der Toten, die gelernt hatten, Worte richtig zu sprechen und den genauen Tonfall zu treffen, in der Lage waren, zu gehen, wohin sie wollten und zu tun, was ihnen gefiel, denn jeder Gott, jeder Geist, jeder Teufel und jedes unbelebte Objekt mußte ihren Befehlen gehorchen.«

Daher richteten sich die ägyptischen Formeln nicht nur auf den Schutz der guten Dinge im diesseitigen Leben, sondern auch auf die Gewähr von Glück und Sicherheit der entkörperten Seele. In der Schrift von Unas, die gegen Ende der V. Dynastie entstand, finden sich viele dieser Zaubersprüche, und einige Kapitel der Totenbücher Thebens und Sais' bestehen nur aus Zauberformeln und Beschwörungen. Wie der Nigriter sich zum Schutz mit Amuletten behängt, ehe er zu einer Reise aufbricht, so wurde der einbalsamierte Körper des Ägypters mit Amuletten versehen, wenn er das diesseitige Leben verließ und seine Seele, gestärkt durch auf Erden erworbene Zaubersprüche, zu unbekannten Pfaden aufbrach. Da die besten Ergebnisse durch die Kombination von Talisman und Zauberformel erwartet wurden, fertigte man zahlreiche kleine Stelen aus Granit oder Basalt, in die magische Formeln eingraviert wurden zum Schutz der Lebenden und der Toten. Gegen Ende der XXVI. Dynastie entstand der Brauch, sie als Haustalismane zu verwenden; sie trugen das eingemeißelte Bild des Horuskindes, das durch diese Art der

Anrufung den Haushalt beschützen sollte. Viele Exemplare dieser Talismane befinden sich in europäischen Museen. Sie sind allgemein bekannt unter der Bezeichnung »Cippi des Horus«. Die bereits erwähnte Katzenbeschwörung befindet sich auf der größten und wichtigsten dieser Cippi, der sogenannten »Metternichstele«, die unter der Herrschaft von Nectanebus I. zwischen 378 und 360 v. Chr. entstand und im Jahr 1828 in Alexandria ausgegraben wurde. Budge sagt: »Diese Stele verkörperte die Fähigkeit aller göttlichen Wesen des Universums, den Menschen zu beschützen, und wo

Amulett aus blau glasiertem Porzellan,
der Bastet geweihte Katze mit Jungen darstellend

immer sie stand, war sie eine unüberwindliche Barriere für alle bösen Geister und alle giftigen Reptilien.« Die Stele beschützte den Haushalt vor allem Übel, entweder allein oder zusammen mit einer Katze aus Fleisch und Blut.

Auf die Verstorbenen wendete man bisweilen eine noch

einfachere Sicherheitsmethode an. Jedes Körperteil der Katze enthielt die Potentialitäten eines Gottes oder einer Göttin, selbst wenn sie nur bildlich dargestellt war. Von der heiligen Katze wird gesagt, sie besitze »den Kopf von Ra, die Augen von Uräus, die Nase von Toth, die Ohren von Neb-er-tçher, den Mund von Tem, die Hände der Götter, den Leib von Osiris, die Schenkel von Mentu, die Beine von Khensu, die Füße von Amun-Horus, die Hüften von Horus, die Fußsohlen von Ra und die Eingeweide von Meh-urit« (Budge).

So wurden dem geliebten Verstorbenen von seinen treuen Freunden bei der Bestattung kleine Zauberstäbe aus Elfenbein beigegeben, die mit dem Kopf einer Katze verziert waren. Mit ihrer Hilfe konnte seine Seele erfolgreich die Skorpione der Unterwelt bekämpfen und ihre gefährliche Reise in das Reich des Todes fortsetzen.

In Kapitel CXXV des Totenbuches macht der Verstorbene in seiner Bitte an die Götter der Unterwelt seine Kenntnis eines Zauberwortes geltend.

Er spricht: »Ich bin rein an Mund und Händen; daher laßt zu mir sagen: ›Komme in Frieden; komme in Frieden‹ (12), denn ich habe das mächtige Wort vernommen, das die geistigen Wesen (›sahu‹)* zu der Katze sprachen (13) in dem Haus des Hapt-re.«

Wie das mystische Wort lautet, erfahren wir nicht. Aber es steht geschrieben, daß die Götter den Menschen bisweilen aus eigenem Entschluß ihre Geheimnamen offenbaren, durch deren Kenntnis sie sie heraufbeschwören konnten.

Hier scheint es sich bei der Katze um Isis in ihrer Erscheinungsform als Katzengöttin Bastet zu handeln. Das »mächtige Wort« ist daher wahrscheinlich der Geheimname, den sie Ra abnötigte, nachdem sie unter Verwendung eines Zauber-

---

* Budge zufolge lautet die übliche Lesart: »Denn ich habe das Wort vernommen, das der Esel zu der Katze sprach.« Diese erhellt die Bedeutung, denn der Esel war eine Glyphe des Sonnengottes Ra.

spruchs eine Schlange erzeugt hatte, die ihm durch ihren Biß eine Qual verursachte, von der nur sie allein ihn befreien konnte. Ra hatte viele Namen, aber Isis trachtete danach, seine geheime Anrede zu erfahren, und schließlich erzwang sie deren Preisgabe von dem leidenden Gott. Dieser Name mit allen übernatürlichen Fähigkeiten, die sein Besitz verlieh, strömte aus seiner Brust in die ihre und blieb so allen anderen Göttern wie auch den Menschen verborgen. Diese Legende von Ra und Isis sollte möglicherweise dazu beitragen, die neu übernommene chaldäische Lehre zu erläutern, der zufolge selbst die Götter einem Gesetz unterliegen, das der Mensch, der Kenntnis von diesem Gesetz hat, nutzen konnte, um die höheren Wesen seinem Willen zu unterwerfen. Isis selbst hatte den Weg dorthin gezeigt. Gemäß den alexandrinischen Schreibern behaupteten die Ägypter, sie könnten die Götter zwingen, ihrem Willen zu gehorchen und vor ihnen sichtbar zu werden. Der Gott konnte ihren Beschwörungen und magischen Formeln nicht widerstehen, wenn er mit seinem wahren Namen gerufen wurde. M. Maury sagt: »Sie riefen den Gott nicht nur mit seinem Namen, sondern sie drohten ihm, wenn er sich weigerte, zu erscheinen.«

In dem schrecklichen Ritual der Taigherm (in Kapitel XVI beschrieben) können wir die Früchte einer solchen Gotteslästerei sehen; wahrscheinlich war dieselbe Lehre für die vielen Katzenopfer verantwortlich, die in den Praktiken der schwarzen Magie gefordert wurden. Doch bei der Berücksichtigung ihrer Motive muß immer im Gedächtnis bleiben, daß die Götter und Engel einer früheren Religion die Dämonen des Glaubens sind, der den alten ersetzt, und daß sie in der volkstümlichen Vorstellung eine fortschreitende Degradierung erfahren, die schließlich auf die Bildung einer dritten Variante der Magie hinführt, die teuflische. Der Magier, der mit der voruteilsbehafteten Weltanschauung des neuen

Glaubens großgeworden ist, sieht die alten Götter als Teufel; aber er beschwört sie nach den Ritualen der alten Religion und verkauft seine Seele, um okkulte Kräfte von ihnen zu erlangen. Die Religion der Yezidis oder »Anbeter Satans« gibt ein Beispiel für diese Art von Magie. Obwohl die Sekte den magischen Dualismus vollkommen anerkennt, huldigt sie ausschließlich dem Prinzip des Bösen.

Wahrscheinlich hatte vieles in der Magie des Mittelalters einen solchen Ursprung und ließe sich auf einen gottlosen Mißbrauch älterer Theogonien zurückführen. Wir empfehlen, diese dekadenten Entwicklungen in den Kapiteln über die Stellung der Katze in der Hexerei zu verfolgen.

KAPITEL VII

FREYA UND IHRE KATZEN

DIE ALTE SKANDINAVISCHE Göttin der Liebe und Schönheit Freya war die Tochter des Wanengottes Njörder und der Erdmutter Nerthus und die Schwester von Freyer oder Fro, dem Gott der Sonnenstrahlen; ihr Gatte war Odur, die Sommersonne. Sie hatte blaue Augen und goldenes Haar.

»The lovliest Goddess she in Heaven, by all
    Most honoured after Frea, Odin's wife.«

»Sie ist die lieblichste Göttin des Himmels, von allen
    Am höchsten verehrt nach Freya, Odins Weib.«
                              Matthew Arnold, »Balder Dead«

Sie wird mit der Venus gleichgesetzt, und ihre Anbeter sahen in ihr hauptsächlich die Göttin der fruchtbaren Liebe. Deshalb wurde ihr Wagen entsprechend von dem liebevollsten und fruchtbarsten aller Haustiere gezogen, der Katze, und es ist bezeichnend, daß ein Paar von diesen Lebewesen verwendet wird. Ihre Verbindungen zur Sonne, deren Symbol die Katze war, sollten ebenfalls beachtet werden. Als Göttin der Liebe und Schönheit segnete sie alle Liebenden, die durch Gebete oder Opfer danach verlangten. Ihre Tempel waren zahlreich und wurden von ihren Anhängern fast bis ins frühe Mittelalter aufrecht erhalten; der letzte, der sich in Magdeburg befand, wurde durch Karl den Großen zerstört.

Freya und ihr Bruder wurden in ganz Nordeuropa so sehr verehrt, daß ihre Namen noch immer, in veränderter Form, als Anrede für »Herr« und »Herrin« gebraucht werden; und der Tag der Woche, der ihnen in früherer Zeit geweiht war, heißt noch heute Freitag oder Freyas Tag. Er wurde als der geeignetste Tag für eine Hochzeit angesehen, und der Brauch, Freitags zu heiraten, wurde erst abgeschafft, als die christlichen Priester das Volk überzeugten, daß der Todestag ihres Herrn für jedes Vorhaben ungünstig sein mußte; trotzdem konnten sie seinen Namen nicht ändern, der uns an die freundliche Göttin der Liebe erinnert und an ihre zärtlich sich umwerbenden Katzen, die in ihrer Art so sehr auf Liebende hindeuten.

»Then came dark-bearded Niord, and after him
Freya, thin-robed, about her ankles slim
The grey cats playing.«

»Dann kam Njörd mit dunklem Bart, und nach ihm
Freya in leichtem Gewand, um ihre schlanken Fesseln
Spielten die grauen Katzen.«

William Morris, »Lovers of Gudrun«

Wie die Katze war Freya, obgleich sie mit Liebe und Schönheit in so enger Verbindung stand, ein Geschöpf, das nicht nur Vergnügen und Behaglichkeit suchte, sondern auch, wenn sie erregt wurde, zu ihrer Rüstung greifen und nach Kräften kämpfen konnte. Oft führte sie die Walküren in die Schlacht, und wo sie als deren Anführerin auftrat, war ihr Name Walfreya; sie beanspruchte das Recht auf die Hälfte der Getöteten, während sie Odin die andere Hälfte als Anteil überließ. Die Freuden des Himmels, die die von ihr erwählten Helden genießen durften, waren so groß, daß ihre Ehefrauen und Schwestern den Schrecken einer Schlacht trotzten, indem sie die Hoffnung hegten, ihre Männer möchten unter den ausgewählten Toten sein.

Manchmal wurde Freya mit ihrer Mutter Nerthus identifiziert, die die alles hervorbringende Erde symbolisierte. Wenn sie in ihrem heiligen Wagen dahinfuhr, schmückte sie das Land mit Grün und Blüten, ließ die Saat aufgehen und sprießen und segnete die Ernte. Den Sterblichen, die mit bedachtsamer Freundlichkeit ein Töpfchen Milch zur Erfrischung ihrer Katzen in die Kornfelder stellten, war sie besonders gnädig und schützte ihr Getreide vor schlechtem Wetter und anderem Mißgeschick.

In Süddeutschland hingegen war sie als Hel oder Holda bekannt und repräsentierte, obwohl immer noch freundlich und schön, die Winterzeit, die mit ihrer glänzenden eisigen Rüstung die Erde bedeckte, um sie in den Monaten der Prüfung vor allen Schäden zu bewahren. Unter diesem Aspekt war sie nicht nur die Göttin des Lebens, sondern auch des Todes. Doch der Tod war für ihre Anbeter kein gespenstisch grinsendes Skelett, sondern eine liebende Mutter, die ihre müden Kinder zum Schlafen in ihrem Schoß ruft.

In der skandinavischen Edda finden sich nur wenige verstreute Verweise auf diese einst große Göttin, aber wir können ihr entnehmen, daß Odin ihr Macht über die neun Welten verlieh, beziehungsweise, nach einer anderen Version, über die neunte Welt. (Läßt sich in der Legende von den neun Leben einer Katze eine Anspielung auf diese neun Welten erkennen?)

Da sie die Göttin des Lebens und des Todes war, wurde sie in Abbildungen durch die Farbgebung halb lebendig und halb leichenartig dargestellt, genau wie die brahmanische Göttin der Natur, Kali, die Mutter. Ursprünglich war sie keine zerstörende Kraft, auch nicht in ihrer dunkleren Erscheinungsform, sondern sie herrschte nur über ihren Wohnsitz in der Unterwelt und empfing dort die Geister der Verstorbenen, wenn sie nach einer langen und beschwerlichen Reise in Haljar ankamen. Man kann sie mit der Mater Terra der römischen Mythologie vergleichen, die die ermatteten Toten an ihrer sanften Brust nährte. Doch in diese Vorstellungswelt schlich sich der Materialismus ein und manifestierte sich in den Symbolen, die diese ausdrückten. In deutschen Sagen wird Hel zu Mutter Holle, einer Göttin der häuslichen Fertigkeiten wie Spinnen, Weben und Haushalten. Wenn es schneite, schüttelte sie ihr Bett und ließ die Federn fliegen, wenn es regnete, wusch sie Wäsche, während lange Wolken anzeigten, daß sie webte. Das Christentum vervollständigte die Degradierung von Hel. Der neue Glaube akzeptierte keine Göttin des Todes, sondern identifizierte sie mit ihrem eigenen schrecklichen Ort der Bestrafung und wandelte die Gottheit in ihren Aufenthaltsort um. Freya selbst wurde als Dämonin oder Hexe gebrandmarkt, wie die meisten alten Gottheiten, und auf die Berggipfel der Länder verbannt, in denen sie zuvor als heilig galt. In Märchen des mittelalterlichen Deutschlands erscheint sie als alte, runzlige, unersättliche und grausame Frau. Ihre Priesterinnen teilten ihr Schicksal. Sie sind nicht länger die schönen Töchter der Mutter des Lebens; sie sind nun verunstaltet, welk und schlecht, die direkten Abkömmlinge der Hölle. Doch selbst dann sind sie nicht unerkennbar, denn die Katzen, die einst Freyas Wagen zogen, sind zu den Pferden geworden, auf denen die Hexen oder ihre Lebensgefährten, die von den Christen für Teufelsgehilfen gehalten werden, durch die Luft reiten.

Ungeachtet dieser außerordentlichen Veränderung der religiösen Weltanschauung machten die Hexen weiterhin Liebeszauber und Liebestränke, wie es sich für die Dienerinnen der Göttin der Liebe gehörte, und häufig spielten Teile eines Katzenkörpers eine mehr oder weniger wichtige Rolle dabei. Ihre wöchentlichen Hexenversammlungen wurden an Freyas heiligem Tag abgehalten, und dies war ein zusätzlicher Anlaß zum Ärgernis für die Christen, denn für sie war dieser Tag untrennbar mit der Tragödie der Kreuzigung verbunden und galt als strenger Fasttag. Wir brauchen hier nicht nach-zuerzählen, wie die Priesterschaft der neuen Religion die letz-ten treuen Anhänger des älteren Glaubens durch Folter und Mord vernichtete. Sie betrieben ihr Werk der Ausrottung so gewissenhaft, daß ihre wahren Grundlagen uns heute dunkel und zweifelhaft erscheinen. Doch Überreste des Abergla-bens geben einen Fingerzeig zu einem von Rauch getrübten Pfad, und hier und da ist inmitten der Dunkelheit eine ver-zerrte Form schwach erkennbar. Ein Beispiel findet sich in dem Bericht des Rev. R. Walsh, der auf einer Seereise von Tischgenossen umgeben war, die »von der unheilvollen Be-deutung von vier Dingen auf einem Schiff fest überzeugt wa-ren,« deren Auftreten sie »unabwendbar mit katastrophalen Folgen verbunden« ansahen, – »das Auslaufen aus dem Ha-fen an einem Freitag, eine schwarze Katze an Bord, oder eine schwangere Frau oder ein Geistlicher unter den Passagie-ren.« Mr. Walsh interessierte sich dafür, den Grund für die Abneigung gegen so offensichtlich harmlose und friedliche Dinge zu erfahren, die man nicht mit bösen Auswirkungen in Verbindung bringen kann, und er wurde »allgemein infor-miert, daß sie für Unglück bekannt seien; aber sie konnten keinen Grund nennen, außer für den letzten, und der bezog sich darauf, daß Satan als ›Prinz der Macht über die Luft‹ die Lenkung der Winde bestimmte, und da ein Geistlicher sein größter Feind ist, verfolgt er die Mannschaft, die ihn an Bord nimmt, stets mit allen Heimsuchungen seiner elementaren Kräfte, Windstillen, ungünstigen Winden und Stürmen.«

Die Erklärung ist, so weit sie reicht, plausibel genug, denn die Feindschaft zwischen Satan und einem Geistlichen ist verständlich; doch man hätte erwarten können, daß der Teu-fel über die schwarze Katze recht erfreut sein müßte, da sie in magischen Ritualen häufig als versöhnendes Objekt dient. Sicherlich gibt es einen tieferen Grund. Diejenigen, die sich am geheiligten Namenstag seiner obersten Gottheit auf das mystische Wasser, die Mutter des Lebens, begeben (denn Freya ist eins mit Venus) und eine Frau befördern, die in sich eine konkrete Manifestation des Prinzips des Lebens trägt, das in der Göttin, in dem der Schöpfung und Fortpflanzung geweihten Tier oder in dem Priester, der sich in den Dienst der göttlichen Mutter gestellt hat, personifiziert ist, haben bewußt oder unbewußt die Mysterien heraufbeschworen. Sie müssen nicht nur gegen das Böse kämpfen. Von ihnen wird weit mehr als bloße negierende Güte verlangt, und wenn sie versagen, folgt unmittelbare Vergeltung für ihre Anmaßung. Die Vorsicht verbietet augenfällig solche Versuchung der Unbekannten Macht, und der Seemann vermeidet es, sich an den heiligen Symbolen der Großen Mutter zu schaffen zu machen, in deren Schoß sich sein Leben erschöpft.

KAPITEL VIII

CHRISTUS UND DIE KATZE

ES IST EINE BEMERKENSWERTE TATSACHE, daß die Katze in den kanonischen Schriften der Bibel nie erwähnt wird. Eine mögliche Erklärung für diese Unterlassung mag durch den intoleranten Haß der Juden begründet sein, der sich gegen alles richtete, was von ihren ägyptischen Herrschern und Dienstherren als heilig verehrt wurde. Andererseits könnte man dies auf das über lange Zeit geführte Wandererleben dieses besonderen Volkes zurückführen, das es ihm nicht ermöglichte, die Katze als Hausgenossen kennenzulernen. Doch viel wahrscheinlicher war ein Zug ihres nationalen Charakters dafür verantwortlich, denn in der Bibel ist nicht ein einziger Fall überliefert, in dem die Juden ein Tier als Gefährten genommen hätten, obwohl dies bei den benachbarten Völkern üblich war.

In den fragmentarischen Lehren Jesu, die wir den vier von den christlichen Kirchen anerkannten Evangelien entnehmen können, erfahren wir, daß der Herr in allen Kreaturen göttliches Leben anerkennt. Obwohl der Mensch sich über die Ehrfurcht, die den Manifestationen der Gedanken Gottes gebührt, so wenig im klaren sein mag, daß er fünf Spatzen für zwei Heller totschlug und verkaufte, so wird doch keines dieser kleinen Opfer vor Gott vergessen, oder hinfallen ohne den Vater. Es ist unwahrscheinlich, daß dies der einzige Fall war, bei dem Jesus die allumfassende Liebe des Schöpfers hervorhob, und seine Einzelstellung wird deutlich, wenn man sich in Erinnerung ruft, wie viele Evangelien durch die christliche Kirche als ketzerisch unterdrückt wurden, und daß selbst diejenigen, die uns heute vorliegen, mit den Worten von Wilberforce, »erheblich verfälscht wurden« und »Korrektoren« von kirchlichen Kommissionen eigens eingesetzt wurden, »um den Text der Schrift zu korrigieren« zum Nutzen der akzeptierten Rechtgläubigkeit.

Die Kluft, die sich in den Aufzeichnungen der überlieferten Evangelien auftut, wird durch einen bemerkenswerten Band mit dem Titel »Das Evangelium der Heiligen Zwölf« überbrückt. Seinen Inhalt empfing Rev. G. J. Ouseley in Visionen, und es gibt sich als Übersetzung eines frühchristlichen Dokuments aus, »das in einem buddhistischen Mönchskloster in Tibet aufbewahrt wurde, wo es von Anhängern der Sekte der Essener versteckt wurde, um es vor den Händen von Verderbern zu schützen.«

Da so viele Schriften vorgeben, sie seien ursprünglich aus Inspirationen hervorgegangen, scheint die Basis für die Glaubwürdigkeit dieser einen hier ähnlich zu sein wie für eine ganze Reihe von anderen, und wir müssen ihre Authentizität hauptsächlich über ihren Inhalt beurteilen und uns nicht zu Vorurteilen wegen der erst vor kurzem erfolgten Aufnahme verleiten lassen.

Das Evangelium der Heiligen Zwölf berichtet über die Geburt von Jesus Christus in einer Höhle:

»Und in derselben Höhle waren ein Ochse und ein Pferd und ein Esel und ein Schaf, und neben der Krippe war eine Katze mit ihren Jungen, und oben waren auch Tauben, und jedes hatte einen Gefährten entsprechend seiner Art und seinem Geschlecht, so daß alle in Paaren waren. So geschah es, daß er inmitten der Tiere geboren wurde, die er durch die Befreiung des Menschen von Unwissenheit und Selbstsucht von ihren Leiden erlösen wollte durch die Manifestation der Söhne und Töchter Gottes.«

Die Liebe des Herrn zu den Tieren, die seine Geburtskammer teilten, wird in der folgenden Legende schön dargestellt:

Studien von Leonardo da Vinci zu einer Jungfrau mit Kind und einem Kätzchen

»Als Jesus durch ein bestimmtes Dorf kam, sah er eine Gruppe von Müßiggängern der niedrigeren Sorte, die eine Katze, die ihnen über den Weg gelaufen war, quälten und schändlich behandelten. Und Jesus gebot ihnen abzulassen und begann, mit ihnen zu argumentieren, doch sie hörten nicht auf seine Worte und verschmähten ihn. Daraufhin machte er eine Peitsche aus geknoteten Kordeln und jagte sie davon mit den Worten ›Diese Erde, die mein allmächtiger Vater euch zur Freude und zum Glück geschaffen hat, habt ihr zu der untersten Hölle gemacht durch eure Gewalttätigkeit und Grausamkeit.‹ Und sie flohen aus seinem Angesicht. Doch einer unter ihnen war nichtswürdiger als die anderen und kehrte zurück, um ihm zu trotzen. Und Jesus streckte seine Hand aus, und der Arm des jungen Mannes verdorrte, und große Furcht ergriff alle; und jemand sagte ›Er ist ein Zauberer.‹ Am nächsten Tag kam die Mutter des jungen Mannes zu Jesus und bat ihn, den verdorrten Arm zu heilen. Und Jesus sprach zu ihnen von dem Gesetz der Liebe und der Einheit allen Lebens in der einen Familie Gottes. Und er sagte auch ›Was ihr in diesem Leben euren Mitlebewesen zufügt, wird euch geschehen in dem zukünftigen Leben.‹ Und der junge Mann glaubte und bereute seine Sünden, und Jesus streckte seine Hand aus, und sein verdorrter Arm wurde wieder ganz wie der andere. Und die Menschen verherrlichten Gott, der einem Menschen eine solche Kraft gegeben hat.« (24 1-5)

Wenn wir weiterlesen, begegnet uns Christus ein weiteres Mal in der Rolle des Beschützers einer unglücklichen Katze, er tröstet sie in ihrer Einsamkeit und sorgt liebevoll für ihre Zukunft.

»Als Jesus in ein bestimmtes Dorf kam, sah er eine junge Katze, um die sich niemand kümmerte, und sie war hungrig und schrie zu ihm; und er hob sie auf, steckte sie in sein Gewand, und sie lag an seiner Brust. Und als er in das Dorf hineinkam, stellte er ihr Essen und Trinken hin, und sie aß und trank und zeigte ihm ihre Dankbarkeit. Und er gab sie einer seiner Schülerinnen, einer Witwe mit Namen Lorenza, und sie sorgte für das Tier. Und einige Menschen sagten: ›Dieser Mann sorgt für alle Kreaturen ... sind sie seine Brüder und Schwestern, daß er sie lieben muß?‹ Und er sagte zu ihnen: ›In Wahrheit sind sie eure Mitbewohner in dem großen Haushalt Gottes; ja, sie sind eure Brüder und Schwestern mit demselben Hauch des Lebens in der Ewigkeit. Und wer für den geringsten unter ihnen sorgt, und ihm zu essen und zu trinken gibt in seiner Not, der tut es mir; und wer auch immer zuläßt, daß einer von ihnen in Not ist, und ihn nicht verteidigt, wenn er vom Übel verfolgt wird, der tut mir das Übel; denn was ihr in diesem Leben getan habt, wird euch geschehen in dem Leben, das danach kommt.« (34 7-10)

Zum zweitenmal wird in Verbindung mit der Katze von Jesus die ernste Mahnung ausgesprochen, daß alle Lebewesen so eng mit ihm verbunden sind, daß jede unserer Handlungen an ihnen gewertet wird, als betreffe sie ihn selbst.

Die Legenden sind nicht übermäßig mit Wundern überlagert, sondern sie beschreiben Vorgänge, die ohne große Anstrengung glaubhaft erscheinen und in der einfachen Erzählung das Siegel der Wahrheit zu tragen scheinen. Von Christus, der einen Teil seiner Kindheit in Ägypten verbracht hatte, kann man leicht annehmen, daß er eine besondere Sympathie für das heilige Symbol seines eigenen Prototyps Osiris-Horus empfand, und daß er entsetzt war bei dem Anblick seiner Landsleute, die das Tier mißhandelten, von dem er gewohnt war, daß man es mit so großer Verehrung betrachtete.

KAPITEL IX

Die Jungfrau und die Katze

Es wurde glaubhaft nahegelegt, daß das englische Wort »Puss« von dem Namen der Göttin »Pascht«, einer Form der ägyptischen Isis, abgeleitet wurde, und daß immer, wenn man seine Katze mit dieser Bezeichnung ruft, der heilige Name ausgesprochen wird. Pascht war unter vielen Namen bekannt, wie wir auf den vorhergehenden Seiten gesehen haben. Die Griechen verehrten sie als Artemis, die Römer nannten sie Diana, die Buddhisten beteten sie als Maya an, die Sachsen wendeten sich an Frigga und der Christ huldigt der Jungfrau Maria. Doch unter welchem Namen sie auch immer bekannt ist, ihre Merkmale bleiben unverändert, denn sie ist immer und überall die göttliche Mutter, das weibliche Prinzip der Gottheit, die jungfräuliche Göttin, die dennoch mütterlich und fruchtbar ist und Fruchtbarkeit schenkt, obwohl sie gleichzeitig die Keuschheit schützt und ehrt.

Der mittelalterliche Künstler Baroccio hat vielleicht diese paradoxe Parabel betrachtet, als er inspiriert wurde, seine Vorstellung von der Madonna mit dem Titel »Unsere liebe Frau von der Katze« zu malen, und damit den Blick der Forscher auf die essentielle Einheit von vergangenen und gegenwärtigen Glaubensrichtungen zu lenken, wie sehr sie in ihren Erscheinungsformen differieren mögen. Wir können seiner Anweisung entnehmen, wie der antike Symbolismus von der jungfräulichen Mondmutter und ihrem Sonnensohn, den sie in dem Halbmond ihrer Arme wiegt oder in den Nachthimmel zum Schlafen legt, von der christlichen Kirche frei übernommen und zurechtgemacht wurde, so daß heute die Hauptembleme der Jungfrau Maria die Sonne, der Mond und die

Sterne sind. Auf Gemälden der Himmelfahrt Mariä ist ein Halbmond unter ihren Füßen abgebildet; auf Kreuzigungsdarstellungen erscheint der verdunkelte Mond auf der einen Seite des Kreuzes und die Sonne auf der anderen. Wie Maury bemerkte, »nahm die Jungfrau alle Heiligtümer von Ceres und Venus in Besitz«. Aus diesem Grund wird sie adäquat durch die Katze symbolisiert, die die Eigenschaften ihrer Vorgängerinnen repräsentierte.

Ein interessantes Beispiel für die Verbindung zwischen dem Doppelsymbol Katze und Halbmond und der jungfräulichen Göttin wurde entdeckt, als Barker 1845 die Stätte des antiken Tarsus erforschte. In einem alten Erdwall oder Abfallhügel fand er eine Sammlung von über tausend Terrakottafiguren; unter ihnen war eine Reihe von Siegeln, von denen er eins folgendermaßen beschreibt: Es hat

Grabrelief aus der gallo-romanischen Periode

die Form »einer kleinen Katze, die eine Schnur um ihren Hals trägt, von der ein umgekehrter Halbmond herabhängt, was darauf hindeutet, daß das Tier dem Mond geweiht war, und es erinnert an das Halsband, das der Hirsch des Cercynitisberges um seinen Nacken trägt.«

Wahrscheinlich war diese Katze eine symbolische Darstellung der jungfräulichen Göttin Pallas Athene, die in Tarsus verehrt wurde, bevor der Übertritt der Stadt zum Christentum die Vernichtung der heiligen Abbildungen ihres alten Glaubens verursachte und sie dem Abfallhaufen überließ. In diesem Fall würde sich der an dem Hals der Katze hängende umgekehrte Halbmond auf die Macht beziehen, die Athene, wie andere Jungfrauengöttinnen, über das feuchte Element ausüben sollte: eine Doktrin, die ihr große Huldigung durch alle die zuteil werden ließ, die sich zu Schiff auf das Meer begaben.

Als Mondgöttin der Athener wird Pallas bisweilen auf einem Löwen reitend dargestellt, dem Oberhaupt des Katzengeschlechts, mit ihrem kleinen Sohn in den Armen, und an ihren Festen wurde sie angerufen als die »eine Mutter Gottes«. Dieses läßt sich sowohl mit den Bezeichnungen der christlichen Kirchen für Maria als auch mit der Identifizierung von Jesus mit »dem Löwen des Stammes Juda« und der »Sonne der Rechtschaffenheit« vergleichen.

Es wurde vermutet, daß das weltweit bekannte Spiel »Cat's Cradle« (dt. ›Abnehme- oder Schnurspiel‹, wörtl. ›Katzenwiege‹) seinen Ursprung aus christlichen Mysterien bezog und daß der Name eine korrumpierte Form von »cratch cradle« ist, was ›Krippe‹ oder ›Steinwiege‹ bedeutet und auf die Krippe hinweist, in die das heilige Kind gelegt wurde; doch es ist sicher, daß das Spiel weit älter ist als das Christentum, und es ist wahrscheinlich, daß es sich aus einem antiken Sonnenritus entwickelt hat. Überall scheint die dahinterliegende Absicht gewesen zu sein, die göttliche Katze der Sonne durch geistesverwandte Magie zu beherrschen. In heißen Klimazonen lud die Hängematte sie ein, sich von ihren Aktivitäten zu erholen, während ihr Netzwerk in arktischen Regionen eine Falle war, um ihre Füße zu verwickeln und damit ihre Abreise aufzuschieben. Professor Starr sam-

melte über sechzig verschiedene Variationen von »Cats'
Cradles« unter den Stämmen des Kongo, und Professor Frazer hat beschrieben, wie die Eskimos von Iglulik das Spiel
spielen, wenn die Sonne im Herbst nach Süden wandert und
immer tiefer am arktischen Himmel sinkt, um ihr Verschwinden zu verhindern. Missionare halten die Kenntnis
darüber zu einem gewissen Teil für sehr wichtig, denn die
Eingeborenen sind nicht nur Experten in dem Spiel, sondern
sie betrachten es als Intelligenztest.

Die Parabel von der Jungfrau und der Katze kann auch in
der alten Volkssage von Cinderella (Aschenbrödel) wiederer-
kannt werden, die in einigen ihrer Varianten den Titel »The
Hearth Cat« (Die Herdkatze) trägt. Die Heldin stellt die
römische Modifikation der Diana dar, die Göttin Vesta, die
über Heim und Herd wachte, oder deren Priesterin, die sie
verkörperte. Sie hüllt sich in einen Mantel aus Katzenfellen –
genau wie sich die Hexen späterer Zeiten zur Verrichtung
ihrer mystischen Riten kleideten – und macht sich damit
bereit für die Teilnahme am Hexentanz oder Hexensabbat.*

In der Erzählung von Cinderellas frühem Schicksal erscheint sie von Rauch und Asche geschwärzt, und dies
scheint auf einen Aspekt der Jungfrau hinzudeuten, der nicht
die angemessene Beachtung erfahren hat. Die Textstelle im
Hohenlied »Schwarz bin ich, aber schön« (1 5) soll nach
Ansicht mancher frommer Schreiber die Jungfrau Maria beschreiben, die, wie der Mutterleib der Natur, schwarz ist wie
der nächtliche Himmel, der Mond und Sterne gebiert. Die
Methaphorik hilft uns zu verstehen, warum die Katze, die die
Töchter Dianas (oder Cinderella) begleitet, diese Farbe hat,
und der folgende Abschnitt von Jennings erhellt diese Thematik weiter:

---

* In vielen Kulten wird dem Totem- oder Symboltier der Gottheit das Fell ab-
gezogen und dient dem Priester als Gewand, um dadurch den Gott zu verkörpern.

»Schwarz ist die Farbe des Saturn – und auch der ägyptischen Isis. Zu der ungewöhnlichen Vorstellung von der Verkörperung der Gottheit durch Dunkelheit sollten folgende bemerkenswerte Fakten berücksichtigt werden: die Jungfrau mit dem Kind wird in ›Schwarz‹ dargestellt in der Kathedrale von Moulins, in der berühmten Marienkapelle von Loretto, in der Verkündigungskirche in Rom, in den Kirchen St. Lazarus und St. Stephan in Genua, in der Franziskuskirche in Pisa, in der Kirche von Brixen in Tirol, in einer Kirche (und im Dom) von Augsburg, wo die schwarzen Figuren lebensgroß dargestellt sind, in der Kapelle Borghese in Rom, in der Kirche Santa Maria Maggiore im Pantheon und in einer kleinen Seitenkapelle rechts neben dem Hauptportal des Petersdoms.«

Die Dunkelheit der Jungfrau und die sie verkörpernde schwarze Katze stellen nicht die Dunkelheit des Bösen, sondern die des Ungeschaffenen, der großen Tiefe und des unbekannten Gottes dar. Es ist das Unbegrenzte, Ungeformte und Unaussprechliche, das durch Antithese das eine wahre Licht ist.

KAPITEL X

Die Maikatze

»He seemed fader of all unthryftnesse,
Agged and garded full ungay,
With a face filled with falsenesse
Berded lyke kitling of May.«

»Er war ein Muster an Übermut,
Rauh und grob und potthäßlich,
Mit einem Gesicht voller Falschheit
Und einem Bart wie ein Maikätzchen.«

Barclay

Die oben stehenden Zeilen bringen das tief verwurzelte
Mißtrauen zum Ausdruck, das unsere Vorfahren dem
Kätzchen entgegenbrachten, das im Monat Mai geboren
wurde. Tatsächlich herrscht in keltischen Regionen noch
der starke Glaube vor, man sollte niemals Maikätzchen groß-
ziehen, da sie Schlangen ins Haus bringen, während eine allgemein verbreitete Abwandlung dieser Vorstellung darin besteht, daß aus Maikätzchen lästige, ungezogene Katzen
werden.

»May chets
Bad luck begets
And sure to make dirty cats«

»Maikätzchen
Bringen Unglück
Und werden mit Sicherheit schlechte Katzen.«

Dies ist die Aussage eines alten Sprichworts aus Huntingdonshire, dessen Einfluß auch heute noch, vor allem in länd-
lichen Regionen, weithin spürbar ist und den Mord an vielen
kleinen Unschuldigen bedingt.

Um den Ursprung eines so merkwürdigen Glaubens auf-
zufinden, muß man sich der keltischen Mythologie zuwenden; dort erfahren wir, daß der erste Mai den Namen Bel-
taine hatte und dem Gott des Todes, Bile, geweiht war. In
seinen Schriften über die britische Mythologie sagt Squire:

»Wenn irgendetwas unheimliches geschah, so war es be-
stimmt am 1. Mai. Es war ›in der Nacht zum 1. Mai‹, der
›Walpurgisnacht‹, als Rhiannon das Kind Pryderi verlor und
Tiernyon Twryf Vliant es fand, wie es im ersten Mabinogion
steht. Es geschah ›an jedem Vorabend des ersten Mai‹, daß
die beiden Drachen kämpften und kreischten im Reich von
›King‹ Lludd. An ›jedem ersten Mai‹, bis zum Jüngsten Tag,
kämpft Gwyn, der Sohn von Nudd, mit Gwyrthur, dem
Sohn von Greidawl, um Lludds schöne Tochter Creudylad.
Und als Arthurs Königin Guinevere einen Maispaziergang
durch die Wälder und Felder Westminsters machte, wurde
sie von demselben Gwyn oder Melwas unter seinem Ritter-
namen Sir Meliagraunce gefangengenommen.«

Der Mai ist also ein unheilvoller Monat für die Menschen
des keltischen Volks, und es ist leicht zu verstehen, weshalb
sie die Geburt einer Kreatur, die in so engem Kontakt mit
den unsichtbaren Welten steht, wie man es von der Katze annahm, mit abergläubischer Furcht betrachteten, wenn sie zu
einer mit so negativen Vorzeichen behafteten Zeit stattfand.

Aber sie vergaßen, daß der Mai, wie die Katze selbst, ein
Symbol für ›Alles‹ war. Er war nicht nur der Monat des To-
tengottes. Der 1. Mai war ein Feiertag für die Druiden, die
dann die Maifeuer entzündeten und auf den Bergen Opfer
darbrachten, um die Wiederbelebung der Erde nach ihrem
totengleichen Schlummer und die Erneuerung von Wärme

und Wiedergeburt der Vegetation zu feiern. Die Druiden verschwanden, aber ihre Bräuche zum 1. Mai wurden von den Hexen weitergeführt; lange nach der Einführung des Christentums glaubten die Bauern in vielen europäischen Ländern, und auch in Finnland, auf jeder Bergspitze würden sich Dämonen und Zauberer um Mitternacht an Roodmas oder in der Walpurgisnacht – wie die Nacht zum 1. Mai auch genannt wurde – zusammenfinden, um die aufgehende Sonne am folgenden Morgen, wenn sie ihre Kraft wiedergewonnen hatte, zu begrüßen.

Es ist wohl kaum nötig, den Leser zu erinnern, daß die Dämonen und Zauberer des christianisierten Finnlands die Götter und Priester der älteren Religion waren, die durch christliche Intoleranz so grausam verfälscht und verfolgt wurde.

Von den Hexen wird behauptet, sie erreichten die Berggipfel im magischen Flug auf Katzen oder Besen, wie es in dem Kapitel über die Katze und den Sabbat beschrieben wird. So können wir davon ausgehen, daß die Katze anwesend war, wenn sie das Erwachen des Sonnengottes begrüßten.

Wahrhaftig ist zu befürchten, daß die Katze häufig als Opfergabe anwesend war und bei lebendigem Leib in das Feuer geworfen wurde, das die Sonne ehren und den Tod des Todes feiern sollte. Ein Relikt dieses grausamen Rituals überlebte in Frankreich, bis es unter der Herrschaft von Ludwig XIV. durch Gesetz verboten wurde. Dort wurden am Johannistag Körbe mit lebenden Katzen, Wölfen und Füchsen auf den Bergspitzen verbrannt, in Anwesenheit der Gendarmerie oder des Bürgermeisters der Stadt. Der Johannistag oder Sonnwendtag war der zweite von den vier großen Tagen des Jahres, die den Aufgang, die Kraft und den Niedergang der Sonne kennzeichneten, doch das Ritual der Druiden verlangte Opfergaben bei jeder dieser Feiern, und am 1. Mai wurden sie sicher nicht ausgelassen, denn dieser war der wichtigste Festtag von allen.

Wir können keine Betrachtungen über den 1. Mai anstellen, ohne an den Maibaum zu denken, ein Überbleibsel des antiken Phalluskults, in dem der Stab und der Ring (die indischen ›lingam‹ und ›yoni‹) das zweifache fruchtbare Prinzip der Natur symbolisieren. Ist es ein bloßer Zufall, daß die Katze, die ein Phallussymbol ist, als unglückbringend angesehen wird, wenn sie im Mai geboren wird, und daß der Mai »für Hochzeiten verboten« ist, wie Hargrave Jennings bemerkt, »obwohl er der ›Monat der Frau‹ ist oder der Monat des ›Maifestes‹ in dem überall ›Maibäume‹ aufgestellt werden«?

Der Aberglaube oder »das, was übrigbleibt« (wie die wörtliche Bedeutung lautet) von altem Glauben ist nicht tot zu kriegen.

»APRIL, DER MONAT DER HOCHZEITEN. LAUFT ZUM ALTAR BEVOR DER MAI KOMMT« war eine Schlagzeile in den ›Daily News‹ am 3. April 1929, und weiter hieß es, daß »der traditionelle Aberglaube, der Mai sei ein unglücklicher Monat für das Heiraten, auch im Jahr 1929 noch immer vorherrscht und daher für den April ein nie dagewesener Ansturm auf den Altar vorherzusehen ist.«

Wir haben festgestellt, daß die Katze nicht nur ein Phallussymbol ist, sondern ein augenscheinliches Paradoxon darstellt, indem sie gleichzeitig die jungfräuliche Mutterschaft versinnbildlicht. Mai und Maid (Jungfrau) sind verwandte Wörter.*

Möglicherweise kann das Verbot der Hochzeit im Mai auf den Wunsch der Verehrung der Jungfräulichkeit zurückgeführt werden:

»Joy of our hearts, O let us pay to thee
thine own sweet month of May«

---

* Diese Aussage ist heutzutage etymologisch nicht mehr zu halten. (Anm. d. Herausg.)

»Du unsrer Herzen Freude, wir wollen Dir weihen
Den Monat der Dir eigen, den süßen Maien.«

ist ein in der katholischen Kirche sehr bekannter Kinderreim
an die Mutter Gottes. Maria war die Erbin aller jungfräulichen Muttergottheiten, und Scott berichtet, daß in der Antike die Maxime galt, nur schlechte Frauen heirateten im
Monat Mai: »Malae nubent Maia«. Es scheint, als ob die
Katze, die als Maikätzchen geboren wurde, als Symbol der
heiligen jungfräulichen Mutterschaft akzeptiert wird,
während jede andere Katze, wie der Maibaum, als phallisches
Emblem gilt.

Mit dem Begriff eines Tabus ist die Vorstellung von der
unmittelbaren Bestrafung eines Bruchs desselben eng verbunden. Im Laufe der Zeit kann die Ursache für ein Tabu in
Vergessenheit geraten, aber die Vorstellung vom Unglück,
das eine Verletzung desselben mit sich bringt, bleibt in der
volkstümlichen Ideenwelt nicht nur in der Erinnerung, sondern wird oft auf den Gegenstand des Tabus übertragen,
wenn nicht sogar auf sein Symbol. Darin mag sich das anhaltende Mißtrauen und die nachhaltige Ablehnung dem Maikätzchen gegenüber begründen.

KAPITEL XI

DIE KORNKATZE

BIS IN DIE JÜNGSTE ZEIT existierte in Europa die Legende von einem Geist oder einer kleineren Gottheit, die für das Gedeihen des allseits wichtigen Getreides verantwortlich war, die Saat fruchtbar machte und das Wachstum bis zur Reife bewachte. Wenn die Erntezeit kam und das Korn geschnitten und gebunden wurde, nahm dieser Schutzgeist Zuflucht in einer besonders für diesen Zweck vorgesehenen Garbe bis zum Zeitpunkt der erneuten Aussaat, zu dem er die Samen auf die unbebauten Felder begleitete und sie erneut in seine Obhut nahm.

Der Korngeist schlüpfte normalerweise in die Gestalt eines Tiers, wobei die gewählte Tierart in den einzelnen Gebieten unterschiedlich war. Doch die interessanteste und angemessenste unter all den vielen Erscheinungsformen war möglicherweise die der Katze, da in der okkulten Lehre die Katze das Symbol von Sonne und Mond zugleich ist; und in der Vorstellung der Menschen wurden diese beiden Himmelskörper seit frühesten Zeiten mit dem Wachstum der Vegetation in Zusammenhang gebracht. Die Identifizierung der Sonne mit dem lebenswichtigen Korn ging so weit, daß der Sonnengott in Babylon als »das Korn« und in Ägypten als »die Saat« verehrt wurde. Ein Aspekt des Sonnengottes Osiris, der mit Ra (dessen Symbol die Katze war) identifiziert wurde, war also der einer Vegetationsgottheit. Durch Sir James Frazer erfahren wir, daß seine Eigenschaft in dieser Hinsicht »durch die Legende deutlich wird, nach der er den Menschen als erster die Nutzung des Getreides beigebracht hat, und durch den Brauch, sein jährliches Fest mit der Bestellung der Felder zu eröffnen.« In einer Kammer »des großen Isistempels in Philae, die Osiris« geweiht ist, »befindet sich eine Darstellung des Leichnams Osiris', aus dem Getreidehalme emporwachsen und die Abbildung eines Priesters, der die Halme mit einem Krug, den er in der Hand hält, wässert. Die zugehörige Inschrift lautet: ›Dies ist seine Gestalt, deren Name nicht genannt werden darf, Osiris der Mysterien, der aus den wiederkehrenden Wassern hervorgeht.‹ Eine anschaulichere Beschreibung des Osiris als eine Personifizierung des Getreides ist kaum vorstellbar; währenddessen zeugt die zu dem Bild gehörende Inschrift davon, daß diese Personifizierung der Kern der Mysterien dieses Gottes war, das tiefste Geheimnis, das nur den Eingeweihten offenbar wurde. Für die Einschätzung des mythischen Charakters des Osiris muß diesem Monument besonderes Gewicht beigemessen werden. Die Erzählung von der Verstreuung seines zerstückelten Leichnams über das ganze Land kann als mythischer Ausdruck für das Säen oder Worfeln des Korns angesehen werden. Diese Interpretation wird durch die Sage gestützt, nach der Isis die zerrissenen Teile des Osiris auf ein Kornsieb legte. Andererseits kann die Legende als Reminiszenz an den Brauch der Tötung eines menschlichen Opfers als Stellvertreter des Korngeistes angesehen werden, dessen Körperteile oder Asche auf die Felder verteilt wurde, um diese fruchtbar zu machen.«

Die Legende von der Ermordung des ägyptischen Gottes lebt in dem Ritual auf den Erntefeldern weiter, mit der Kornkatze in der Rolle des Osiris. Bisweilen begnügen sich die Beteiligten mit der imaginären Tötung eines unsichtbaren Korngeists und bezeichnen den Abschluß der Ernte, wie in Franche-Comte, als »Töten der Katze«. Oder sie halten auch dieses imaginäre Blutvergießen für entbehrlich und umschreiben, wie in den Vogesen, das Ende der Erntezeit oder des Heumachens mit der Metapher »Fangen der Katze«. Die

»Katze« wird in Übereinstimmung mit dem Ertrag der Felder als fett oder mager beschrieben. Derjenige, der das letzte Heubündel schneidet, ist der Held des Geschehens, denn er wird von den übrigen als »Fänger der Kornkatze« angesehen. Er wird entsprechend beglückwünscht und bekommt einen Blumenstrauß oder ein Tannenbäumchen, das mit bunten Bändern geschmückt ist, überreicht. Es gibt viele Variationen zu diesem Brauch und viele Formeln, und es ist sicher interessant, einige von ihnen kurz zu betrachten.

In Schottland wird eine Handvoll abgemähtes Getreide oder Stroh, das auf den Boden gelegt wird, ohne zu einer Garbe gebunden zu sein, als »Katze« (cat) bezeichnet; doch obwohl dieser Name so vielsagend ist, deutet nichts auf seine Verbindung mit einem rituellen Brauch hin. Dennoch erhalten wir Klarheit über seine ursprüngliche Bedeutung, wenn wir diese Bezeichnung mit dem schottischen Wort »tat« oder dem altenglischen Wort »tath« vergleichen, das dieselbe Bedeutung hat oder soviel heißt wie »das, was verstreut ist.« Tat, Tait oder Taith wurde von den alten hibernischen Schotten als Gott des Ackerbaus verehrt und gab dem ersten Tag des Erntemonats August seinen Namen. Dieser Gott wird als identisch mit dem ägyptischen Toth, Tauut oder Tat angesehen, der höchsten Mondgottheit Ägyptens, der als Zeitrechner gelegentlich auch Aspekte der Sonne zeigt. Die Bedeutung von »tath« bringt zwingend die Legende von Osiris in Erinnerung und es scheint deutlich, daß die schottische Kornkatze ein Ergebnis der Berührung mit der ägyptischen Lehre darstellt, wie es in so vielen alten europäischen Bräuchen zu finden ist.

Wir können die Schnitter um Vesoul anführen, die beim Mähen des letzten Korns den Triumphschrei »Wir haben die Katze beim Schwanz« ausstoßen. Oder das Ritual in Briançon in der Dauphiné, wo zu Beginn des Mähens eine Katze mit Bändern, Blumen und Ähren geschmückt wird und den

Titel »Katze des Handballens« erhält. Sollte sich ein Schnitter bei der Arbeit verletzen, muß die Katze herbeigeführt werden und die Wunde lecken. Wenn die Ernte vorbei ist, wird sie erneut mit Bändern und Ähren geziert, und die Arbeiter tanzen und vergnügen sich. Nach dem Tanz wird die Kornkatze feierlich durch die Mädchen von ihrem Schmuck befreit.

Ein weiteres interessantes Beispiel findet sich auf den Erntefeldern von Grüneberg in Schlesien. Dort wird der Schnitter, der das letzte Korn abmäht, als Kater bezeichnet. Seine Kameraden umwickeln ihn mit Roggenhalmen und grünen Weidenruten und versehen ihn mit einem langen geflochtenen Schwanz. Bisweilen wird ein weiterer Mann in ähnlicher Form hergerichtet und stellt die Katze dar. Ihre Aufgabe ist es, jeden zu jagen und zu schlagen, der ihnen vor die Augen kommt. Vielleicht ist ein solcher Brauch verantwortlich für die Warnung, die man Kindern in der Gegend um Kiel erteilt, damit sie keine Kornfelder betreten. »Die Katze sitzt darin« sagt man zu ihnen, während man ihnen im Eisenacher Oberland noch weiter droht: »Die Kornkatze kommt und holt dich.«

An anderen Orten erhält das Ritual eine wesentlich nüchternere und weniger glückliche Form. Eine echte Katze wird geopfert, um das Gedeihen der Ernte des nächsten Jahres zu gewährleisten. Sir James Frazer, der uns die meisten der hier genannten Beispiele geliefert hat, berichtet, daß in der Nähe von Amiens das bevorstehende Ende der Ernte mit dem Ausruf angekündigt wird: »Sie werden die Katze töten«; und wenn der letzte Halm geschnitten ist, kehren die Arbeiter zum Hof zurück und töten dort wirklich eine Katze. In einigen Teilen Frankreichs ist das Ritual komplizierter und erhellt weiter dessen Ursprung und Bedeutung. Eine lebende Katze wird neben das letzte zu dreschende Getreidebündel gesetzt und dann von den Dreschflegeln totgeschlagen. Ihr toter Körper wird bis zum darauffolgenden Sonntag aufbewahrt und dann gebraten und als heiliges Mahl verzehrt. Es ist deutlich, daß dies ursprünglich ein Sakrament darstellte. Der getötete Sonnengott Osiris, hier verkörpert durch die heilige Katze, wird an dem Tag, der ihm heilig ist, sakramental aufgenommen durch seine gläubigen Diener, wenn ihre Mühen auf den Kornfeldern, die er so lange geschützt und bewacht hat, beendet sind. Denn wir müssen bedenken, daß der ägyptische Symbolismus fast immer eine zweifache Bedeutung repräsentiert, eine innere und eine äußere Auslegung, und die Fleischwerdung des Sonnengottes Osiris erfolgte nicht nur in der Absicht, den Menschen sein Leben zum Opfer zu geben, sondern auch, um Nahrungsmittel und mystische Ernährung für ihre Seelen zu sein.

Wir haben Isis mit dem Kornsieb in den Händen gesehen und festgestellt, daß in ihrem Tempel die Mysterien des Osiris als Korngott zelebriert wurden. Wie Osiris ist die Katze eines ihrer bekanntesten Symbole, die Personifizierung der Mutterschaft. Diodorus Siculus sagt, und dies wird allgemein anerkannt, daß Isis das Original zu der griechischen und römischen Ceres darstellt, die als »Mutter des Korns« verehrt wurde. Das Kind, daß sie zur Welt brachte, hieß ›He-Siri‹, »Der Same«, in Assyrien ›Bar‹, ein Name mit zweifacher Bedeutung, der sowohl »Sohn« als auch »Korn« bezeichnen kann. Für die ungebildete Masse war Ceres die Mutter von Bar, dem Korn, das ihre materiellen Körper ernährte, für die wenigen Eingeweihten wurde sie offenbar als die jungfräuliche Mutter von Bar, dem göttlichen Sohn, der das Brot des Lebens war und der fleischgewordene Sonnengott.

Etwas von derselben Vorstellung scheint in der Göttin Ken verkörpert zu sein, die auf ägyptischen Tafeln mit Kornhalmen in beiden Händen dargestellt wird, auf einem Löwen stehend, dem Oberhaupt der Familie der Katzen. Ihr Name erscheint bereits in der Periode der XVIII. bis XIX. Dynastie, doch sie ist eindeutig fremden Ursprungs, und es wurde vermutet, daß ihre Anbetung durch die Hirten eingeführt wurde.

Einen weiteren Gesichtspunkt der Kornkatze kann uns die Betrachtung der astronomischen Symbolik liefern. Der hellste Stern im Sternbild der Jungfrau heißt »Ähre« (griech. stachys; lat. spica). ›Stachys‹ besitzt eine erweiterte Bedeutung im Sinne von »Abkömmling« oder »Nachkomme« im allgemeinen. Auch hier findet sich der Bezug auf die Saat, die aus der Frau hervorgeht, und in bildlichen Darstellungen erscheint die Jungfrau niemals ohne eine Ähre in der Hand. Tatsächlich hat die ihr beigemessene Wichtigkeit bisweilen ihre Trägerin vollkommen überschattet. Die Jungfrau versank in eine solche Unbedeutsamkeit, daß sie als Ki* oder Sternbild der Ähre bezeichnet wurde. Dieses Himmelskorn, die ›Spica Virginis‹, der Abkömmling der Jungfrau hat wie sein irdischer Schatten eine Schutzkatze. Die weiße Katze Mond, der Reiniger der Nacht oder ›margaras‹, der die Schatten mit seinen silbrigen Strahlen verstreut, ist der Beschützer des himmlischen Korns, das die grauen Mäuse der Nacht verschlingen und vernichten wollen.

In Abwandlung zu dieser Allegorie werden die prächtigen Farben des Morgen- oder Abendhimmels mit goldenen Kornspeichern verglichen, die von der Sonne angelegt wurden und der Obhut der wachsamen weißen Katze anvertraut wurden.

In einer weiteren alten Parabel verkörpert die Nacht eine grausame Stiefmutter oder Hexe, die die jungfräuliche Aurora dazu zwingt, den leuchtenden Weizen des Abends von den Wicken der Dunkelheit zu trennen. Das tugendhafte Mädchen weint über die unrechte Behandlung und ihre unerfüllbare Aufgabe, bis die Katze Mond als Mutter Gottes oder gute Fee erscheint und das Korn von dem sich verdun-

---

* Ki war die Bezeichnung für das Sternbild der Jungfrau am Euphrat.

kelnden Himmel reinigt. Doch in einer mondlosen Nacht wird ihre Dunkelheit von einer dämonischen schwarzen Katze verkörpert, die das unglückliche Mädchen Aurora ebenso übel bedroht, wie die Hexe.

Eine dritte Variante zu diesem fruchtbaren Thema findet sich in einem finnischen Mythos, den Frederick Kreuzwald festgehalten hat. In dieser Sage stirbt die alte Hexe, um in Gestalt einer Katze wiederzuerscheinen, die beim Schwanz ergriffen und ins Feuer geworfen wird. Nach Gubernatis versinnbildlicht die Hexe die Nacht, die von den Flammen der Morgenröte verbrannt wird.

KAPITEL XII

DIE KATZE UND DER SABBAT

Wo IMMER DER ALTE DIANAKULT vorhanden war, trafen sich seine Anhänger viermal im Jahr, um die Geheimlehren ihres Glaubens zu zelebrieren. Diese Versammlungen, die Sabbat oder Sabbath hießen, waren das Kernstück ihrer Existenz als zusammengehörige Gemeinschaft.

Zur Herkunft des Wortes Sabbat wurden verschiedene Vermutungen angestellt, von denen allerdings keine richtig überzeugt. Im Hebräischen zeigen die grammatischen Flexionen, daß es sich um eine weibliche Form handelt. Der Wortstamm trägt keine Implikation von »ruhen« im Sinne von »Erholung genießen«, sondern bedeutet in der transitiven Form »trennen«, »begrenzen«, und intransitiv bedeutet es »ablassen«, »beenden«. Die Übersetzung kann nicht »Ruhetag« lauten, denn die grammatische Form von ›shabbath‹ legt eine transitive Bedeutung im Sinne von »Teilungstag« nahe, wobei der Sabbat den Monat oder, im Falle der vierteljährlichen Hexentreffen, das Jahr einteilen würde.

Im älteren Teil der hebräischen Schriften werden der Neumond und der Sabbat fast immer gleichzeitig erwähnt; die Freude, die das Wiedererscheinen des Halbmonds hervorrief, war so groß, daß es für die Juden generell zum Urbild des religiösen Festes wurde.

Auch der Vollmond nahm in religiöser Hinsicht eine bedeutende Stellung ein, denn bei der Festlegung der Tage, an denen die großen Feierlichkeiten zu Ehren des Ackerbaus (die ursprünglich wohl Sabbate gewesen waren) stattfinden sollten, wählte man diese Mondphase, um das Fest abzuhalten. Ähnliche Gründe veranlaßten die alten Hindus, die

Tage des Neumonds und des Vollmonds als Opfertage zu deklarieren; den Vorabend der Opferung nannten sie ›upavasatha‹.

Also hatten die Töchter Dianas einen Präzedenzfall für ihre Verbindung des Sabbats mit den Phasen des Mondes, und die sexuellen Riten, die bei ihren vierteljährlichen geselligen und religiösen Versammlungen so wichtig waren, wurden zu Ehren der dem Mond zugeschriebenen Fähigkeit, die Fruchtbarkeit der Menschen, der Tiere und der Pflanzen vermehren zu können, vollzogen.

Hexe mit Katze, zum Sabbat reitend

Bei ihnen wurde der Mond durch das uralte ägyptische Symbol der Katze verkörpert, und so gelangte dieses Tier in die Mysterien des Sabbats. Diejenigen, die diese Riten vollführten, bekleideten sich häufig mit Fellen und Masken, um die Katze oder ein anderes Tier wirkungsvoll darzustellen (wie es im Kapitel über Hexen in Katzengestalt beschrieben wird), während der Vorsitzende zurechtgemacht war wie das

Symboltier der Gottheit, deren Wohlwollen in besonderem Maß erfleht werden sollte.

Nachdem die Kirche in späteren Jahren Satan zum Gott über diese Welt erklärt und die Hexen als seine Dienerinnen identifiziert hatte, wurde ihr Präsident formell als der »Teufel« deklariert und die zwölf Gehilfen, die ihn begleiten, erhielten dieselbe höfliche Bezeichnung, eine Nomenklatur, die zu großer Verwirrung geführt hat. Eine solche Gruppe bekam die Bezeichnung Konventikel, und die Regel, die die Anzahl der Gruppenzugehörigen bestimmte, bezog sich offenbar auf die dreizehn Mondmonate eines Jahres und war innerhalb der Organisation allseits üblich. Die Christen fühlten sich offensichtlich an die verhängnisvolle Zahl erinnert, die die Gruppe von Christus mit seinen zwölf Jüngern zusammen ergab, von denen einer der Verräter war, der den Tod des Meisters zu verantworten hatte. Daher war sie ein Stein des Anstoßes.

Die Hexen wählten für ihre Sabbattreffen üblicherweise abgelegene feste Plätze aus, die für die Töchter Dianas wie geschaffen waren. Christian Stridtheckh beschreibt, daß ihre Versammlungen »normalerweise auf Waldplätzen, auf Bergen oder in Höhlen, auf jeden Fall weitab von menschlichen Siedlungen abgehalten werden.« Er schreibt weiter, daß ›Mela‹ im dritten Buch, Kapitel XLIV vom Atlasgebirge (Nordafrika) als ihrem Treffpunkt spricht, und daß in seinem Heimatland »der Berg der Bructeri (dt.: Brocken), auch als Melibocus bekannt, im Herzogtum Braunschweig als berüchtigter Schlupfwinkel für Hexen gilt.« In Deutschland sollen die Hexen sich auf dem Blocksberg oder auf dem Brocken versammelt haben, der höchsten Erhebung des Harzgebirges, und sie sollen von weither aus Lappland und Norwegen zu diesen schwindelerregenden Abhängen angereist sein. Es war offensichtlich, daß keine sterbliche Kraft die Hexen dazu befähigt haben konnte, solche übernatürlichen Leistungen zu vollbringen, und so glaubte man allgemein, daß sie auf fliegenden Katzen oder auch auf Besenstielen dorthin geritten seien.

Doch obwohl Katzen und Besen die beliebtesten Transportmittel gewesen zu sein scheinen, waren sie nicht die einzigen den Hexen zur Verfügung stehenden Reittiere. Wie der Göttin, der sie dienten, wurde den Zauberinnen die Fähigkeit nachgesagt, menschliche Wesen in Tiere verwandeln zu können. Auf einer Steintafel am Eingang zur Kathedrale von Lyon ist eine Hexe zu sehen, die auf einem Mann reitet, den sie in eine Ziege verzaubert hat. Sie wirbelt eine Katze um den Kopf ihres unglücklichen Opfers, so daß sein Gesicht von ihren Krallen zerkratzt wird; die Hexe ist offensichtlich auf dem Weg zu einem Hexensabbat.

Ein direktes Zeugnis von Hexen und ihren unseligen Reittieren gibt uns die Geschichte auf dem Stein. Wir möchten den Fall der Ann Armstrong anfügen, einem Mitglied eines Hexenbundes aus Northumbria, die im Jahr 1673 »berichtet, sie sei, nachdem sie mehrere Personen angeklagt hatte, auf ihr zu verschiedenen Orten geritten zu sein, um sich dort mit dem Teufel zu unterhalten, verschiedene Male danach geritten worden… Am letzten Montag, als sie sich im Hause ihres Vaters aufhielt, kam in der Nacht eine Jane Baites aus Corbridge in der Gestalt einer grauen Katze zu ihr, sie hatte Zaumzeug an ihrer Pfote hängen, sie hauchte sie an und schlug sie bewußtlos, zäumte sie auf und ritt auf ihr im Namen des Teufels nach Süden an einen Ort, an dessen Namen sie sich nicht mehr erinnern kann.« Aus dem Kontext dieses Berichts erfahren wir, daß Ann in ein Pferd verwandelt wurde, auf dessen Rücken Jane in Gestalt einer Katze zu einem Hexensabbat reiten konnte.

Viele zeitgenössische Schriftsteller behandeln den Sabbat des Dianakults, über dessen Phänomene sie empört, wenn auch zweifelnd berichten, eher als das Resultat einer Täuschung des Teufels denn als wirkliches Geschehen. Als Beispiel für derartige Ergüsse möge die Schmähschrift des berühmten Benediktinerabtes Regino von Prüm (Eifel, A.D. 906) dienen, der schreibt: »Auch darf unter keinen Umständen übersehen werden, daß gewisse vollkommen verworfene Frauen den rechten Pfad verlassen, um sich dem Teufel zuzuwenden, die, verführt von Täuschungen und Trugbildern, fest glauben und offen zugeben, mitten in der Nacht auf bestimmten Tieren mit der heidnischen Göttin Diana und einer unzähligen Horde von Frauen umherzureiten, und daß sie in diesen stillen Stunden, unter ihrer Führung, über weite Teile des Landes fliegen, während sie ihr in anderen Nächten zu huldigen und zu dienen haben.«

Regino stand nicht allein mit seiner Ansicht über die Täuschungen der Hexerei. Mit ähnlichen Worten verurteilt Bischof Bartholomew Iscanus von Exeter (1161–86) »jeden der, durch die List des Teufels verführt, glaubt und sich dazu bekennt, zusammen mit Unmengen von anderen im Gefolge derer zu reiten, die der dumme Pöbel Herodias und Diana nennt, und deren Geheiß er befolgt.« Und unter den Resolutionen des Konzils von Ankara, das in der Mitte des fünfzehnten Jahrhunderts abgehalten wurde, befindet sich eine, die die Frauen betrifft, die sich dazu bekennen, mit Diana und Herodias umherzureiten. Der von diesen Schreibern zum Ausdruck gebrachte Skeptizismus stimmte mit der unbarmherzigen Grausamkeit, von der er häufig begleitet wurde, schwerlich überein. Es sei hier angemerkt, daß das Kunststück des Schwebens, das die Hexen und Hexenmeister vollführen mußten, um am Sabbat teilzunehmen, in vielen religiösen Systemen als durchführbar angesehen wird. Clodd sagt: »Legenden über das Schweben existieren speziell von St. Philip Neri, St. Dunstan, St. Ignatius Loyola, St. Theresa und vielen anderen, deren Namen in der ›Acta Sanctorum‹ zu finden sind.«

Fast genauso berühmt und näher an unserer Zeit sind die Fälle des Schwebens des Heiligen Francis Xavier, der Anfang des sechzehnten Jahrhunderts geboren wurde und im Jahr 1541 den Osten besuchte. Augenzeugen berichten, daß sie ihn bei verschiedenen Gelegenheiten von der Erde abgehoben erblickt haben.

Ein weiteres christliches Beispiel ist die Erhebung des Franziskanermönchs St. Joseph von Copertino, der im siebzehnten Jahrhundert lebte. Er schwebte häufig in der Luft und verweilte dort, bis das Oberhaupt seines Ordens ihn auf die Erde zurückrief. Obwohl er alt war, wird von ihm behauptet, er sei am Tag vor seinem Tod einmal kurz geflogen. Dieselbe Fähigkeit besaßen die Zauberer Mexikos; und im sechzehnten Jahrhundert sagte Pater Acosta, sie könnten durch die Lüfte fliegen und jede beliebige Gestalt annehmen.

Ähnliche Legenden kommen aus dem Orient und erweitern die Liste um den Buddha Gautama und seine Anhänger sowie die Brahmanen, die schwebten, um die Sonnenriten zu vervollkommnen.

In Zusammenhang mit dem Buddhismus kann man lesen, wie die Schwester des Raja Kalasoka, eines frommen Buddhisten, »die für einen Buddhisten übliche Kunst des Fliegens durch die Luft« beherrschte und diese Art der Fortbewegung einsetzte, um ihrem in Bedrängnis geratenen Bruder zu Hilfe zu kommen.« (Speir) Als der buddhistische Prinz Mahendra um das Jahr 246 v. Chr. in Begleitung anderer Gläubiger seine Mission nach Ceylon antrat, reiste er in gleicher Weise, »indem er sich in die Lüfte erhob und augenblicklich auf dem prächtigen Berg Missa landete«, auf dem die Überreste buddhistischer Tempel noch immer zu sehen sind (›Mahawanso‹, Kap. XIII).

Für den heutigen Erforscher des Spiritualismus ist das Schweben eine so feststehende Tatsache, daß diejenigen, die über das Fliegen von Hexen berichten, keine Veranlassung zur Rechtfertigung haben müssen und es auch nicht wegzu-diskutieren brauchen.

Wahrscheinlich sollte bei den Gelegenheiten, an denen die Maskentänze des Dianakultes in Höhlen anstatt auf Berggipfeln aufgeführt wurden, die Göttin unter ihrem Aspekt als Hekate angerufen werden; die Einführung eines unterirdischen Heiligtums wurde wohl ursprünglich durch den Brauch von Höhlenbestattungen nahegelegt. Das Ritual scheint zumindest teilweise darauf gerichtet gewesen zu sein, die Lebenden in die Lage zu versetzen, sich mit den Schatten beraten zu können. Aus diesem Grund war die Nacht vor dem Allerheiligenfest (Hallow-e'en, Halloween), an dem nach keltischem Glauben die Seelen der Verstorbenen über der Erde schweben, ein Anlaß für außerordentliche Betriebsamkeit unter den Töchtern Dianas. An diesem Jahrestag vereinigten sich die Toten, die aus ihren dunklen Tempelgräbern befreit waren, mit ihren treuen Priesterinnen, deren körperliche Fesseln zur Durchführung der entsprechenden Zelebrierung ebenfalls gelöst waren. Hekate soll persönlich anwesend gewesen sein und eine Prozession von Hexen und Zauberinnen und Geistern angeführt haben. Die Gesellschaft saß auf getigerten Katzen, die für diesen Zweck in pechschwarze Rosse verwandelt worden waren, und galoppierte über die Wege oder ritt auf fliegenden Besen rauschend durch die Lüfte. Ein lebhafter Bericht über einen solchen Vorgang ist uns durch den schottischen Dichter Dunbar (»Rhymer of Scotland«) in seinem »Flyting of Dunbar and Kennedy« überliefert, einem Gedicht, das sich unter den Zeitgenossen des Verfassers großer Popularität erfreute. Die Göttin, der mit diesen Sabbatritten gehuldigt werden sollte, soll von Boadicea unter dem Namen Andraste um »Sieg, Heil und Freiheit« angerufen worden sein, und bevor er in den Kampf gegen die römischen Eindringlinge trat, rief er aus: »Ich danke dir, oh Andraste, und ich wende mich an dich, oh gütige Herrin.«

Mit der Anerkennung eines Systems, das die Glaubensrichtungen der Kelten und der Goten vermischte, wurde aus der keltischen Hekate die Nicneven, deren Kult in Schottland mit beträchtlicher Energie bis ins achtzehnte Jahrhundert hinein überlebt haben soll. In England hingegen befand sich der dianische Kult bereits im Aussterben, bevor die mittelalterliche Verfolgung ihren Lauf nahm, durch die seine Anhänger so grausam vernichtet wurden und von seinen Grundsätzen nichts als verstümmelte Fragmente zurückließ.

Vielleicht gerade weil die Kirche so vieles von den Ritualen und Glaubenslehren der auf Sonne und Mond begründeten Theogonien übernommen hatte, ging sie gegen die Bräuche, die sie nicht in sich aufgesaugt hatte, mit derart rasender Vehemenz vor, und das gesamte Mittelalter hindurch wurden nicht nur Hexen, sondern auch Katzen von christlichen Organisationen verfolgt und gefoltert. Den früheren Religionen waren diese Tiere heilig, aber die Kirchen fürchteten ein Wiederaufleben des alten Glaubens und wollten verhindern, daß das einfache Volk den Zusammenhang zwischen der Jungfrau Maria und der Jungfrau Diana bemerken würde und erkennen könnte, daß die neue Religion im wesentlichen mit der neuen identisch war.

KAPITEL XIII

HEXEN IN KATZENGESTALT

ZU ALLEN ZEITEN UND BEI ALLEN VÖLKERN herrschte mit unterschiedlicher Intensität der Glaube, daß die Natur Hüterin geheimer Kräfte sei, die von Eingeweihten genutzt und angewendet werden könnten, um anderen zu helfen oder sie zu vernichten, oder für so persönliche Zwecke wie die Liebe und das Erlangen von Reichtum und Macht. Jedes Land verfügt seit jeher über seine Wahrsager, Zauberer und Magier; gleichzeitig aber rühmt sich jede Nation, ungeachtet dieses halbversteckten Glaubensbekenntnisses, dessen Stellvertreter diese sind, eines religiösen Glaubens, der mit Schrecken und ehrgeizigem Bestreben aufrechterhalten wird durch Zeichen und Wunder, oder dessen Grundsätze mit Hilfe von übernatürlichen Boten oder Methoden offenbart worden sind.

In welchem Entwicklungsstadium ein Land sich auch befinden mag, ob die Nation jung, altersschwach oder in voller Blüte stehend, barbarisch oder zivilisiert, erobernd oder versklavt ist, in allen Stadien der Erkenntnis oder der Unwissenheit drängt sich dem Betrachter eine bemerkenswerte Ähnlichkeit der religiösen und magischen Phänomene auf.

Im alten Ägypten waren Religion und Magie eng miteinander verwoben, und die dreigestaltige Göttin Hekate (ägyptisch ›Hek‹ = Zauberer, mit femininer Endung), Isis oder Bastet galt als Vorsitzende in der Zauberei und soll bei Opfern erschienen sein, wenn sie siebenmal gerufen wurde. Beim Abschluß des Rituals pflegten gespenstische Erscheinungen Gestalt anzunehmen, die zu Ehren ihrer Patronin Hekataea genannt wurden. Hekate war Diana auf Erden, und diese

Tatsache ist für uns der Schlüssel zu den dunklen und schwer verständlichen Dingen in der Hexerei. Denn sobald wir uns den irdischen Gottheiten zuwenden, erkennen wir augenblicklich in diesen Göttinnen mit ihren Insignien und ihren priesterlichen Dienerinnen die Urbilder der späteren Hexen. Viele dieser Göttinnen waren lediglich abgewandelte oder lokale Formen der Diana, eine Tatsache, die allerdings nur den wenigsten offenbar wurde. Beispielsweise wird Juno Lucina, deren Aufgabe es war, Frauen bei der Geburt beizustehen, von Tooke folgendermaßen beschrieben: »Eine Hand war frei und gleichsam bereit, das Neugeborene aufzunehmen, die andere Hand trug eine angezündete Fackel, die das Licht des Lebens darstellte, das jeden erfreut, sobald er geboren ist. Timaeus spricht sehr schön davon, als er darüber berichtet, daß der Tempel der Diana in der Nacht verbrannte, in der Alexander geboren wurde: ›Es ist wenig verwunderlich, daß sie nicht in ihrem Hause war, als ihre Hilfe bei der Geburtsarbeit von Olympia, der Mutter Alexanders, benötigt wurde.‹«

Durch dieselbe Quelle erfahren wir, daß es »die Göttin Intercidona war, die als erste die Fertigkeit lehrte, mit einem Beil Feuerholz zu machen.« Diese wohlmeinenden Erdgöttinnen wurden an den Werkzeugen erkannt, die sie ihren menschlichen Schwestern bei ihrem täglichen Kampf zu Hilfe gaben; dieselben Geräte kennzeichneten die Hexen, die von den christlichen Kirchen so übel verleumdet wurden.

So wird Deverra in Tookes netter alter Mythologie beschrieben als »eine Göttin, die verehrt wurde, weil sie Besen erfunden hatte, die alle Dinge sauber fegten und Krankheiten verhüteten, die durch Schmutz hervorgerufen wurden. Die Waldgötter, die schwangeren Frauen stets Schaden zufügten, wurden von diesen Gottheiten vertrieben und das Unglück, das sie anrichten konnten, wurde abgewendet. Denn da Bäume nicht ohne Axt gefällt werden können und

Brot nicht ohne Mahlstein erzeugt werden kann und Kleider nicht ohne Bürste sauber gehalten werden können, sagt der Heilige Augustinus, waren diese Geräte Zeichen guter Haushaltung, und daher ging man davon aus, daß diese wilden, unreinen Götter es nicht wagen würden, in die Kammer einer schwangeren Frau einzudringen.« Es ist sicher interessant zu sehen, wie gut Augustinus informiert war, wenn wir bedenken, welche Einstellung seine Nachfolger hinsichtlich der Hexerei bezogen. Doch wo immer die Gottheit als willkürlicher Tyrann anstelle eines immer liebenden Elternteils angesehen wird, entartet Religion zum mächtigen und schrecklichen Instrument des Bösen. Das war der Fall, als vom sechzehnten bis zum achtzehnten Jahrhundert die gesamte christliche Welt von der Furcht vor der Hexerei besessen war. Jedes natürliche Ereignis wurde als Hexenwerk betrachtet: Blitz oder Hagel, sauer gewordene Milch, jede Art von Unglück oder Krankheit, die Menschen und Haustiere befielen, waren mutmaßliche Auswirkungen von jenen bösartigen Zauberern.

Zwischen »der Kelter des Zornes Gottes« (Off. 14 19) und dem »grimmigen Zorn« des Teufels (Off. 12 12) lebten die Christen in einem Zustand primitiver, permanenter Furcht. Kein Wunder, daß sie grausam waren. Ihr Gott war ebenso amoralisch wie ihr Teufel, aber sie waren überzeugt, daß schließlich er als Sieger hervorgehen würde und nach seinem Triumph seine Widersacher lebendig verbrennen würde in einem Meer aus Feuer und Schwefel, von wo »der Rauch ihrer Qual« emporsteigen werde zu seinem Thron »für immer und ewig« (Off. 14 11).

So versuchten sie ihm zu gefallen, indem sie die Rache vorwegnahmen, die er mit eifrigem Bedacht als sein eigenes Vorrecht beanspruchte (Röm. 12 19) und erwarteten für sich selbst sogar eine besondere Stellung im Himmel, wenn sie das Verderben ihrer Brüder und Schwestern beschleunigten.

Oh Gott, welcher Höhepunkt auf des Menschen schmerzlicher Suche nach Erleuchtung!

Während der Regierungszeit des berühmten britischen Königs James I., einem Anhänger der Dämonologie, der in der Schrift über die Pulververschwörung als »der größte, gelehrteste und religiöseste König«, der jemals über England herrschte, beschrieben wird, machte die christliche Kirche einen entschiedenen Angriff auf die bruchstückhaften und herabgewürdigten Überbleibsel der einst edlen und zutiefst okkulten Religion der Diana Triformis.

Dies führte im Volk zu einem Wiederaufleben des Interesses an den dunkleren Seiten des Okkultismus, denn es war lediglich Hekate, die die uneingeweihten, ehrfurchtslosen Frömmler in der dreigestaltigen Göttin oberflächlich erblickten, als sie versuchten, den Schleier, der sie verhüllte, zu entfernen. »Die Hexerei zelebriert Opfer für die bleiche Hekate«, sagte Shakespeare, indem er den Glauben seiner Zeit zum Ausdruck brachte, und er wurde bald zu einer beliebten Studie unter Höflingen und Postenjägern. Der Blickwinkel, unter dem die neuen Anhänger darangingen, verhinderte unwillkürlich die Möglichkeit einer Enthüllung seiner höheren esoterischen Bedeutung, während die von den christlichen Kirchen angestiftete strenge Verfolgung eine weitere Verzerrung und das Verbergen seiner wahren Grundlehren förderte.

Dies alles muß stets im Gedächtnis festgehalten werden, wenn man zeitgenössische Berichte über Hexenprozesse an europäischen Gerichtshöfen liest, hinzu kommt die Tatsache, daß diese Berichte ohne Ausnahme von anerkannten, erbitterten Gegnern aufgezeichnet wurden. Es gibt keine einzige wohlwollende Erzählung, die zu einer gerechteren Einschätzung beitragen könnte.

Das außergewöhnliche Produkt der römisch-katholischen Kirche, bekannt als ›Malleus Maleficarum‹ oder »Hexenhammer«, das 1487 unter Innozenz VIII. verfaßt wurde, wurde als über jeden Zweifel erhabenes Beweismittel dafür angesehen, daß die Kinder Satans sich in jedes beliebige Tier zu verwandeln pflegten, ebenso wie ihr Vater, der Teufel, die Gestalt einer Schlange angenommen hatte, um Eva in Versuchung zu führen (1. Moses, 3).

In diesem Kapitel sollen einige der seltsamen Geschichten von Menschen in Katzengestalt betrachtet werden, deren Existenz von zeitgenössischen kirchlichen Gerichten als bewiesen angesehen wurde. Ein bemerkenswerter Fall ereignete sich im Jahr 1596, als die Hexen von Aberdeen angeklagt wurden, die Gestalt von Katzen angenommen zu haben, um ungestört ihre Orgien am Fischkreuz feiern zu können. Der Name des Kreuzes legt nahe, daß es auf einem Fischmarkt errichtet worden war und daß die vermeintlichen Hexen gewöhnliche Katzen waren, die durch den Geruch ihrer Lieblingsnahrung angelockt worden waren; doch es besteht eine weitere Erklärungsmöglichkeit. Wenn wir uns dem Kapitel über Hexenkatzen und die Folgen zuwenden, werden wir sehen, daß die Hexen bei ihren rituellen Tänzen Masken und Umhänge aus Pelzen verwendeten, um ihre Identität mit dem Tier anzudeuten, das sie darstellten, und der volkstümliche Glaube hielt eine wirkliche Verwandlung für möglich. Das Liedchen über Bessie Thom, die zu dem Hexenbund von Aberdeen gehörte, sagt: »Dort, begleitet von deinen teuflischen Gefährtinnen und deinem Anhang, in andere Gestalt verwandelt, manche als Hasen, manche als Katzen, manche als andere Erscheinungen, tanztet ihr alle um das Fischkreuz herum.«

Die Theorie, daß die Hexen von Aberdeen sich verkleideten, um die Tiere zu verkörpern, die ihrem Kult heilig waren, wird durch den ernsten Ausspruch des siebten Erzbischofs von Canterbury unterstützt, der sich auf eine ähnliche Praxis bezieht. Er sagt: »Wenn jemand an den Kalenden des Januar als Hirsch oder Stier umhergeht, das heißt, sich zu einem wilden Tier macht und Fell und Gehörn eines Tieres anzieht, wer sich auf diese Weise das Erscheinungsbild eines wilden Tieres verleiht, erhält eine Buße von drei Jahren auferlegt, denn dieses ist teuflisch.«

Margaret Murray sagt: »Die Hexen gaben selbst zu, daß sie maskiert und verschleiert waren, was durch die Aussagen weiterer Zeugen bestätigt wird. Boguet vermutet, daß die Verkleidung dem Schutz ihrer Identität diente, was zeitweilig der Fall gewesen sein mag, wahrscheinlicher ist es, nach den Hinweisen zu urteilen, daß die Masken und Schleier rituellen Zwecken dienten.«

Doch obwohl man meinen sollte, daß sich die geistliche Autorität der Tradition des Rituals maskierter Tänze bewußt gewesen sein muß, scheint es, als habe sie den volkstümlichen Glauben aufrecht erhalten und bekräftigt, daß die Hexen durch Kräfte des Teufels wirklich eine andere Gestalt annahmen. Ihr Ziel war es wohl, beim Volk Furcht und Haß gegenüber dem Wiederaufleben der älteren Religion zu schüren.

Diese Lehre führte zwangsläufig dazu, daß harmlose Tiere häufig zu Objekten abergläubischer Angst wurden. Dieses kommt in der zeitgenössischen Literatur klar zum Ausdruck. Beispielsweise schreibt George Gifford in seinem Dialog:

»Es ist wahr, ich sage es dir als meinem Freund, wenn ich meinen Hof betrete, habe ich Angst, denn ich sehe ab und zu einen Hasen, der mit Sicherheit eine Hexe oder der Geist einer Hexe ist, die mich so anstarrt. Und – da ist manchmal eine große widerliche Katze in meiner Scheune, die mir nicht gefällt.«

Es muß selbst für die stärksten Nerven recht anstrengend gewesen sein, sich diesen allgegenwärtig drohenden Gefahren ausgesetzt zu sehen, doch glücklicherweise gab es verschiedene Möglichkeiten, ihnen zu begegnen.

Durch Mrs. Browning wissen wir, daß »schnurrhaarige Katzen vor Ebereschen fliehen«, und ihre Worte wurden so interpretiert, daß diese Tiere, die mit Hexen so eng verbunden und sogar identifiziert werden, fliehen, wenn man vor ihnen mit einem Zweig der heiligen Eberesche schüttelt, denn nach einem alten Glauben sind Hexen in der Nähe von Ebereschenholz machtlos. Es kann durchaus sein, daß ganz normale Katzen, ob »schnurrhaarig« und hexenbesessen oder nicht, diese Erfahrung in jeglicher Form meiden würden und einen Ebereschenbaum nicht unterscheiden könnten, sondern mit derselben Hast vor einem Zweig aus jedem anderen Holz fliehen würden, der wütend geschüttelt wird, um sie zu verscheuchen!

Doch wir wollen einen überlieferten Fall von einer Hexe, die in eine Katze verwandelt war, betrachten, bei dem die Geistesgegenwart des Opfers, das eine wirksame Beschwörungsformel aussprach, größeren Schaden abgewendet hat. Wir nehmen die Begebenheit aus dem berühmten Werk »Wunder aus der Welt des Unsichtbaren« von Cotton Mather.

Es war Bestandteil der Beweise im Prozess wegen Hexerei gegen Susanna Martin vor dem Gericht von Oyer und Terminer am 29. Juni 1692. Die Angeklagte bekannte sich nicht schuldig, aber viele Zeugen sagten gegen sie aus. Unter ihnen war ein Robert Downer, der folgendes bezeugte: »Daß diese Angeklagte einige Jahre zuvor wegen Hexerei gerichtlich verfolgt worden sei und er gesagt habe, ›er glaube, daß sie eine Hexe sei‹. Worauf sie mit Mißfallen reagierte und sagte ›eine Teufelin werde kommen und ihn holen!‹

Diese Worte haben außer ihm selbst auch noch andere vernommen. In der folgenden Nacht, als er im Bett gelegen habe, sei durch das Fenster die Gestalt einer Katze gekommen, habe sich auf ihn gestürzt, ihn fest bei der Kehle gefaßt und eine ganze Weile auf ihm gelegen und ihn fast getötet.

Zuletzt habe er sich der Drohung erinnert, die Susanne Martin am Vortag geäußert hatte; und mit großer Anstrengung habe er ausgerufen: ›Weiche, du Teufelin! Im Namen Gottes des Vaters, des Sohnes und des Heiligen Geistes, weiche!‹ Woraufhin sie ihn losließ, auf den Boden sprang und aus dem Fenster flog. Und es gab weitere Zeugenaussagen, daß Susanna Martin und ihre Familie erzählt hätten, was diesem Downer geschehen sei, bevor Downer selbst nur ein Wort von diesem Vorfall berichtet hatte!«

Dies war kein Einzelfall von einer rohen Behandlung durch eine Hexe in Katzengestalt.

Im Jahr 1607 wurde Isobel Grierson der Hexerei überführt und verbrannt, und ihre Asche wurde in den Wind gestreut. Sie war beschuldigt worden, eines Nachts das Haus des Adam Clark und seiner Frau in Preston Pans in der Gestalt seiner eigenen Katze betreten zu haben, in Begleitung einer großen Schar von weiteren Katzen, die mit ihrem Lärm Adam, seine Frau und das Dienstmädchen beinahe zu Tode erschreckt hatten. Die Katzen wurden vom Teufel begleitet, der, in Gestalt eines schwarzen Mannes, das arme Mädchen packte und sie an den Haaren auf und ab zerrte.

Isobel wurde weiter angeklagt, Mr. Brown in derselben Stadt regelmäßig Besuche in Gestalt einer Katze abzustatten und seine Frau und verschiedene Gegenstände ihres Haushalts unflätig zu bespritzen, bis man ihren Namen ausrief, worauf sie verschand. Brown starb an einer Krankheit, die durch sie verursacht wurde, falls man sich auf die Beweise verlassen kann.

Eine interessante Frage wirft die Zeugenaussage auf, die im Prozeß gegen Jonet Irving im Jahr 1616 dahingehend gemacht wurde, daß der Teufel, als er in der Gestalt einer Frau den Namen Christi hörte, eine ›zweite‹ Metamorphose durchmachte und »als schwarze Katze durch die Tür« davoneilte. Weshalb die Gestalt der Katze für Satan eine sicherere Zuflucht war, als die zuvor angenommene, kann nur vermutet werden. War es, daß die Katze als Symbol für Gut und Böse, für Christus und Teufel ein anerkanntes Zeichen für Waffenstillstand bedeutete, das von beiden Gegnern gleichermaßen geachtet wurde?

Eine andere Isobel, die Gattin des George Smith aus East Barnes, stand 1629 vor Gericht, und unter anderen Anklagepunkten wurde ihr zur Last gelegt, sie habe »Christian Grinton, eine Hexe, in ihr Haus gelassen, die der Ehemann der Zeugin eines Nachts aus einem Loch im Dach habe kommen sehen, in der Gestalt einer Katze, und danach habe sie wieder ihre eigene Gestalt angenommen. Daraufhin habe die Zeugin zu ihrem Ehemann gesagt, daß es mit ihm nicht gut gehen werde, was sich entsprechend zugetragen hat. Denn am nächsten Tag fiel er beim Pflügen tot um.«

Die Stadtchronik von Edinburgh enthält einen Bericht über die Verleihung eines Konfiszierungsrechts, das dem adeligen Ratsherrn von Canongate durch die Ratsversammlung übertragen wurde, alle erblichen und beweglichen Güter betreffend, die den ansässigen Hexen gehörten (17. Juli 1661). Darauf folgt ein Bericht von William Johnstone, adeligem Ratsherrn von Canongate, folgenden Inhalts:

»Eine gewisse Jonet Allan, die der Hexerei überführt und verbrannt wurde, hat Barbara Mylne als diejenige genannt, die erwähnte Jonet einst in Gestalt einer Katze über den Wasserweg hat kommen sehen, worauf sie unter ihrer eigenen Treppe die Kleidung wechselte und in ihr Haus hineinging.«

Diese belastende Zeugenaussage veranlaßte den Ratsherrn, sicher nicht unbeeinflußt von der versprochenen Konfiszierungsmöglichkeit, Barbara in Haft zu behalten, bis er die Ratsversammlung mit dem Fall vertraut gemacht hatte. Er wurde jedoch angewiesen, sie freizulassen, bis weitere Untersuchungen vorgenommen worden seien.

Der Fall der Isobel Gowdie, der Königin der schottischen Hexen, die ihr Geständnis im April des Jahres 1662 machte, ist besonders interessant, weil er ein Licht auf das zeremonielle Ritual der schottischen Hexen wirft, nach dem man sonst vergeblich sucht. Ihr Geständnis scheint sie freiwillig und ohne jeden Zwang durch ihre Befrager gemacht zu haben, obwohl sie sich der Gefahr bewußt gewesen sein muß, der sie sich durch ihre Enthüllungen ausgesetzt hat. »Ich verdiene es nicht, hier bequem und unversehrt zu sitzen, sondern sollte auf der Folterbank gestreckt werden; noch können meine Vergehen gesühnt werden, wenn ich nicht von wilden Pferden zerrissen werde.«

Nach der Aussage von Isobel waren die Hexen von Auldearn so zahlreich, daß sie in Gruppen oder Bünde aufgeteilt waren, die jeweils von zwei Anführerinnen geleitet wurden; eine von ihnen nannte man die Jungfrau des Bundes, und sie war gewöhnlich ein hübsches Mädchen.

Isobel erzählte dem Gericht, wie sie einmal in Lammas im Jahr 1659 mit ihrem Bund als Katzen, Krähen und Hasen verkleidet, im Land umherstreiften und aßen, tranken und die Habe ihrer Nachbarn verschwendeten, und neben anderen Heldentaten die Färberei von Auldearn aufsuchten und solche Possen mit den Bottichen trieben, daß sie von da an nur noch schwarz färbten, »genau wie die Farbe des Teufels.«

Zu unserer Erbauung hat Isobel uns die magischen Formeln überliefert, mit deren Hilfe sie sich in eine Katze und wieder zurück verwandeln konnte. Die Sprüche mußten dreimal wiederholt werden und lauteten folgendermaßen:

»I shall goe intill ane catt,
With sorrow, and sych, and a blak shott;
And I sall goe in the Divellis nam,
Ay quhill I com hom againe.«

»Ich werden in eine Katze schlüpfen
Mit Sorgen und Seufzen und schwarzem Harn,
Und ich werde in Teufels Namen umhergehn,
Solange, bis ich wieder heimkehre.«

Um die menschliche Gestalt wiederzuerhalten, sagte sie:

»Catt, catt, God send thee a blak shott.
I am in a cattis liknes just now,
Bot I sal be in a womanis liknes ewin now.
Catt, catt, God send thee a blak shott.«

»Katz, Katz, Gott schicke Dir schwarzen Harn.
Jetzt bin ich zwar in Katzengestalt,
Aber sogleich will ich wieder Frau sein.
Katz, Katz, Gott schicke Dir schwarzen Harn.«

Eine weitere Hexe, die die Katzengestalt bevorzugte, war
Marie Lamont, »eine junge Frau von fast achtzehn Jahren,
die in der Gemeinde Innerkip (Inverkip bei Greenock)
wohnte und sich am 4. März 1662 freiwillig einer Verhand-
lung stellte.« Sie erzählte dem Gericht, »Gott habe ihr Herz
zum Geständnis bewegt, denn sie habe lange im Dienst des
Teufels gestanden.« Der achte Punkt ihres Geständnisses beschreibt ein Hexentreffen in Bridylinne, »wo auch der Teufel in Gestalt eines braunen Hundes anwesend war. Der
Zweck ihres Treffens war es, stürmisches Wetter zu entfachen, um die Boote am Fischfang zu hindern; und sie gab zu,
daß sie, Kettie Scot und Margret Holm in Katzengestalt zu
Allan Orr's Haus gingen und seiner Frau in die Kammer folgten, wo sie einen Hering aus einem Faß nahmen, ein
Stückchen davon aßen und ihn wieder zurücklegten. Nachdem die Frau des besagten Allan diesen Hering gegessen hatte, erkrankte sie schwer und starb.«

Bei einer anderen Gelegenheit, als Marie und der Bund, zu dem sie gehörte, sich in der Nacht am hinteren Tor von Ardgowan versammelten, um ihre bösen Sprüche zur Wirkung zu bringen, haben sie sich scheinbar in ihrer eigenen wirklichen Gestalt getroffen. Aber dieses Mal »war der Teufel in der Gestalt eines schwarzen Mannes mit Klumpfüßen bei ihnen und schickte einige von ihnen an die Küste, um weißen Sand zu holen und ihn vor die Tore von Ardgowand zu schütten; aber sie sagt, als sie dabei waren, verwandelte der Teufel sie in Katzen, indem er seine Hände über ihren Köpfen schüttelte.«

Ein klassisches Beispiel für diesen alten Gedanken bietet die Fabel von Galinthias oder Galanthis, der treuen Magd Alkmenes, deren Scharfsinn den Schmerz ihrer Herrin bei der Geburt des Herkules minderte. Sie wurde von der eifersüchtigen Juno in eine Katze verwandelt und fortan dazu verurteilt, ihre Jungen unter größten Schmerzen aus dem Maul zu gebären. Die unmittelbare Quelle dieser Fabel mag die Gewohnheit der Katzen sein, ihre Kleinen mit dem Maul umher zu tragen. In manchen Versionen wird die Katze durch ein Wiesel ersetzt.

Auch heute finden in vielen europäischen Ländern vergleichbare Sagen bereitwillig Glauben. In Montferrato glaubt man beispielsweise, daß alle Katzen, die im Februar auf Dächern wandern, keine wirklichen Katzen, sondern Hexen sind, die man erschießen muß.

In Ungarn glaubt man, daß eine Katze vom siebten bis zum zwölften Jahr eine Hexe wird und daß Hexen auf Katern, besonders auf schwarzen, reiten. Um die Katze von der Hexe zu befreien, soll es notwendig sein, das Fell mit einem kreuzförmigen Schnitt zu versehen.

Es wäre leicht möglich, viele Bände mit glaubhaften Berichten über solche seltsamen Verwandlungen zu füllen. Es ist noch nicht allzu lange her, daß die Kirche das ganze Gewicht ihrer Autorität auf den Glauben an ihre Wirklichkeit gelegt hat. Die Lehren, die durch sie veranschaulicht wurden, leben auch heute weiter, obwohl angebliche Beispiele von Verwandlungen uns nicht länger in panische Furcht versetzen, sondern den Wunsch wecken, die Gesetze herauszufinden, die, wie wir wissen, allen unerklärten Phänomenen zugrunde liegen.

KAPITEL XIV

HEXENKATZEN UND DIE FOLGEN

DER RELIGIÖSE URSPRUNG DES HEXENTUMS wird heute allgemein anerkannt und der Kult als entartetes Produkt oder Überbleibsel eines untergegangenen oder aussterbenden Glaubens angesehen. Wenn wir uns dies vor Augen halten, fällt es nicht schwer, die wahrscheinlichste Erklärung für die den Hexen zugeschriebene Eigenschaft zu finden, Tiergestalten anzunehmen. Sie war ein Ausdruck des Wunsches nach Einigkeit mit der Gottheit, der die frommen Anbeterinnen die Gestalt annehmen ließ, die die göttlichen Attribute widerspiegelte. Die Verwandlung wurde mit denselben Mitteln herbeigeführt, wie in jenen früheren Religionen, deren schreckliches Relikt die Hexerei darstellt, die im Mittelalter praktiziert wurde. Sie war ein Bestandteil ihres Glaubens, daß die Anbeter durch das Tragen eines Fells zu dem geweihten Tier wurden, das die Gottheit repräsentierte – oder durch das Aufsetzen einer Tiermaske in Verbindung mit der Äußerung von charakteristischen Lauten und Gesten, oder auch nur durch das Aussprechen von mystischen Formeln.

Wie in den älteren Kulten waren die Hexen bei ihren rituellen Tänzen und Zeremonien häufig verkleidet und verschleiert, und obwohl ihre Verwandlung in Katzen, Ziegen, Hasen usw. natürlich nicht wirklich stattfand, bezeichneten sich die Darstellerinnen mit den Tiernamen, und für sie selbst und ihre rituellen Mitwirkenden vollzog sich der Wandel tatsächlich.

Der Glaube, daß dies möglich war, war weit verbreitet. Derselbe Gedanke läßt sich in der Tat in veränderter Form in praktisch allen Religionen finden, denn der Verwandlungsritus war in seiner Hauptabsicht zunächst ein gemeinschaftlicher Gottesdienst, der dann später degenerierte und mißverstanden und profaniert wurde.

Eliphas Levi hat festgestellt, daß »Aberglaube sich von einem lateinischen Wort herleitet, das Überbleibsel bedeutet« und »der Leichnam eines religiösen Ritus ist.« Die Hexerei war das Überbleibsel der Verehrung des weiblichen Prinzips Gottes – der ewigen jungfräulichen Mutterschaft der Schöpfung; untrennbar damit verbunden war die Katze, das Symbol für diesen Aspekt des Göttlichen. Deshalb ist eine Katzengestalt auf dem Apex des Sistrums dargestellt, das Isis in der Hand trägt, und in eine Katze verwandelte sich die große Diana (oder Hekate) in der Stunde der Gefahr, als der schreckliche Typhon die Götter zwang, ihre Göttlichkeit hinter Tiergestalten zu verbergen und nach Ägypten zu fliehen. (Diese Legende bedeutet vielleicht, daß die Religion infolge der Degenerierung der Menschheit vor gottlosen Blicken durch Symbolismus geschützt werden mußte.) Nachdem Diana Katzenform angenommen hatte, suchte sie Zuflucht auf dem Mond, und alle Mondgöttinnen verschiedener Länder und Zeiten waren untrennbar mit der Katze verbunden. Die Hexen, die einst ihre Priesterinnen waren, beteten den Mond mit unverminderter Ehrfurcht an, so daß die Katze ihre Bedeutung im Dianakult beibehalten mußte, auch nach der schrecklichen Herabwürdigung der Mutteranbetung.

Um den Niedergang dieses alten und schönen Glaubens zu erklären, muß man berücksichtigen, daß die Katze die Mutter der Natur als Alles verkörperte, sei es durch ihre eigene vielschichtige Natur oder, was einleuchtender ist, wenn sie zu einem Kreis zusammenrollt ist, durch ihre Ähnlichkeit mit dem wandernden und sich verändernden Mond. Sie war die schöne Venus und die schreckliche Venus, die Göttin des Lebens und des Todes, deren östlicher Name ›Al-Husa‹ oder ›Huza‹ gleichbedeutend ist mit der ägyptischen Bezeichnung

»Göttliche Frau« oder Isis. Al-Husa heißt die Hyazinthe oder Lilie, also das Licht, das als Seele der Dinge der Schatten Gottes ist, das genaue Gegenteil der Wirklichkeit Gottes.

Solange die Religion das Wirkliche durch seine Offenbarung oder seinen Schatten verehrte und das Böse und Endliche akzeptierte, weil dies notwendige Werkzeuge des Schöpfers waren, war alles gut. Doch sobald die Huldigung von dem unbekannten Dunkel, dem spirituellen Licht, auf das sichtbare materielle Licht der Natur, das in Wahrheit Dunkelheit und Täuschung ist, abgelenkt wurde, führte die verfälschte Vorstellung schnell zu schwarzer Magie und Teufelsanbetung mit allen dazugehörigen Schrecken.

Das Wirkliche ist unveränderlich. Das Unwirkliche ist durch seinen Mangel an Stabilität unterscheidbar. Der Mond verändert dauernd seine Gestalt, und Gestaltveränderung ist eine der Fähigkeiten, die den Töchtern Dianas zugeschrieben werden. Hargrave Jennings behauptet, »der Hexenkessel ist in Wirklichkeit die Vase oder Urne der feurigen Verwandlung, innerhalb derer sich alle Dinge der Welt verändern.«

Auf der praktischen Seite beinhaltet der Glaube an Gestaltveränderung die Folge, daß Wunden, die sich eine Person während ihrer Verwandlung in ein Tier zugezogen hat, auf dem Körper verbleiben, nachdem die menschliche Gestalt wieder angenommen worden ist, und dieses vermeintliche Phänomen wird als Reperkussion bezeichnet. Es gibt eine fast endlose Zahl von Geschichten über diese spezielle Form von Tiermenschen, die auch jetzt noch in Schottland, Frankreich, Italien und Deutschland kursieren, in England hingegen sind solche Erzählungen weniger verbreitet, dort wird die Hexenkatze mehr als ein begleitender vertrauter Geist und nicht als die Hexe selbst angesehen.

Die klassische schottische Geschichte über die Reperkussion handelt von den Hexen von Thurso. Im Dezember 1718 überreichte ein ehrenwerter Kaufmann namens William

Montgomerie, der in einem Stadtteil von Scrabster wohnte, dem Sheriff ein Gesuch, in dem er darlegte, sein Haus sei »mehrmals von einer Katzenplage heimgesucht worden, so daß es weder für ihn noch für seine Familie möglich war, dort weiterhin in Sicherheit zu wohnen.« Sein Dienstmädchen berichtete, daß die Katzen miteinander gesprochen hätten; seine Frau drohte, ihn zu verlassen und nach Thurso zu gehen, und einer seiner Bediensteten floh vor Angst, bevor sein Arbeitsvertrag abgelaufen war.

Zuletzt verlor Montgomerie eines Abends die Geduld, bewaffnete sich mit Pallasch, Dolch und Axt, tötete zwei der Katzen, schlug einer dritten ein Bein ab und verwundete mehrere andere, als sie flohen. Kurz darauf starb unerwartet eine verdächtige Hexe namens Helen Andrew, während eine weitere, M'Huistan, sich von einem Felsen ins Meer stürzte, wo sie ertrank. Dann wurde eine alte Frau, Margaret Nin-Gilbert, die ungefähr eineinhalb Meilen von Montgomerie entfernt wohnte, von Nachbarn gesehen, wie »sie aus ihrer eigenen Haustür kam und eins ihrer Beine fehlte.« Selbstverständlich zögerte man nicht, diese drei Frauen mit den getöteten und verwundeten Katzen zu identifizieren. Margarets schwarzes und verfaultes Bein wurde dem Sheriff überbracht, und er befahl, sie unverzüglich ins Gefängnis zu schicken. Einige Tage später wurde sie verhört, und sie gestand, daß sie persönlich in Montgomeries Haus gewesen war und daß er »ihr Bein mit dem Dolch oder mit der Axt gebrochen hat, worauf dieses Bein abfiel...; und daß sie in der Gestalt einer verfilzten Katze gewesen war.«

Zwei oder drei Wochen nach diesem erzwungenen Geständnis starb die arme alte Frau im Gefängnis, wahrscheinlich an Brand oder Aussatz, an dem sie anscheinend litt, obwohl es Gerüchte gegeben hat, daß sie von einigen ihrer Mitgefangenen ermordet wurde, die sie als Verbündete genannt hatte. Es gibt mehrere Varianten dieser Geschichte.

Eine Version lautet, als Montgomerie das Bein der Katze abschlug, stellte er fest, daß es das Bein einer Frau war, und am nächsten Morgen fehlte Maragaret das entsprechende Glied. Nach Margarets Tod wurde versucht, »drei weitere« Personen zu einem Geständnis zu zwingen, »die sie verleumdet hatte, als sie im Kerker saß«, doch letztlich wurde das Verfahren durch den Advokaten eingestellt.

Ein Captain Burt berichtet im Jahr 1730 über eine andere schottische Geschichte, die er nach eigener Aussage von einem Geistlichen erfahren hat. Ein bestimmter Gutsherr bemerkte, daß von seinem Wein auf mysteriöse Weise immer mehr abhanden kam, und er vermutete, daß Hexerei für diesen Verlust verantwortlich war. Also begab er sich eines Nachts bewaffnet in seinen Keller, wo er die unheilige Bande bei ihrer Orgie anzutreffen erwartete.

Als er jedoch eintrat, fand er sich von Katzen umgeben, die er aber mit heftigen Schlägen seines breiten Schwertes schnell aus seinem Hause vertreiben konnte. Beim Betrachten des Bodens sah er an den Blutstropfen, daß eine der Katzen bei seinem Angriff verletzt worden war, bevor sie fliehen konnte, und als man am darauffolgenden Tag das Haus einer alten Frau betrat, die im Ort als Hexe angesehen wurde, fand man sie in ihrem Bett mit einem fehlenden Bein.

Geschichten über Reperkussion in England sind selten, aber jener berühmte Theologe und Philosoph des siebzehnten Jahrhunderts, Joseph Glanvil, der zu den aktivsten Mitgliedern der Royal Society gehörte und der einen festen Glauben an die Hexerei besaß, hat uns einen interessanten Fall überliefert. Er berichtet von »einer alten Frau in Cambridgeshire, deren Astralleib in Gestalt einer riesigen Katze in das Haus eines Mannes kam (als er allein beim Feuer saß) und sich vor das Feuer setzte, nahe bei ihm, und er versetzte ihr mit dem Feuerhaken einen solchen Schlag auf den Rücken, so daß er meinte, er habe ihr den Rücken gebrochen, aber sie riß sich los und verschwand, er wußte nicht wie. Und in dieser Nacht wurde eine alte Frau, eine vermeintliche Hexe, mit gebrochenem Rücken tot in ihrem Bett aufgefunden, wie man mir vor einigen Jahren glaubhaft erzählt hat.«

Von Bodin, dem französischen Juristen und politischen Schriftsteller des sechzehnten Jahrhunderts, wurde aufgezeichnet, daß die Hexen von Vernon, denen 1566 der Prozeß gemacht wurde, sich in Gestalt von Katzen in einer alten, verfallenen Burg versammelten. Vier mutige Männer verabredeten, eine Nacht auf dem vom Spuk heimgesuchten Gelände zu verbringen, doch sie bezahlten teuer für ihre Verwegenheit. Myriaden von Hexenkatzen griffen sie an, und einer der kühnen Eindringlinge wurde getötet, während die anderen schwer verletzt wurden. Indessen gelang es ihnen, auch den Katzen Wunden beizubringen, und am nächsten Tag fand man eine Anzahl von alten Frauen in der Umgebung, die an schrecklichen Verletzungen litten.

Boguet erzählt mehrere Geschichten mit dem gleichen Motiv. In einer von ihnen wurde ein Arbeiter aus Straßburg von drei ungeheuren Katzen angegriffen, die er bei seiner Verteidigung schwer verwundete. Innerhalb einer Stunde wurde er wegen Mißhandlung dreier wohlbekannter Damen der Stadt verhaftet. Er zeigte sich höchst erstaunt über die Anklage und bestritt sie heftig, wobei er erzählte, wie die Katzen ihn angefallen hatten. Er brachte vor, daß sich seine Behauptung beweisen lasse, und nachdem die drei Damen ärztlich untersucht worden waren, konnte festgestellt werden, daß sie die Wunden trugen, die er ihnen in ihrer Katzengestalt zugefügt hatte.

Meier erzählt eine schwäbische Geschichte von einer jungen Frau und ihrem Freund, einem Soldaten. Er besuchte sie immer, wenn er keinen Dienst hatte, doch eines Tages sagte das Mädchen, er solle nicht an Freitagabenden kommen, denn dann passe es ihr nicht, ihn zu treffen. Dies erweckte Mißtrauen bei ihm, und am darauffolgenden Freitag machte er sich auf den Weg zu ihrem Haus. Als er losging, kam eine weiße Katze auf ihn zugelaufen und folgte ihm dicht, ohne sich vertreiben zu lassen. Dies ärgerte ihn so, daß er seinen Degen zog und ihr eine Pfote abschlug, worauf sie davoneilte. Der Soldat lief weiter, doch als er bei dem Haus seiner Liebsten ankam, lag sie im Bett, und als er nach dem Grund fragte, war ihre Antwort verworren. Als er Blutflecken bemerkte, zog er die Bettdecke herunter und sah, daß ein Fuß des Mädchens abgehackt war, und sie sich in ihrem Blut wälzte. »Das ist es also, was dir fehlt, du Hexe!«, rief er aus. Er verließ sie, und nach drei Tagen war sie tot.

Unter den Basken glaubte man noch bis vor wenigen Jahren an Reperkussion, wie Rev. Wentworth Webster bei der Materialsammlung für seine Baskischen Sagen (1877) erfahren konnte. Er berichtet uns, daß »noch immer Hexen in Gestalt von üblicherweise schwarzen Katzen auftreten.« Er fügt hinzu: »Vor ungefähr zwei Jahren erzählte man uns von einem Mann, der einer schwarzen Katze um Mitternacht ein Ohr abgehackt hatte, weil sie sein Vieh verhexte, und siehe – am Morgen war es ein Frauenohr, in dem noch ein Ohrring steckte. Er brachte es zum Rathaus, und wir hätten es dort sehen können, aber wir sind nicht hingegangen, da die Entfernung zu groß war.«

Der Glaube an diese Dinge ist nicht auf die europäischen Länder beschränkt. Ein primitiver Bengalenstamm, die Oraonen oder Uraonen, behauptet fest, daß »manche Frauen die Fähigkeit besitzen, ihre Seele in eine schwarze Katze zu verwandeln, um dann Häuser aufzusuchen, in denen sich Kranke befinden. Eine solche Katze hat eine besondere Art zu miauen, die sie von ihren Schwestern unterscheidet und leicht zu erkennen ist… Eine Wunde, die der Katze zugefügt wird, wird ihr (der Hexe) zugefügt, und wenn sie ihr ein Ohr abschneiden oder ein Bein brechen oder die Augen ausstechen, erleidet die Frau dieselbe Verstümmelung.«

Der folgende Bericht über eine modifizierte Form des gleichen Aberglaubens im modernen Ägypten, der vor ungefähr einem Vierteljahrhundert von Lady Duff-Gordon verfaßt wurde, ist in diesem Zusammenhang sicher von Interesse.

»Erinnern Sie sich an das deutsche Märchen von dem ›Burschen, der auszog, das Gruseln zu lernen‹? Nun, ich, die sich niemals zuvor gruselte, hatte vor einigen Tagen Berührung damit. Ich saß hier, um in Ruhe Tee zu trinken, mit vier oder fünf Männern zusammen, als eine Katze an die Tür kam. Ich rief und bot ihr Milch an, aber das Kätzchen rannte fort, nachdem es uns angesehen hatte.

›Sie handeln gut, Lady,‹ sagte ein mitfühlender Mann, ein anwesender Kaufmann, ›wenn Sie freundlich zu der Katze sind, denn ich darf wohl sagen, daß *er* zu Hause wenig genug bekommt; *sein* Vater, ein armer Mann, kann nicht jeden Tag für seine Kinder kochen.‹ Dann, in erläuterndem Ton zu der Gesellschaft: ›Das ist Ali Nasserees Sohn Yussuf, es muß Yussuf sein, denn sein Zwilling, Ismain, ist mit seinem Onkel in Negadeh.‹

Ich gestehe, mir gruselte; nicht daß ich nicht ebenso absurde Dinge von Damen und Herren in Europa gehört hätte, aber eine ›Extravaganz‹ in einem Kaftan hat eine völlig andere Wirkung als eine im Frack.

›Was! Mein Metzgerjunge, der mir das Fleisch bringt, eine Katze?‹, keuchte ich.

›Sicherlich, und er weiß genau, wo es einen guten Bissen zu finden gibt, müssen Sie wissen. Alle Zwillinge, die sich hungrig schlafen legen, gehen nachts als Katzen herum, und ihre eigenen Körper liegen derweil zu Hause wie tot, aber niemand darf sie berühren, sonst würden sie sterben. Aber, Ihr eigener Diener, Achmet, macht es auch. Hallo, Achmet!‹ Achmet erscheint.

›Junge, gehst du nachts als Katze herum?‹

›Nein‹, sagte Achmet ruhig, ›ich bin kein Zwilling. Die Söhne meiner Schwester tun es.‹

Ich fragte, ob die Leute sich nicht fürchteten vor diesen Katzen.

›Nein, niemand braucht sich zu fürchten; sie nehmen nur etwas von dem Essen, aber wenn sie geschlagen werden, erzählen sie es am nächsten Tag ihren Eltern. ›So-und-so hat mich gestern in seinem Haus geschlagen‹ und sie zeigen ihre blauen Flecken. Nur Zwillinge machen es, und wenn man ihnen eine Art Zwiebelbrühe und etwas Milch gibt, sobald sie geboren sind, machen sie es überhaupt nicht.‹

Omar gab niemals zu, davon gehört zu haben, doch ich bin sicher, er hat, und er fürchtet nur, ausgelacht zu werden. Ein amerikanischer Missionar erzählte mir etwas ähnliches über die Kopten; aber es ist völlig ägyptisch und beiden Religionen gemeinsam. Ich fragte mehrere Kopten, die mir versicherten, daß es stimmt und sie erzählten dasselbe. Ist es ein Überrest der Lehre von der Seelenwanderung? Wie es auch sei, die Vorstellung erklärt die Furcht der Menschen bei dem Gedanken, eine Katze zu töten.«

Die Kopten sind Nachfolger der eutychischen* »Ketzer« oder der jakobitischen Sekte des Christentums, doch von einigen Gelehrten werden sie als Erben der alten Ägypter angesehen, denn manche ihrer Zeremonien erinnern an die Bräuche dieses Volkes. Es ist bemerkenswert, daß sich in ihrer Brust ritterliche Beschützergefühle regen bei dem Gedanken, ein Mitmensch könnte sich in der Rolle einer hilflosen Katze befinden, und dies steht in krassem Gegensatz zu den mörderischen Instinkten der europäischen Christen in vergleichbaren Situationen. Ich lasse die vorangegangenen Fälle für sich sprechen von der Errungenschaft von Jahrhunderten

---

* nach Eutyches von Konstantinopel, ca. 378–454, Sektenführer

des Christentums in Verbindung mit der bisher höchsten bekannten Form der Zivilisation. Hat man den Herrn gänzlich vergessen? Man könnte es meinen. Die Kirchen haben ihn getötet, und das Tier, das das uralte Symbol für Christus darstellte, wurde genauso verfolgt und getötet.

KAPITEL XV

GEHEIME SEKTEN UND KATZENANBETUNG

DER VIELLEICHT BERÜHMTESTE der drei im zwölften Jahrhundert gegründeten großen kriegerischen Orden zum Schutze Jerusalems ist der der Tempelritter*. Die Geschichte ihres außergewöhnlichen Anwachsens von Mitgliedern, Reichtum und Macht, das sie für mehr als hundert Jahre zu einer der einflußreichsten Kräfte in der Gestaltung europäischer Politik werden ließ, wurde auf dramatische Weise gefolgt von ihrem noch plötzlicheren Niedergang und der Vernichtung unter der Herrschaf Phillips des Schönen von Frankreich.

Dieser König verordnete, um einen persönlichen Groll gegen einige bedeutende Templer zu befriedigen, eine strenge Verfolgung des ganzen Ordens und klagte ihn der Ketzerei und anderer unglaublicher Verbrechen an. Am 13. Oktober 1307 ließ er alle französischen Mitglieder verhaften und foltern, um Schuldgeständnisse herauszulocken.

Kurze Zeit vorher hatte Phillip von seiner großen Verbundenheit dem Orden gegenüber gesprochen, dessen Zerstörung er nun beschlossen hatte, doch seltsame Gerüchte über geheime Riten, die von den Mitgliedern bei ihren mitternächtlichen Treffen praktiziert wurden, boten ihm genügend Rechtfertigung für seinen Wechsel der Fronten.

Dem Orden wurden zwei Hauptanklagepunkte vorgeworfen. Erstens die Verleugnung Gottes und Christi, zusammengefaßt in den Artikeln I bis XIII, und zweitens die Verehrung

---

* 1312 durch Papst Clemens unterdrückt, 1313 durch das Wiener Konzil aufgehoben.

des Teufels und das Praktizieren der Hexerei. Es wurde behauptet, daß Satan persönlich den Vorsitz bei den geheimen Mitternachtsversammlungen der Templer führte und in Gestalt eines schwarzen Katers oder eines anderen abscheulichen vierfüßigen Ungeheuers vor den Zelebranten in Erscheinung trat, und daß bei diesen Anlässen Kinder und junge Mädchen geopfert wurden, um den Teufel günstig zu stimmen.

Ohne jeglichen Beweis für diese schrecklichen Beschuldigungen wurden die Templer damals als Feinde Gottes angeprangert. Ihr Bekenntnis zum Christentum wurde als bloßer Deckmantel für die Verschleierung ihrer blasphemischen Riten und obszönen Orgien angesehen. Die Mutmaßungen des Königs wurden durch die unter Folter erpreßten Geständnisse bekräftigt.

Unter den Templern, die zwischen dem 19. Oktober und dem 24. November 1307 in Paris durch die Inquisitoren befragt wurden, weigerte sich kaum einer zuzugeben, daß das Kruzifix bei seiner Aufnahmezeremonie entweiht worden war, während sich viele anderer schrecklicher Anschuldigungen bekannten, auch der widerwärtigsten wie des ›osculum infame‹, d. h. schändlicher Kuß (der Genitalien), das die Oberen von den Jüngeren verlangt haben sollen.

Auch wenn die moderne Nachforschung ergeben hat, daß die ungeheuerlichen Anschuldigungen, die man gegen die Templer vorgebracht hat, unwahr sind und daß die unter Folter entlockten Geständnisse als Beweis wertlos sind, so scheint es doch offenschtlich, daß die Templer Anhänger einer geheimen Religion waren, die die ketzerischen Lehren der Bogomilianer mit denen der eng verwandten Luziferaner oder Satanisten verband.

Der Name der letzteren bedeutet in der slowenischen Sprache »die Freunde Gottes«, und diese Sekte glaubte an eine höchste Gottheit, deren ältester Sohn Satanael, der von den Juden als Jehovah verehrt wurde, die Welt erschuf, nachdem er sich von seinem Vater losgesagt hatte; sein jüngerer Sohn Jesus wurde Mensch, um den bösen Werken seines Bruders entgegenzuwirken. Die Bogomilianer lehnten es ab, das Kreuz zu verehren, da sie in ihm das Instrument des Leidens Christi sahen. Die Luziferaner hingegen verehrten Gottes ältesten Sohn, der die Macht über Reichtum und weltliches Glück hatte. Sie sollen eine schwarze Katze als Symbol Satans angebetet haben, wenn sie ihre Mysterien feierten, und während ihrer nächtlichen Orgien Kinder geopfert haben, deren Blut die Grundlage des eucharistischen Mahls ihres Ordens bildete.

M. Loiseleur glaubt, daß die Templer von den Bogomilianern ihren Glauben an eine höchste Gottheit und von den Satanisten ihre Anbetung eines Gottes dieser Welt entlehnten. Zur Unterstützung seiner Theorie führt er viele bemerkenswerte Übereinstimmungen, verbale und andere, zwischen den Glaubensbekenntnissen dieser Sekten und dem der Templer an. Eliphas Levi bezichtigt die Templer ebenfalls, die okkulten Praktiken der Luziferaner übernommen zu haben, und er behauptet weiter, daß sie »in die geheime Lehre der Kabbala eingeweiht waren.«

Der Umgang dieses Ordens mit dem Osten brachte ihn sicherlich mit vielen religiösen Vermutungen und Meinungen in Berührung, die zu dieser Zeit in der europäischen Gedankenwelt völlig unbekannt waren, obwohl diese Vorstellungen später durch den Verlust Konstantinopels und die Einwanderung zahlreicher Flüchtlinge aus dem Osten Einzug hielten in das westliche Denken. Es wurde behauptet, daß das Wiederaufleben der Gelehrsamkeit, des Studiums des Griechischen und der Beginn des freien Denkens auf diesem Ereignis basieren, das die Einführung orientalischer Lehren und Mystizismen nach Europa einleitete. Möglicherweise nahmen die Templer auf Grund des langen Aufenthalts ihres

Ordens in Palästina einige dieser Erkenntnisse vorweg und schockierten mit der Entfaltung ihres dort gewonnenen, breiteren Wissensspektrums den beschränkten heimischen Klerus.

Altertumsforscher haben viele der seltsamen Symbole, die man auf Schnitzereien in den Kirchen der Templer findet, mit den bei den alten gnostischen Sekten gebräuchlichen Zeichen identifizieren können und daraus geschlossen, daß ihre Ansichten und Praktiken wahrscheinlich ähnlich wa-

Katze auf einem Kapitell der ›French Church‹ in Canterbury

ren. Dies wird durch die Tatsache bestärkt, daß die Lehren, Riten und Zeremonien der Templer niemals ganz ausgerottet wurden, obwohl ihre religiösen Gegner sie so unbarmherzig verfolgten. Nach einer Ruhepause erlebten sie im 14. Jahrhundert eine neue Blüte, und ihre Wiederherstellung wurde im 15. Jahrhundert durch die Entwicklung der Rosenkreuzgemeinschaft in Deutschland weiter gefördert.

Wie die Templer wurde auch die gnostische Sekte der Manichäer vieler schrecklicher und unglaublicher Verbrechen durch ihre Verfolger angeklagt, und ihr wurde vorgeworfen, den Teufel in Gestalt einer schwarzen Katze anzubeten. Sie waren die Jünger des Mani oder Manes, eines Persers, der um

216 n. Chr. in Babylon geboren wurde und über die gesamte Weisheit der Magi verfügt haben soll; er war Arzt, Astronom, Kunstmaler, Philosoph und Poet. Seine Lehren hat er wohl teilweise aus geerbten Büchern hergeleitet, die ein sarazenischer Schüler des Empedokles namens Scythianus verfaßt hat und die von der Weisheit Ägyptens handeln. Sein Evangelium, das er erstmals um 242 verkündete, verband diese Lehre mit Gedanken des Buddhismus, des Zoroaster, des Juden- und Christentums sowie einigen Eigenschöpfungen. Sein fundamentaler Grundsatz war der Dualismus. Für ihn war Jehovah ein untergeordneter demiurgischer Diener von Ahriman, dem ewigen Prinzip des Bösen. Die menschliche Rasse war dementsprechend satanischen Ursprungs, und die Mächte der Finsternis, den Mächten des Lichts gleich, mußten besänftigt werden. Christus oder Mithras, der Geist des Lebens, war durch seine Macht der Sonne innewohnend und durch seine Weisheit dem Mond, und wer sich zu ihm bekannte, mußte Jehovah entsagen. Die Planeten des Himmels waren die sichtbaren Symbole der Gottheit Ormuzd, des guten Prinzips, und wenn man berücksichtigt, daß die manichäischen Lehren uns nur in ihrer durch die Widersacher verzerrten Form zugänglich sind, erscheint es wahrscheinlich, daß die Katze von dieser Sekte durch ihre Assoziation mit der Sonne und dem Mond verehrt wurde und als Stellvertreterin von Christus oder Mithras galt. Gerade deshalb muß man eingestehen, daß der Dualismus dieses Glaubens die Vermutung zuläßt, die Anklagen, die man gegen seine Anhänger vorbrachte, seien nicht ganz unbegründet gewesen. Wie die Templer wurden auch die Manichäer angeklagt, unaussprechliche Greueltaten in Verbindung mit ihrem Geheimritual vollbracht zu haben. Sie sollen sich an festgelegten Tagen in einem bestimmten Haus getroffen haben, jeder eine Laterne tragend, und dort die Namen verschiedener Dämonen wie eine Litanei gesungen haben, bis

plötzlich der Teufel in Gestalt einer Katze oder eines anderen Tiers in ihrer Mitte erschien. Dies war das Zeichen für das Löschen der Lampen und Auftakt für eine sexuelle Orgie. Weiter heißt es, wenn ein Mitglied der Sekte- ein Kind geboren hatte, wurde am achten Tag eine Versammlung einberufen und ein großes Feuer entfacht, das der Säugling in einer Zeremonie passieren mußte. Nachdem das Kind verbrannt war, wurde seine Asche für den Dienst der Glaubensgemeinschaft aufbewahrt. Die zeremonielle Schändung von geschlechtsreifen Mädchen unter Anwesenheit der »Perfekten« (d. h. der gänzlich Eingeweihten) soll ebenso Bestandteil ihres Rituals gewesen sein. Sympathischere Berichte beschreiben die Hymnen, die die Anhänger an Wesen richteten, deren Namen an die Eigenschaften und Wirkungsweisen von Engeln erinnern.

Dennoch ist es kaum verwunderlich, daß die römische Kirche die Sekte unbarmherzig verfolgte, und daß sie, indem sie ihre übliche Politik verfolgte, den Teufel mit dem Beelzebub auszutreiben, viele ihrer Mitglieder lebendig verbrannte. Mani selbst soll 276/277 gekreuzigt oder, nach einem anderen Bericht, bei lebendigem Leib gehäutet worden sein, und seine Leiche soll man den Hunden vorgeworfen haben. Doch trotz dieses harten Widerstands, der auf die vollkommene Ausrottung gerichtet war, verbreitete sich der Glaube in überraschendem Ausmaß und ließ viele Untersekten entstehen. Für eine Zeit wurde er von dem großen Augustinus hochgehalten und gepredigt und bewahrte über tausend Jahre ein kraftvolles Leben in Europa; in Asien soll er noch immer wirksam sein.

Laut Montagu Summers betrachtete die römische Kirche des frühen 11. Jahrhunderts Manichäer und Zauberer als Synonyme. Er erinnert daran, daß im Jahr 1022 auf Befehl Roberts I. nach dem Prozeß durch die Synode von Orleans eine Anzahl von Manichäern lebendig verbrannt wurde, und fügt hinzu: »Ein zeitgenössisches Dokument identifiziert sie eindeutig mit Hexen, mit Anbetern des Dämons, der ihnen in Gestalt eines Tieres erschien.«

Vergleichbare Anschuldigungen brachte man gegen die Waldenser oder Vaudois vor, eine manichäische Sekte, die im 11. Jahrhundert in Lyon entstand. Einigen Quellen zufolge ist ihr Name auf den ihres Gründers Peter Waldo zurückzuführen, andere halten Vaudois für eine Korruption des provenzalischen Wortes ›Vaudes‹, das einen Zauberer bezeichnete. Der Sekte wurde das ganze Spektrum finsterer Praktiken zugeschrieben, und ein einzelnes Traktat aus dem 14. Jahrhundert erhebt folgende Anklage gegen sie: »Desgleichen: ›in aliquibus aliis partibus apparet eis daemon sub specie et figura cati, quem sub cauda sigillatim osculantur‹.« (Der Teufel erscheint ihnen als Katze, und sie küssen ihn ›sub cauda‹, d. h. ›unter dem Schwanz‹.)

Die gleichartige Sekte, die sich die Albigenser nannte, entstand um dieselbe Zeit wie die Waldenser und bezog ihren Namen von der Stadt Albi. Die römische Kirche fühlte sich durch die Verbreitung dieser ketzerischen Lehren zutiefst in Verlegenheit, und die Ermordung eines päpstlichen Gesandten bot ihr eine Rechtfertigung für drastische Vergeltungsmaßnahmen. Papst Innozenz III. (1198–1208) proklamierte einen Kreuzzug gegen beide Sekten, was zu einem brutalen Massaker an zehntausenden von Männern, Frauen und Kindern führte. Die wenigen waldensianischen Überlebenden des Holocausts flohen in die unzugänglicheren Täler des Piemont, und trotz der verheerenden Verfolgung, der sie sich auch dort nicht entziehen konnten, gelang es ihnen, ihre Kirche bis zur Reformation aufrechtzuerhalten. Die Albigenser hingegen wurden durch die starke Hand der Inquisition still und heimlich ausgerottet.

Die furchtbare Erzählung von Leger, die das Massaker von Piemont beschreibt, läßt einem das Blut in den Adern erstarren. Kinder, die den Armen ihrer Mütter entwunden wurden, riß man in Stücke oder schlug sie mit den Köpfen gegen Felsen. Die Alten und Kranken verbrannte man in ihren Häusern bei lebendigem Leib. Andere wurden lebend gehäutet oder geröstet, anderen riß man die Eingeweide aus dem Leib; oder man fesselte sie an die Bäume ihrer Obstgärten und riß ihnen die Herzen aus der Brust. Manche wurden scheußlich verstümmelt, und ihre zerstückelten Überreste wurden den wilden Tieren zum Fraß hingeworfen, während man anderen das Gehirn entfernte, welches anschließend gekocht und gegessen wurde von jenen Teufeln in Menschengestalt. Manche legte man in die Furchen ihrer Äcker und ging mit dem Pflug darüber. Andere wurden lebendig begraben. Väter, denen man die Köpfe ihrer Kinder um den Hals hängte, wurden gezwungen, so lange zu marschieren, bis sie tot umfielen. Es wurden Taten begangen, die zu schrecklich waren, um sie zu nennen.

Leger sagt: »Meine Hand zittert so, daß ich die Feder kaum halten kann, und meine Tränen vermischen sich in Sturzbächen mit der Tinte, während ich von den Taten dieser Kinder der Finsternis schreibe – finsterer noch als der Herr der Finsternis selbst.«

Einfühlsam spricht Wordsworth von diesen heroischen Opfern christlicher Intoleranz als

»...the Waldensian bands whom Hate
In vain endeavours to exterminate,
Whom Obloquy pursues with hideous bark:
But they desist not; –and the sacred fire,
Rekindled thus, from dens and savage woods
Moves, handed on with never-ceasing care,
Through courts, through camps, o'er limitary floods;
Nor lacks this sea-girt Isle a timely share
Of the new Flame, not suffered to expire.«

»…Waldenserscharen, die der Haß
Vergeblich zu vernichten trachtet,
Die, von der Schmähung gräßlichem Gebell
Verfolgt, dennoch bei ihrem Glauben blieben.
Das heil'ge Feuer, neu entfacht, aus Höhlen
Und dunklem Wald läuft fort, von Hand zu Hand gereicht
Durch Höfe, Lager, gar übers weite Meer:
Auch unsre Insel, meerumschlungen, hat zur rechten Zeit
Die neue Flamm' empfangen, die nicht verlöschen durft'.«

Geistliche Sonette, Teil II, 12

Und in einer Anmerkung erklärt er, wie ihre Verfolger
»ihre Not sogar in einem vorwurfsvollen Begriff konsolidier-
ten, indem sie sie als Patarenier oder Paturini bezeichneten,
von ›pati‹, leiden.«

»Dwellers with wolves she named them, for the pine
And green oak are their covert; as the gloom
Of night oft foils their enemy's design.
She calls them Riders on the flying broom;
Sorcerers, whose frame and aspect have become
One and the same through practices malign.«

»›Die mit den Wölfen leben‹ wurden sie genannt,
Weil Pinien und Eichen ihr Versteck; und oft
Verbarg die dunkle Nacht sie vor dem bösen Feind.
Man nennt sie ›Reiter auf dem Besenstiel‹,
Zauberer, deren Erscheinung und Gemüt
Zu einem wurd', dank ihrer üblen Streiche.«

Ob Wordsworth mit seiner Gleichsetzung von Walden-
sern und Pataneriern oder Paturini (die ihren Ursprung in
Mailand hatten und ihre Blütezeit im 11. Jahrhundert erlebten) recht hatte oder nicht, es wurden gegen sie die gleichen

Beschuldigungen erhoben wie gegenüber den Templern, was zur Verdammung beider Sekten führte. Die Paturini wurden angeklagt, dem Hexensabbat ähnliche Mitternachtsriten abzuhalten, bei denen Katzen und Ziegen eine wichtige Rolle spielten. Gemäß einer Schilderung über solch eine Zusammenkunft sangen die Anwesenden in ihrer Schandhöhle Hymnen bis zur ersten Nachtwache. Dann wurde eine schwarze Katze in ihre Mitte herabgelassen. Ihr Erscheinen war das Signal zum Löschen der Lichter, und Zügellosigkeit folgte auf Frömmigkeit, genau wie es beim manichäischen Ritual der Fall gewesen sein soll, sowie bei dem ihrer Nachfolger, der Waldensianer.

Mr. Churchward hat darauf hingewiesen, daß das Studium der Mysterien der Vergangenheit die Tatsache enthüllt, daß »die Druiden, die Gymnosophisten Indiens, die Magi Persiens und die Chaldäer Assyriens alle dieselben religiösen Riten und Zeremonien hatten, wie sie von ihren Priestern, die in ihre Orden eingeweiht waren, praktiziert wurden, und daß diese feierlich hatten schwören müssen, die Lehre als tiefes Geheimnis vor dem Rest der Menschheit zu bewahren. Dies alles floß aus einer Quelle – Ägypten.«

Hislop sagt: »Man geht davon aus, daß sich der Geheimbund der Freimaurer ursprünglich aus den Mysterien der ägyptischen Isis begründet hat.« Wir erinnern uns vielleicht, daß die Göttin Bastet als Katze auf dem Sistrum der Isis sitzt und gewinnen dadurch neue Erkenntnis über Katzenanbetung, wie sie in Geheimsekten praktiziert wird. Dieser Aspekt wurde in dem Kapitel über die Jungfrau und die Katze ausführlicher betrachtet, so daß er hier nicht ausgeweitet werden muß, bis auf den Hinweis auf die Entartung, die die Doktrin des Dualismus in ursprünglich erhabene und schöne symbolische Vorstellungen hineingebracht hat. Isis (oder Bastet) ist entartet und wird nur noch als ihr Schatten in Form von Hekate oder Proserpina angesehen und angebetet, wo immer der Dualismus in die Mysterien eingedrungen ist und sie verdorben hat.

Die sonderbaren religiösen Rituale, von denen wir einige der Bedeutung wegen betrachtet haben, die sie dem Symbol der Katze beimessen, sind für uns von mehr als nur vorübergehendem Interesse, denn moderne Schriftsteller (wie z. B. Nesta Webster und Montagu Summers), die die geheimen Sekten und Gemeinschaften erforscht haben, erklären uns, daß »diese erstaunlichen Kulte, diese merkwürdigen verdrehten Riten, die wir mit dem frühen Mittelalter verbinden, auch heute um uns herum weiterexistieren. Illuminismus, Kabbalismus und sogar Satanismus sind noch immer Wirklichkeit,« sagt die erstgenannte Schriftstellerin, und der Beweis, den sie erbringt, scheint unbestreitbar.

KAPITEL XVI

Die Katze als Opfer

Die übliche Vorstellung vom Opfer als gemeinsames Festmahl, an dem Götter und Menschen zugleich teilhaben, ist bei der Betrachtung der Katze als Weiheopfer gänzlich fehl am Platze. Es ist klar, daß wir hier von jenem höheren Vorstellungsbild sprechen, nach dem das geweihte Tier am Wesen des Gottes Anteil hatte, dessen Symbol es verkörperte, und daß die Gottheit auf mystische Weise für ihr Volk starb, wenn das Tier geopfert wurde. Dies war besonders im alten Ägypten der Fall, wo die Katze (das Symbol des Sonnengottes) dem Horus, der aufgehenden Sonne, geopfert wurde, wie Sextus Empericus festgehalten hat.

Da die Katze nicht zu den Nutztieren gehört, kann die Absicht der Gläubigen nicht das Stillen des Hungers einer anthropomorphen Gottheit gewesen sein. Entweder wurde sie mit dem strahlenden Gott, den sie verkörperte, identifiziert, der jeden Tag für die Bewohner der Erde starb und am Morgenhimmel wieder auferstand, oder sie stand in Verbindung mit der großen Mutter Isis als eines ihrer vielen Gesichter und Personifizierungen. So gesehen ist das Opfer lediglich die Zirkulation des einen göttlichen Geistes durch das Wesen des Gottes, die Natur und den Menschen. In diesem Sinn ist im Rigveda die Rede von einem Opfermechanismus, der alle Welten beinhaltet und Vater aller Götter ist (IX 86 10; 109 4), und von dem Opferpferd, das die Namen und die Natur der Götter annimmt (I 163 3).

Solange diese Reinheit und Erhabenheit der Vorstellung die Grundlage für Opfer war, in welcher Form sie auch dargebracht wurden, konnte für alle Beteiligten nur Gutes daraus hervorgehen. Doch wie das Symbol der ringförmigen Schlange repräsentierte die Katze Gott als Alles, und sowie das Leben schwieriger wurde, nahm das Böse eine stärkere und deutlichere Form an und konnte von den Menschen nicht länger außer Betracht gelassen werden. Der Dualismus brachte bald den Untergang der spirituellen Religion mit sich. Die Einheit der Dreieinigkeit wurde nicht mehr anerkannt. Luna, Diana und Hekate wurden auseinandergerissen und nicht länger als dreifaches Bild der einen großen Mutter angesehen. Der Himmel befand sich im Kriegszustand.

Religion wurde bisweilen als Sublimierung der Magie angesehen, doch generell wäre es richtiger, in der Magie eine rückläufige Form der Religion zu sehen. Zauberei war ursprünglich eine heilige Kunst, und der Besitz magischen Wissens war ein den Göttern vorbehaltenes Attribut. Der Zauberer war dem Propheten und dem Priester ebenbürtig, und seinem Berufsstand wurde die höchste Ehre zuteil. Der Charakter und die Stellung der Magie in der früheren vorchristlichen Periode unterschied sich völlig von ihrer Position in der späten ägyptischen Gedankenwelt und innerhalb des jüdisch-christlichen Glaubensbekenntnisses im mittelalterlichen Europa. Lange vor der Einführung des Christentums begannen sich die ursprünglich hohen Ideale der alten Religion jedoch schon aufzulösen, und sie wurden falsch gedeutet und schändlich entartet. Die Anhänger von verderbten Praktiken im Kult des Dianismus sahen in der großen Mutter nur Hekate oder Proserpina, die schreckliche Herrscherin der Hölle, die über Dämonen, unselige Geister und bösen Zauber regierte. Ihr Haupt soll, anstelle von Haaren, von gräßlichen Nattern bedeckt gewesen sein, ihre Füße schlangenförmig. Sie soll den Opfern beigewohnt haben, wenn man sie siebenmal angerufen hatte, und zum Abschluß traten Erscheinungen auf, die nach ihr Hekatea genannt wurden. Das Ziel der Heraufbeschwörung solch böser und feindlicher Kräfte mag auf den ersten Blick unklar sein, doch der Zauberer hoffte, die Dämonen durch magische Vorgänge seinem Willen zu unterwerfen. Wie Malinowski fordert, müssen wir in der Magie »die Verkörperung der größten Torheit der Hoffnung« sehen.

Das Herannahen der bösen Kräfte erfolgte auch nicht allein durch den Standpunkt des Dualismus. Mit dem Verfall der alten Religion schlug eine bösartige Idee Wurzeln und begann zu wachsen. Das Reich des Himmels könnte mit Gewalt genommen werden; wo Beten und Bitten versagt hatten, um die Götter zu rühren, wollte der starke und beherzte Mensch den begehrten Segen vom widerstrebenden Himmel erzwingen. Schrittweise wichen Opferrituale den dunklen Praktiken der schwarzen Magie. Die Götter wurden nicht mehr verehrt oder gar gefürchtet. Anrufungen wurden in Befehlsform an sie gerichtet, und ihr Groll über diese Unverschämtheit durch einen schützenden Zauber vereitelt, mit dem sich der Wirkende umgab.

»The face of earth hath maddened me, and I
   Take refuge in her mysteries, and pierce
   To the abodes of those who govern her«,

»Der Erde Angesicht hat mich fast wahnsinnig gemacht,
   Jetzt suche Zuflucht ich in den Mysterien,
   Und blicke auf die Wohnstatt jener, die sie beherrschen«,

sagte Byron; und dieser Entschluß war nur ein Echo der düsteren Absicht, die die Anhänger des linken Pfades zu allen Zeiten verfolgten.

Ein moderner spanischer Autor sagt: »Unsere Philosophie ist Mystizismus, ... ein ewiger Kampf mit Gott, ihm sein Geheimnis abzuringen, das Geheimnis unseres Schicksals... Unsere rasende Leidenschaft, nicht sterben zu müssen, dieser

Wahnsinn von der Unsterblichkeit hält uns weit entfernt von der ästhetischen Ruhe, die Wissenschaft verlangt.« Diejenigen, die dieses Kapitel sorgfältig durchlesen, werden dem sicher zustimmen, wenn es ihnen gestattet wird, alle Erwägungen über abstraktes Recht oder Unrecht zu verwerfen, um dem konkreten, persönlichen Ich Verbesserung oder Verewigung zu ermöglichen.

Vielleicht wurde die Katze seit ältesten Zeiten wegen ihrer nächtlichen Gewohnheiten als das angemessenste Opfer für die Götter der Finsternis und die unterirdischen Gottheiten angesehen. Das Opfern einer Katze war ein sicheres Mittel, mit diesen Gottheiten in Verbindung zu treten und sie zu veranlassen, die Gabe des zweiten Gesichts zu verleihen, über die die Katze, so glaubte man, verfügte.

Doch als der Gedanke, die Götter zu bezwingen, an Boden gewann, wurde das Katzenopfer neu interpretiert. Die Götter liebten die Katze als ihr auserwähltes und geheiligtes Symbol. Sie gnadenlos zu quälen würde die Götter verpflichten, jede Forderung zu erfüllen, die der Verfolger zur Bedingung für ihre Befreiung gemacht hätte. Hier gab es eine unbesiegbare Waffe, die der Starke und Skrupellose einsetzen konnte.

In diesem dunklen Zeitraum wurde das Christentum auf die Menschheit losgelassen und vollendete bald die Zerstörung der älteren Religionen, indem es ihre Proselyten lehrte, ihre bisherigen Götter als Teufel zu anzusehen.

Das neue Glaubensbekenntnis bewirkte eine Stärkung oder gar Rechtfertigung des hier umrissenen Gedankens. Der Teufel hatte die Macht und die Position der alten Götter an sich gerissen, und er behielt ihr Symbol, die Katze, als seinen auserwählten Vertreter bei. Wer wollte Einspruch erheben, wenn der Erzfeind gezwungen wird, einem menschlichen Wesen zu gehorchen, oder wenn sein heiliges Tier gemartert wird? Doch um der Kirche Gerechtigkeit widerfahren zu lassen, müssen wir einräumen, daß sie diese schwarze Magie, die für sie real und machtvoll war, streng verboten hatte. Sie machte keinen Unterschied zwischen den Möchtegern-Gebietern Satans und seinen Gehilfen, sondern versuchte mit nicht weniger verzweifelten und schrecklichen Mitteln als deren eigenen, sie zu vernichten. Erbittert wie ihre Feindseligkeit bei anderen Gelegenheiten gegenüber rivalisierenden Interpretationen göttlichen Mysteriums gewesen war, geschah dies lange bevor die christliche Kirche die Berührung mit der älteren ägyptischen Tradition vollkommen verloren hatte. Bemühungen um Verschmelzung und Versöhnung wurden kontinuierlich von denjenigen unternommen, die die grundlegende Einheit beider Glaubensbekenntnisse erkannten. Noch im Jahr 1757 wurde ein symbolischer Appell an die Vorstellungskraft der christlichen Bevölkerung gerichtet, indem die Figur der Katze als Symbol des Horus in die christlichen Mysterien eingeführt wurde. – Christus sollte als eine neue Manifestation oder Inkarnation des ägyptischen Sonnengottes betrachtet werden.

In Aix-en-Provence wurde bis zu diesem Zeitpunkt einmal im Jahr ein seltsames Ritual zelebriert, bei dem eine Katze die Hauptfigur darstellte. Für diesen Anlaß wurde der schönste Kater der Umgegend wie ein Säugling in Windeln gewickelt und in einem prächtigen Schrein zur Anbetung für die Frommen ausgestellt. Die Wege, auf denen er vorbeigeführt wurde, waren mit Blumen bestreut, und jeder beugte das Knie, wenn sein Altar herannahte. Die Katze wurde nun mit Horus identifiziert, der täglich für sein Volk starb, und es folgte ein schrecklicher Höhepunkt. Wenn die Sonne am 24. Juni ihren höchsten Stand erreichte, wurde die Katze in einen Weidenkorb gesetzt und bei lebendigem Leib in ein riesiges Freudenfeuer geworfen, das auf dem Marktplatz der Stadt angezündet worden war. Dieses Ritual fand anscheinend die volle Unterstützung der christlichen Kirche. Bischöfe und Priester sangen während der Ausführung Hymnen zu Ehren des Opfers, und im Anschluß daran veranstalteten sie eine feierliche Prozession.

Der folgende Bericht über ein Katzenopfer unter christlicher Schirmherrschaft ist »Notre Ami le Chat« entnommen:

»In einer Broschüre über Volksbräuche schreibt Edelestand du Meril: ›Die Leute glaubten, Sitte und Moral würden sich bessern, wenn Katzen in die Feuer zu St. Johannis geworfen würden.‹ In der Tat erwähnt der Abbé Leboeuf eine Quittung über 100 Pariser Sous, unterschrieben von einem gewissen Lucas Pommereux im Jahre 1573 ›für die Lieferung aller Katzen, die für die Johannisfeuer der letzten drei Jahre benötigt wurden, wie es Brauch ist.‹ ... Die fürchterliche Unsitte am St. Johannistag, Katzen lebendig in die Freudenfeuer zu werfen, hat sich noch sehr lange gehalten, wie dieser Vierzeiler bezeugt, der unter einer rohen Zeichnung vom Ende des 17. Jahrhunderts steht:

Ein Kater, der nach kurzem Lauf
Zum Feuer am Johannistag stieg auf.
Jedoch das Feuer brannt' ihn sehr
Und ließ ihn springen kreuz und quer.

Noch im Jahre 1750 lebte diese Unsitte in Metz weiter, dann erst wurden auf Bitten der Frau des Marschalls von Armentieres diese unwürdigen und nutzlosen Brandopfer durch ihren Gemahl abgeschafft.«

Moncrff beschreibt in ›Lettre sur les Chats‹ folgende Szene: ›Jedes Jahr findet in Metz ein Fest statt, das nur als Kulturschande bezeichnet werden kann: Würdig schreiten die Herren Richter auf den Hauptplatz und stellen Katzen in einem Käfig zur Schau, welcher über einem Scheiterhaufen hängt. Mit großem Pomp wird dieser dann angezündet und in den bald einsetzenden schrecklichen Schmerzensschreien, welche die Tiere ausstoßen, glaubt das Volk die Qualen einer alten Hexe zu hören, die sich einst in eine Katze verwandelt haben soll, als sie verbrannt werden sollte.‹

Solch grausamer Zeitvertreib wurde sogar noch mitten im 19. Jahrhundert in der Picardie im Bezirk von Hirson geübt. Am ersten Sonntag in der Fastenzeit feierte man das BIHOURDI: Ein bestimmtes Glockengeläut ertönte, und dann kamen alle Einwohner mit etwas Brennbarem zum Dorfplatz geeilt, wo sie ihre Gabe auf einen dort aufgebauten Scheiterhaufen legten. Dann begann der Reigen, die Jungen schossen mit ihren Flinten, die Musikanten spielten auf ihren Geigen, der Scheiterhaufen (bihourdi) brannte. An einer langen Stange über ihm hing gefesselt eine Katze, die schließlich ins Feuer fiel und dort qualvoll verendete. Diese Barbaren brauchten ein Freudenfeuer mit einer gerösteten Katze! Aber endlich erreichte der Fortschritt der Zivilisation auch das flache Land und solche barbarische Unsitte starb aus.«

In England war bis vor kurzem der Brauch zu beobachten, an Fastnacht eine Katze totzuschlagen. Besonders beliebt muß dies in dem mittelenglischen Dorf Albrighton in Shropshire gewesen sein, wo einst ein Wirtshausschild mit folgendem Spruch daran erinnerte:*

»The finest pastime that is under the sun
Is whipping the cat at Albrighton.«

»Der schönste Zeitvertreib unter der Sonn'
Ist das Katzenschlagen in Albrighton.«

Dieser barbarische Ritus ist anscheinend ein Relikt der Apolloverehrung. Mancherorts wurde das Sonnensymbol des Hahns (oder der Henne) durch die Katze ersetzt.

---

* Sidmouth »Observer«, 16. 4. 1930.

»All which we on this stage act or say
Doth solemnize Apollo's shroving day;
Whilst thus we greet you by our words and pens,
Our shroving bodeth death to none but hens.«

»Alles was wir auf dieser Bühne sagen oder tun
Soll zur Feier von Apollos Fest geschehen,
Während wir euch also mit Worten grüßen,
Soll'n für das Fest nur Hühner mit dem Tode büßen.«
   W. Hawkins, »Apollo Shroving« (1626), p. 6. Nares

Das Geflügel wurde, wie die Katze, totgeschlagen und anschließend gegessen.

Auch Westminster Abbey war Stätte eines Katzenopfers in einer christlichen Kirche. Eines der Exponate der einst berühmten Kuriositätensammlung*, die zuvor in Don Saltero's Coffee House im Cheyne Walk in Chelsea zu besichtigen war, war ein ausgehungerter, eingeschrumpfter Katzenleichnam, den man bei der Renovierung der Ostseite in den Mauern der Abtei gefunden hatte. Offensichtlich hatte man die lebende Katze eingemauert, und zweifellos stellte sie ein Opfer an den Sonnengott dar, eine Identifikation des Horus mit Christus.

Doch solche sporadischen Bemühungen, den absterbenden Glauben mit dem neu entstandenen zu verbinden, waren zum Scheitern verurteilt. Die auflösenden Kräfte, die in dem alten Glauben am Werk waren, wirkten zu stark, als daß eine Wiedergeburt im neuen Glauben möglich gewesen wäre. Von der Absetzung der Götter haben wir bereits gesprochen, und es folgte nun eine Zeitspanne dichter spiritueller Dunkelheit. Den Doktoren der christlichen Lehre entsprechend wurden »sämtliche britischen Inseln, ja auch das schottische Hochland, von Dämonen überrannt, die den

---

* Die Sammlung wurde 1690 eröffnet und 1799 durch Versteigerung verkauft.

Legionen von bösen Geistern gleichkamen, die Salomon in einen Kessel sperrte und in Babylon versenkte, die aber, nachdem der Kessel auf der Suche nach einem Schatz wieder geöffnet worden war, in die Lüfte strömten und sich im ganzen Himmel verbreiteten, und von da über ganz Asien.« Es wird einige Leser vielleicht überraschen, Britannien als Hauptquartier der bösen Geister zu sehen, aber wir müssen berücksichtigen, daß das Hochland und die Inseln Schottlands seit prähistorischen Zeiten die Heimat des Übernatürlichen waren. Man könnte meinen, daß es den Bewohnern dieser wilden Regionen gelungen war, einen so starken und einfühlenden Bezug zu der unsichtbaren Welt des Zaubers und der Wunder aufzubauen, wie nirgends sonst. Unsere Vorfahren glaubten, keineswegs unnatürlicherweise, daß verdammte Geister auf diese westlichen Inseln verbannt wurden, wo jammernde Winde und ewiger Nebel die Anwesenheit unglücklicher Schatten zu verheißen schienen. Selbst Plutarch war von der Unheimlichkeit dieser Inseln beeindruckt, die sich, umgeben von tosenden und unaufhörlichen Stürmen, trostlos und unfruchtbar als schwindelerregende Abgründe aus der kochenden See erhoben. Es wird erzählt, daß Geistererscheinungen für die wenigen unglücklichen menschlichen Wesen keine Seltenheit waren, die dazu verurteilt waren, ihr trübes Dasein in der beständigen Furcht zu fristen, die diese Umgebung verbreitete.

Viele Jahrhunderte später wurden solche Beschreibungen in den Schriften des ehrwürdigen Geistlichen Bede bestätigt. In seiner »Geschichte der englischen Kirche« berichtet er, daß die Lewis-Insel (die zu den größten der westlichen Inseln gehört) bis zum achten Jahrhundert nicht nur fast menschenleer und unfruchtbar war, sondern der bevorzugte Treffpunkt für üble und boshafte Geister, die dort ihre teuflischen Zeremonien abhielten, bis der fromme Cudbrecht sie zum Verlassen zwang.

Die Bemühungen dieses würdigen Mannes wurden nicht durch den vollen Erfolg gekrönt, den sie zweifellos verdienten, denn das grausame Katzenopfer mit dem Namen Taigheirm* blieb bestehen und wurde noch bis 1750 auf den Hebriden praktiziert.

Sein tatsächlicher Ursprung ist in den Nebeln der Vorzeit versunken, obwohl wir angedeutet haben, wie er wahrscheinlich entstanden ist. Woher diese höllischen Riten auf die westlichen Inseln kamen, ist allerdings unbekannt. Die wahrscheinlichste Vermutung geht davon aus, daß sie von den ersten Siedlern auf diesen Inseln, die von Island, Grönland, Norwegen und den Faröer-Inseln kamen, mitgebracht wurden. Wir wissen, daß man bis zum Mittelalter dachte, Schottland sei von Zauberwesen und Naturgottheiten aus dem Norden bevölkert, die sich mit den einheimischen Geistern vermischten und den Alltag der Einwohner beträchtlich beeinflußten. Die unterirdischen Gottheiten oder Dämonen betrachtete man im Hochland und auf den Inseln als die schwarzen Katzengeister, und diese Mächte wurden bei der Feier des Taigheirm angerufen.

Die schottische Bezeichnung des Opfers hat eine zweifache Bedeutung und beinhaltet, je nach der Aussprache der Silben, eine Rüstkammer oder den Schrei der Katzen. Das Wortspiel scheint beabsichtigt zu sein, denn die Angstschreie der gequälten Katzen sind die Waffen, mit denen der Zelebrierende den Widerstand der Geister gegenüber seinen Forderungen überwindet. Obwohl die kennzeichnende Farbe der priesterlichen Gewänder in allen Ländern von Indien bis Gallien Weiß war, wurde Schwarz getragen, wenn man den Göttern der Unterwelt opferte, wohl in Anspielung auf die Dunkelheit, in der diese Gottheiten weilten.**

---

* Gälisch ›Taish‹, unwirkliche oder schattenhafte Erscheinung, ›Taishitaraugh‹, zweites Gesicht, ›Taishatrin‹, Seher, Geisterseher.

** Osiris, der ägyptische Gott der Unterwelt, war schwarz.

Daher rührt es, daß die ihnen geopferte Katze schwarz sein mußte und daß Mitternacht die rechte Stunde für den Beginn des Ritus war. Die amtlich vorgeschriebene Zeit war um zwölf Uhr in der Nacht von Freitag auf Samstag, und die Dauer der Zeremonie betrug vier ganze Tage und Nächte, während derer der Ausführende keine Nahrung zu sich nehmen durfte. Horst sagt: »Nachdem die Katzen allen Teufeln geweiht und durch die schändlichen Dinge, die man ihnen zugefügt hatte, in einen magisch-sympathetischen Zustand versetzt worden waren und Todesangst sie befiel, wurde eine von ihnen sogleich auf einen Spieß gesteckt und unter fürchterlichem Heulen über einem kleinen Feuer gebraten. In dem Moment, in dem das Heulen einer Katze mit dem Tod endete, wurde die nächste auf den Spieß gesteckt, denn es durfte keine Minute Pause entstehen, wenn sie die Hölle beherrschen wollten; und dies wurde an vier ganzen Tagen und Nächten fortgesetzt. Wenn der Geisterbeschwörer es noch länger aushalten konnte, mußte er dies tun, selbst bis zu seiner völligen körperlichen Erschöpfung.«

Wenn das Opfern eine gewisse Zeit vorangeschritten war, erschienen Höllengeister in der Gestalt von Katzen. Sie kamen in stetig wachsender Zahl und vermischten ihre unirdischen Schreie mit dem Geheul des gemarterten Opfers auf dem Spieß. Schließlich erschien eine Katze von gewaltiger Größe mit schrecklichen Drohungen. Wenn das Taigheirm vollendet war, verlangte der Opferer von den Geistern die Belohnung für sein Opfer. Diese konnte verschiedene Formen haben, wie Reichtum, Kinder, usw. Doch der übliche Lohn war die Gabe des zweiten Gesichts, die, wenn sie einmal verliehen worden war, bis zum Tod des Zelebranten wirksam blieb. Wie wir durch Horst erfahren, wurde eines der letzten Taigheirms in der Mitte des siebzehnten Jahrhunderts auf der Insel Mull abgehalten. Ennemoser sagt, daß »die Einwohner noch immer die Stelle zeigen, wo Allan Maclean, zu jener Zeit Beschwörungs- und Opferpriester, mit seinem Gehilfen Lachlain Maclean, beides Männer von entschlossenem und unbeugsamem Charakter, von kräftiger Gestalt und beide unverheiratet, gestanden hat. Allan Maclean setzte sein Opfern bis zum vierten Tag fort, als er körperlich und geistig erschöpft war und in Ohnmacht fiel; doch von diesem Tag an erhielt er, wie sein Gehilfe, das zweite Gesicht bis zum Zeitpunkt seines Todes. Unter der Bevölkerung herrschte der unerschütterte Glaube, daß die Durchführung des Taigheirm als natürliche Folge Hellsichtigkeit bewirke.

Die Höllengeister erschienen, manchmal in einem frühen Stadium des Opfers, in der Gestalt schwarzer Katzen. Die ersten, die während des Opfers erschienen, sagten, nachdem sie einen wütenden Blick auf den Opferer geworfen hatten: ›Lachlain Oer‹, das heißt ›Katzenschänder‹. Allan, der die Durchführung des Opfers leitete, warnte Lachlain, nicht schwach zu werden, was immer er auch sehen oder hören würde, sondern den Spieß unaufhörlich weiterzudrehen. Endlich erschien die Katze von gewaltiger Größe; und nachdem sie ein entsetzliches Heulen ausgestoßen hatte, sagte sie zu Lachlain Oer, er werde nie das Angesicht Gottes sehen, wenn er nicht aufhöre, bevor ihr größter Bruder käme. Lachlain antwortete, er werde nicht aufhören, selbst wenn alle Teufel der Hölle kämen. ›Am Ende des vierten Tages saß auf dem Balken des Scheunendachs eine schwarze Katze mit feurig flammenden Augen, und es war ein entsetzliches Heulen über ganz Mull zu hören‹ (Horst). Allan war durch die furchtbaren Erscheinungen am vierten Tag vollkommen entkräftet und konnte nur noch das Wort ›Wohlstand‹ von sich geben. Lachlain hingegen, obwohl er der jüngere war, besaß einen stärkeren Geist und bessere Selbstbeherrschung. Er verlangte Nachkommen und Reichtum. Und jeder von ihnen erhielt, was er gefordert hatte. Als Allan auf seinem Totenbett lag und seine christlichen Freunde ihn bedrängten und ihn baten, sich vor der List des Teufels zu hüten, antwortete er mit großem Mut, daß, wenn Lachlain Oer, der bereits gestorben war, und er in der Lage gewesen wären, ihre Waffen ein wenig länger zu führen, sie den Teufel selbst von seinem Thron vertrieben hätten und auf alle Fälle die besten Vögel seines Reichs gefangen hätten.

Als Allans Trauergesellschaft den Kirchhof erreichte, sahen die mit dem zweiten Gesicht ausgestatteten Personen in einiger Entfernung Lachlain Oer in voller Rüstung an der Spitze eines Heers schwarzer Katzen stehen, und jedermann konnte den Schwefelgeruch wahrnehemen, der von diesen Katzen ausströmte. Allans Bildnis in kompletter Rüstung ist auf seinem Grab eingemeißelt, und sein Name ist immer noch mit der Erinnerung an das Taigheirm verbunden.«

Kurz vor den eben geschilderten Ereignissen vollführte ein anderer Schotte, Cameron of Lochiel, ein Taigheirm, und er erhielt dabei von den Höllengeistern einen kleinen Silberschuh, den er jedem neugeborenen Sohn seiner Familie an den linken Fuß ziehen sollte und der jedem, der so zu seinem Träger geworden war, Tapferkeit und Mut vor seinen Feinden bringen sollte. Der Schuh wurde wie befohlen bei jedem neuen Sohn verwendet, bis 1746 Camerons Haus bis auf die Grundmauern niedergebrannt wurde. Der einzige Junge der Familie, dem der Schuh nicht gepaßt hatte, hatte von seiner Mutter, die von einem anderen Stamm kam, größere Füße geerbt, und er floh vor dem Feind zu Sheriff Muir. So wurde die Prophezeiung gerechtfertigt.

In vielen dieser alten Mythen und Legenden ist die ursprüngliche Göttlichkeit des Teufels noch spürbar, so daß Harsnets Äußerung »Der Herr der Finsternis ist ein Gentleman« nicht ungerechtfertigt ist. Er gilt als treu – seinen Freunden oder Feinden und sich selbst.

Wir haben festgestellt, wie die Treue des Teufels seinem Lieblingstier gegenüber von den Skrupellosen in dem schrecklichen Taigheirm ausgenutzt wurde. In der folgenden Legende können wir sehen, wie der Teufel selbst auf Kosten dieser Kreatur sein Wort hielt, nachdem er durch menschliche Schlauheit überlistet worden war. Er nimmt die Niederlage tapfer hin und setzt seine Macht nicht für unfaire oder unsportliche Methoden ein. Die alten Legenden rechtfertigen die biblische Beschreibung des Teufels als »Vater der Lügen« sicher nicht. Es ist fast immer der Christ, der sich zu Lügen herabläßt, um mit dem Herrn der Finsternis zu handeln: und die Chronisten loben seinen Betrug ausnahmslos, indem sie einräumen, daß der Zweck die Mittel heiligt. Eine solche Legende webt sich um die prähistorische Brücke, die den Fluß Barle bei Dulverton in Somersetshire überspannt und die Tarr oder Torr Steps genannt wird. Sie soll in einer einzigen Nacht vom Teufel zu seinem persönlichen Gebrauch gebaut worden sein, und keinem Sterblichen war es erlaubt, sie zu überqueren. Die Brücke ist 180 Fuß lang und 5 Fuß breit und besteht aus Steinplatten, deren längste 8 Fuß und 6 Inches mißt. Um die Sterblichen von dem Betreten abzuschrecken, drohte er, die erste Kreatur, die darüber gehen würde, zu vernichten, und er versteckte sich, um zu sehen, ob jemand so kühn sein würde, es zu wagen. Die Bewohner des Ortes beschlossen aus List, daß des Teufels Lieblingstier, eine Katze, das Opfer sein sollte und sie schickten eine hinüber. Die Drohung des Teufels wurde erfüllt, denn die Katze wurde in Stücke gerissen, als sie das andere Ufer erreichte, und der Fluch war gebrochen. Der nächste, der hinüberging, war der Pfarrer, und er sprach einige Worte mit dem Teufel, der ihn eine schwarze Krähe nannte, ihn in Erinnerung an sein Versprechen aber nicht belästigte, und seitdem war die Brücke frei.

Die folgende interessante Legende aus der »Revue Féline Belge«, die von H. C. Brooke übersetzt und in »Cat Gossip« veröffentlicht wurde, ist ein romantisches Beispiel für das Katzenopfer:

»1787, als in Paris die Revolution auszubrechen drohte, war die Bretagne noch im Aberglauben versunken. Anne Marie de Trégor, die Tochter einer alten Familie niederen bretonischen Adels, teilte ihre Liebe zwischen ihren beiden Katzen und ihrem Liebhaber Jean Louis auf, einem ansehnlichen jungen Fischer, mit dem sie sich heimlich traf. Doch sie wurde ebenfalls von dem Sohn eines benachbarten Gutesherrn, Graf Alain von Kerguelen, geliebt, einem ebenso stattlichen, aber arroganten und grausamen jungen Mann, der den Gedanken nicht ertragen konnte, daß ein armer Fischer ihm vorgezogen werden sollte, und der seinem bescheidenen Rivalen Haß und Rache schwor. Das große Pardon* von Roscoff sollte am Sonntag stattfinden, und Anne hatte eine Verabredung mit Jean Louis getroffen.

Doch der Graf von Kerguelen hatte sie beobachtet und Jean Louis durch seine Männer ergreifen und im Kerker von Kerguelen einsperren lassen. Obwohl dies in der Gegend wohl bekannt war, gebot die Macht des Grafen Stillschweigen bis zum Abend, als Gruppen von alten Bretonen sich treffen wollten, um Teufelsbeschwörung zu betreiben. Anne Marie war schon bereit, dem Grafen nachzugeben, um Jean Louis zu retten, als einige alte Bretonen ihr erzählten, sie hätten gehört, wenn sie einverstanden wäre, ihre Katzen lebendig einzumauern, würde Jean Louis gerettet. Von der Vorstellung gequält, ihre Lieblinge opfern zu müssen, besann sich Anne, daß sie ein Jahr zuvor ein Mädchen, Yvonne le Goff, den Stolz ihres Vaters, der Kerkermeister in Kerguelen war, vor dem Ertrinken gerettet hatte. Konnte sie durch die Liebe zu seiner geretteten Tochter auf ihn einwirken, obwohl er als hart und streng bekannt war? Der Graf besuchte Jean regelmäßig, und als dieser hartnäckig auf seiner Liebe zu Anne bestand, befahl er Yvonnes Vater, ihn in das Verlies zu

---

* Pardon ist ein religiöser Feiertag in der Bretagne.

werfen. Alles schien verloren, und Anne war verzeifelt. Mußte sie ihre unschuldigen Lieblingstiere, die sich zu ihren Füßen rollten, opfern? Kniend murmelte Anne Gebete und schloß diese unschuldigen Kreaturen in die Heerschar der Märtyrer ein. Neben dem Glockenturm wurde zu jener Zeit ein Kloster erbaut. In die Decke des Gebetsraums ließ Anne ihre armen Lieblinge einmauern.

Am selben Tag lief Yvonne traurig in der Nähe der Burg Kerguelen umher, als der Hund ihres Vaters plötzlich in einem Haufen Gestrüpp verschwand, der ein tiefes Loch verbarg. Bei ihren Bemühungen, den Hund zurückzurufen, entdeckte sie eine fast verdeckte alte Treppe, einen längst vergessenen Eingang zu einem alten Burgkeller, der an die Verliese heranreichte. Yvonne unterrichtete Anne Marie, und gemeinsam kamen sie in der Nacht zurück, durchdrangen die Mauerwand und retteten Jean Louis, der zwar noch lebte, sich jedoch in einem abgezehrtem Zustand befand. Auf diese Weise gerettet, von der Öffentlichkeit jedoch für tot gehalten, kehrte er in Bettlerlumpen nach St. Pol zurück, und nur die zwei, die ihn gerettet hatten, wußten, wer er war.

Kurze Zeit später ging er bei Flut fischen, als er erblickte, daß der Graf in Treibsand geriet. Sein Bemühen um die Rettung seines Feindes endete beinahe damit, daß er selbst verschlungen worden wäre, und er mußte dabei zusehen, wie der Graf langsam in dem Treibsand versank. Befreit von seinem erbitterten Feind, brauchte Jean Louis sich nicht länger zu verstellen und heiratete bald darauf Anne Marie, die die armen kleinen Kreaturen, denen sie ihr Glück verdankte, in der Erinnerung behielt. In das Wappen des Hauses Trégor stickte sie die beiden Katzen in der gequälten Haltung, die sie in ihrer Vorstellung hatten, mit dem Wahlspruch:

»Durch mein Leiden bringe ich Glück.«

Gelegentlich wurde eine Katze auserwählt, wenn Hexen dem Teufel ein Opfer darbringen wollten. Danaeus schreibt über die neu eingeweihte Hexe: »Danach opfert diese unselige und neue Dienerin Satans ihrem Schutzherrn an jedem Tag etwas von ihrer Habe, ihren Hund, ihre Henne oder ihre Katze.« Scot hält fest, daß die Hexen, wenn sie den Sabbat verlassen, »nicht vergessen, ihm an jedem darauffolgenden Tag Hunde, Katzen, Hühner oder ihr eigenes Blut zu opfern.« Die Aufzeichnungen über einen nichtöffentlichen Prozeß vor dem Gerichtshof von Edinburgh aus dem Jahre 1630 berichten, daß Alexander Hamilton, wenn er den Teufel zu Rate gezogen hatte, »ihm vor seinem Entschwinden immer eine Katze, einen Laib Brot, einen Hund oder irgendein ähnliches Tier überlassen hat.«

So viel von der legendären Vergangenheit.

Der sensationelle Hexenmordprozeß gegen John Blymer und seine Gehilfen Wilbert Hess und John Curry, der im Januar 1929 in York im Staat Pennsylvania stattfand, enthüllte die erstaunliche Tatsache, daß drei Viertel der Bevölkerung im Kreis York, die 150.000 Seelen zählt, den Glauben an die Hexerei bewahrt hat, den ihre mährischen Vorfahren vor zweihundert Jahren aus Deutschland mitgebracht haben. Die Akten des Kreises York verzeichnen eine lange Liste von Hexereien, Übeltaten und mysteriösen Morden, die 1922 durch den Fall Kinzel-Metzer ans Tageslicht gebracht wurden.

Der Korrespondent des »Sunday Express« sagt am 13. Januar 1929: »Die Ländereien der Bauern und die Städte des Kreises York befinden sich heute in der Gewalt von Hexenterror, die Dörfer sind angstbesessen von dem Gedanken an Hexen und böse Geister. Die Scheunen und Viehställe tragen seltsame Kreuze und gemalte Zeichen gegen die Hexen. Schwarze Katzen sind aus dem Landschaftsbild praktisch verschwunden, denn es gibt eine bestimmte Art, mit Satan Frieden zu schließen, indem man eine schwarze Katze in kochendes Wasser taucht und einen Knochen als Amulett aufbewahrt.«

Der Zweck dieses Opfers ist etwas unklar; vielleicht ist es keine Erpressung, sondern die Befriedigung Satans durch das Opfern der Gabe, die er so sehr schätzt, genau wie Jehovah durch den genußvollen Duft verbrannter Rinder oder Schafe besänftigt wurde*. Extreme stoßen aufeinander, und der Befund läßt keine Schlußfolgerung zu.

Die, außerordentliche Verwicklung von Motiv und Doktrin, die dem Katzenopfer innewohnt, in Verbindung mit der voreingenommenen Beschaffenheit der Zeugnisse zu diesem Thema, machen es oft schwierig oder gar unmöglich, sicher zu entscheiden, ob wir es mit weißer oder schwarzer Magie zu tun haben. Das Opfern des dem Gott geweihten Tiers ist rechtschaffen oder frevelhaft, abhängig von dem entscheidenden Motiv des Opfernden; das allein ist das Kriterium. In jedem Fall war die Katze wegen der besonderen Liebe, die die Götter für sie hegten, ein häufig gewähltes Opfer.

Die mittelalterliche Hexerei birgt viele problematische Fälle. Einer der Anklagepunkte gegen Isobel Young, die 1629 wegen Hexerei vor Gericht stand, besagte, daß »sie während dreiundvierzig Jahren einen lebenden Ochsen, eine Katze und eine große Menge Salz genommen hat und als Opfer für den Teufel den Ochsen und die Katze zusammen mit dem Salz in einem tiefen Loch lebendig begraben hat, um ihr Vieh zu heilen.« Hier handelt es sich wohl um einen der Fälle, wo ein alter, mit heilenden Kräften ausgestatteter Gott mit Satan gleichgesetzt wurde, und seine Priesterin, die weit davon entfernt war, in dem gräßlichen Ritual eine Grausamkeit zu sehen, meinte, den Opfern Gunst und Ehre zu erweisen, indem sie sie »lebendig« in seine Gegenwart sandte.

Der stets in den Herzen der Menschen vorhandene Zweifel bei der Durchführung solcher Opfer stellt sich in einem

---

* Einigen Autoren zufolge war der Stier das Symbol Jehovahs, so daß der Gott sich selbst zum Opfer gebracht wurde.

alten Brauch der Lappen dar, die »ihren Göttern Hunde, Katzen, Hühner und Küken« opferten; dabei wichen sie der Verantwortung aus, indem sie zuerst folgende Zeremonie vollführten, die zeigen sollte, ob das Schlachtopfer angenommen würde oder nicht. Hurd sagt: »Nachdem sie das Opfertier hinter ihrer Hütte angebunden haben, reißen sie ihm etwas von seinem Nackenfell aus, welches sie an einem Ring der eigens für diesen Vorgang vorgesehenen Trommel befestigen, die von einem ihrer Priester geschlagen wird, während die ganze Volksversammlung ein kurzes Gebet singt. Wenn das Bund von Ringen, an dem die Haare des Opfers befestigt worden sind und das zuvor unbeweglich gewesen ist, sich plötzlich zu drehen beginnt und auf ihren Gott Thor zeigt, gehen sie davon aus, daß das Opfer von diesem Gott angenommen wird. Wenn die Ringe hingegen fest und unbeweglich bleiben, trotz der Bewegung der Trommel, bringen sie das Opfer einem anderen Gott dar, während die Trommel schlägt und die Menschen ein zweites Gebet oder eine Hymne singen.«

KAPITEL XVII

DIE KATZE UND DIE SEELENWANDERUNG

»If dying mortals' dooms they sing aright,
No ghosts descend to dwell in dreadful night:
No parting souls to grisly Pluto go,
Nor seek the dreary silent shades below:
But forth they fly immortal in their kind,
And other bodies in new worlds they find.«

»Wenn das Schicksal der Sterblichen richtig beschrieben
wurde,
Dann steigen sie nicht als Geister in fürchterliches Dunkel
hinab,
Dann gehen keine toten Seelen zum gräßlichen Pluto
Und suchen dort unten keine traurigen schweigenden
Schatten auf:
Nein! Sie fliegen als Unsterbliche gemeinsam fort
Und finden einen anderen Leib an einem neuen Ort.«
Nicholas Rowe's »Lucan.«, 1674-1718

Es gibt nichts, das mit der Doktrin des Materialisten un-
vereinbar ist, der behauptet, die »Seele« sei einfach nur
eine Funktion des Gehirns, die bei Mensch und Tier gleichermaßen durch den Tod vom Körper losgelöst wird. Doch
wenn der Theologielehrer, der darlegt, die Seele des Menschen sei unsterblich, gleichzeitig mit den Worten des Materialisten behauptet, die Tierseele löse sich in nichts auf,
wenn der Körper stirbt, weil sie zu unvollkommen ausgestattet ist, um seinen Verlust zu überleben, erkennen wir die Un-
haltbarkeit seines Standpunkts. Die zweite Hälfte seiner Leh-

re widerstreitet dem Glauben an die menschliche Fortdauer in gefährlicher Weise, denn wir sehen ihn zu dem Eingeständnis gezwungen, daß ein bloßer Unterschied in der Evolutionsstufe für das Erlangen ewigen Lebens hinreichend ist. Der eine wird ohne jegliches Verdienst unsterblich, der andere wird ohne irgendein Verschulden verdammt. Eine weitere Schwierigkeit tritt auf, wenn wir den prähistorischen Menschen in seinem Verhältnis zu den Menschenaffen betrachten. Die niedrige Mentalität und das vollständige Fehlen von Moral bei manchen primitiven Stämmen, die auch heute noch zu finden sind, wirft die Frage auf: »Auf welcher Stufe der Entwicklung wird die Seele stark genug, um die Krisis der Trennung von ihrem Körper zu überstehen? Wo können wir einen Trennungsstrich ziehen? Müßten wir geltend machen, daß unsere barbarischen, primitiven Vorfahren, die sich kaum von den Menschenaffen unterschieden, das Geschenk der Unsterblichkeit verdienten, während eine edle, großmütige, liebende Katze, oder ein Pferd, oder ein Hund, die alle bereitwillig ihr Leben geben würden, um ihren Herrn oder ihre Jungen zu retten, nur der Auslöschung wert wären?«

Mit Erleichterung wenden wir uns nach solchen Sinnwidrigkeiten der Lehre zu, die als einzige fähig ist, geistige Evolution zu erklären, der von der Reinkarnation. Dabei stellen wir mit Befriedigung fest, daß dies die Lösung ist, zu der der bei weitem größere Teil der Erdbevölkerung intuitiv gelangt ist. Sie ist uns aus fernen Zeiten überliefert worden und hat unzählige Wandlungen durch ungeheuer verschiedene Völker, Kulturen und Religionen überlebt.

Ungefähr 750 Millionen unserer Mitmenschen glauben, daß die Seele sich weiterentwickeln muß, indem sie der Reihe nach alle irdischen Formen durchläuft, vom Gas zum Mineral und weiter zur Pflanze, zum Tier und zum Menschen, bis alle Lektionen sterblichen Lebens gelernt sind. Nach

Herodot waren es die Ägypter, die diese Lehre zuerst verbreiteten, und der Zyklus der Erfahrungen, denen sich alle Seelen unterziehen mußten, war nach dreitausend Jahren vollendet.

Der ägyptische Glaube an die Metempsychose spiegelt sich in den Malereien auf einigen Monumenten genau wider. Diese zeigen die Seelen derer, die schändlich in Tiergestalten auf die Erde zurückkehren mußten, weil ihnen beim Wägen

Darstellung auf einem ägyptischen Papyrus

in den Waagschalen des Osiris etwas fehlte. Die Praxis der Menschendarstellung in Tiergestalt, die auf diese Weise eingeführt worden war, verbreitete sich schnell, und oft wurden Tiere dargestellt, die den unterschiedlichen Beschäftigungen der Menschen nachgingen. Mehrere Beispiele dafür konnten aus den Trümmern der Zeit geborgen werden. Die oben abgebildete Zeichnung stammt von einem Papyrus, der sich jetzt im Britischen Museum befindet, und stellt eine Katze dar, die eine Schar Gänse hütet.

154

Pythagoras soll in seiner Jugend Ägypten besucht haben und von den Priestern in ihrer geheimnisvollen Religion unterwiesen worden sein. Anschließend soll er in den Orient gereist sein, wo ihn die persischen und chaldäischen Magi, sowie die indischen Brahmanen aufgenommen haben. Er unterrichtete sie in der ägyptischen Lehre der Metempsychose und machte seine Schüler darauf aufmerksam, daß Seelen niemals sterben, sondern erst in einem Körper wohnen, dann in einem anderen, indem sie aus einer Tiergestalt in einen Menschenkörper übergehen und umgekehrt. So wie man Siegellack mit verschiedenen Figuren prägen kann, ihn wieder schmelzen und neu prägen kann, so bleibt er doch dieselbe Substanz, und so kann auch die Seele in neuer Gestalt erscheinen. »Daher,« bat der Philosoph, »wenn ihr jetzt Liebe für eure Angehörigen empfindet, bitte ich euch, es zu unterlassen, denen das Leben zu rauben, die zufällig eure eigenen Verwandten sein könnten.« (Ovid)

Die Lehren Vergils über Metempsychose gingen mit der Doktrin der Pythagoräer konform; und der römische Dichter legt Anchises eine Beschreibung in den Mund, wie Seelen, die zu verdorben waren, um sie menschlichen Körpern anzuvertrauen, in rohe Tiere gesperrt wurden, in Katzen, Löwen, Hunde, Tiger, Affen, usw.

Vielleicht hat der Aufenthalt in Ägypten dazu beigetragen, daß der Phrygier Aesop seine wundervollen Fabeln ersinnen konnte. Die Leser werden sich der Geschichte erinnern, die von der Katze handelt, die von ihrem Herrn so wahnsinnig geliebt wurde, daß

»...seine Tränen, seine Gebete
Aus Zaubersprüchen und Wahrsagerei
Funktionierten so gut, daß eines schönen Tages
Das Schicksal die Katze in eine Frau verwandelte.«
...

»Aus verrückten Freunden wurden verrückte Liebende.
Die schönste aller Damen hat
Solche Liebe nie gezeigt
Wie sie, die ihn aus allen Männern erwählte.«

Zunächst ging alles gut, und es schien, daß

»...keine Spur von Katze war geblieben
Kein Kratzen, keine Jaulen.«

Doch ach! wenn Mäuse erschienen, setzten sich die Katzen-
instinkte der Dame wieder durch, und sie lief auf allen Vieren
in dem vergeblichen Versuch, sie wie ehemals zu fangen.

»Diese Verirrung auf ihrer Seit'
War ihm ein ständiges Herzeleid.
Nie kannte die Dame ein Erbarmen,
Wenn die Mäuse aus ihren Löchern kamen.«

Zumindest scheint es möglich, daß viele sonst unerklärba-
re Anziehungskräfte und Abneigungen durch unterbewußte
Erinnerungen an ein Leben in nichtmenschlicher Form verständlich werden. Zwei dem Autor gut bekannte Kinder hatten deutliche Erinnerungen daran, Pferde gewesen zu sein,
und sie waren niemals so glücklich, wie dann, wenn sie sich
vorstellten, wieder Pferde zu sein und das Aufbäumen des
Rosses nachahmten, oder wenn sie, als sie älter wurden und
sich die Gelegenheit bot, ritten oder ausfuhren, oder ihre
Pferde liebkosten, pflegten und trainierten.

Viele heutige Autoren behaupten, die Seelenwanderung
habe zu den anerkannten Dogmen der frühchristlichen Kirche gehört. Die unten abgebildete Zeichnung einer Schnitze-
rei von einem Chorstuhl des Münsters von Beverly zeigt eine
Viole spielende Katze, die ihre Jungen das Tanzen lehrt.
Ägyptischer Einfluß dauerte in der neuen Religion noch lan-

ge nach der Aufhebung seiner Anerkennung fort, und er war vielleicht die Quelle, die den christlichen Bildhauer inspirierte, obwohl er sich dessen nicht bewußt gewesen sein mag. Die Idee, die der Katze mit den Gänsen und der Katze mit der Viole zugrundeliegt, ist so offensichtlich dieselbe, daß es schwerfällt sich klar zu machen, daß Jahrhunderte die beiden Vorstellungen voneinander trennen. Man könnte eher meinen, beide Ausführungen seien von demselben Künstler entworfen worden. Nun, vielleicht war es so! Der Interessierte möge ebenfalls die Zeichnung auf Seite 291 hinzuziehen.

Teil eines Chorstuhls im Münster von Beverley

Der moderne Spiritualismus hat die alte ägyptische Lehre bis zu einem gewissen Grad bestätigt. Bestimmte Fälle von Phantomtieren lassen sich wohl nicht durch die Annahme erklären, sie seien Elementargeister oder Gespenster irdischer Tiere. Die naheliegende Erklärung für solche Vorkommnisse besteht darin, daß es sich um die Geister menschlicher Wesen handelt, die sich in ihrem irdischen Dasein Verfehlungen schuldig gemacht haben, die den Eigenschaften bestimmter Tierarten entsprechen, wie Grausamkeit dem Tiger oder Schmutz dem Schwein.

Dies hat Dr. Kerner in seinem Werk »La Voyante de Prevorst« geschildert. Er beschreibt dort, wie ein Nachtwandler einen Geist fragte, ob er sich in einer anderen Gestalt zeigen könne als der, die er zu Lebzeiten besessen habe, und erhielt die Antwort: »Wenn ich wie ein Tier gelebt habe, muß ich dir als solches erscheinen. Wir können nicht die Gestalt annehmen, die wir möchten, wir müssen dir so erscheinen, wie wir im Leben waren.«

Bei einer anderen Gelegenheit sagt der Geist: »Der Wüstling kann in Gestalt eines Tiers erscheinen, dem er in seiner Lebensweise geglichen hat.«

Da die Entwicklung sich auf geistiger und auf körperlicher Ebene parallel entwickelt, ist das Geistige immer in der Lage, das Materielle als Leiter zu benutzen. Wenn wir diese Vorstellung einmal erfaßt haben, sehen wir deutlich, daß, wie verschwenderisch die Natur auch mit Leben und Mühen zu sein scheint, in Wirklichkeit nichts verloren geht.

In Indien wird an der Lehre von der Seelenwanderung standhaft festgehalten. Die Inder haben Bedenken, irgendeinem lebenden Wesen das Leben zu nehmen, aus Furcht, es könnte einer ihrer eigenen Angehörigen in einer anderen körperlichen Form sein. Ein erstaunliches Beispiel für die tatsächliche Wirkungsweise dieses Glaubens im modernen Indien liefert die folgende seltsame Geschichte, die General Sir Thomas Edward Gordon über eine Katze erzählte, die angeblich die Seele eines toten Mannes in sich beherbergte.

»Während fünfundzwanzig Jahren wurde den schriftlich niedergelegten, festen Befehlen der Nationalgarde des Gouverneurssitzes in Poona ein mündlicher Zusatz hinzugefügt, der regelmäßig bei der Ablösung von einer Wache an die nächste weitergegeben wurde und der besagte, jede Katze, die nach Einbruch der Dunkelheit durch die Vordertür käme, wäre als seine Exzellenz, der Gouverneur, zu betrachten und dementsprechend zu grüßen. Der Grund dafür war, daß Sir Robert Grant, der Gouverneur von Bombay, dort 1838 gestorben war und an dem Abend seines Todestages eine Katze gesehen worden war, die das Haus durch die Vordertür verlassen hatte und auf einem bestimmten Weg hin und her gelaufen war, wie es die Gewohnheit des Gouverneurs nach Sonnenuntergang gewesen war. Ein hinduistischer Wachposten hatte dies beobachtet und vor den anderen seines Glaubens erwähnt, die daraus einen Gegenstand abergläubischer Vermutungen machten, was zur Folge hatte, daß einer aus der Priesterkaste die Geheimlehre des Dogmas von der Wanderung der Seele von einem Körper in einen anderen erläuterte und die Umstände dahingehend deutete, daß der Geist des verstorbenen Gouverneurs in eines der Haustiere eingegangen war. Es war schwierig, ein bestimmtes Tier auszumachen und daher wurde entschieden, daß jede Katze, die nach Einbruch der Dunkelheit durch den Haupteingang käme, als Tabernakel der Seele von Gouverneur Grant anzusehen und mit entsprechendem Respekt und angemessenen Ehren zu behandeln wäre. Diese Entscheidung wurde von allen einheimischen Bediensteten und allen anderen, die dem Haus des Gouverneurs angehörten, widerspruchslos angenommen. Die gesamte Wache, vom Sepoy bis zum Sibadar, willigte ein, und es wurde ein mündlicher Zusatz zu den bestehenden Befehlen gegeben, daß der Posten am Vordereingang das Gewehr zu präsentieren hatte, wann immer eine Katze nach Sonnenuntergang hinauslief.«

Diese Geschichte ist ein treffendes Beispiel für die treue und ritterliche Wesensart des Hinduvolks. Ihr General blieb ihr General, auch wenn er nun ohne Autorität war und den bescheidenen Körper einer Katze bewohnte.

KAPITEL XVIII

DIE TEMPELKATZE

WENN WIR AN DEN LANGEN AUFENTHALT der Israeliten im Land der Ägypter und an die Verehrung der Katze durch die ägyptischen Priester denken, ist es sicher merkwürdig feststellen zu müssen, daß dieses Tier nur einmal Erwähnung in der Bibel findet und daß dieser Einzelfall in dem apokryphen Buch Baruch erscheint. Auch hier handelt es sich nicht um eine Anspielung auf die heiligen Katzen Ägyptens, sondern um einen Beitrag, der die Eitelkeit der babylonischen »Götter aus Silber und Götter aus Gold und aus Holz« demonstrieren soll, »vor denen die Völker sich fürchten« (6 3). Wir erfahren dort: »Auf ihren Leibern und Häuptern sitzen Fledermäuse, Schwalben und Vögel, und die Katzen ebenfalls.« Triumphierend fügt der Schreiber hinzu: »Daran könnt ihr sehen, daß sie keine Götter sind, und deshalb fürchtet sie nicht« (6 21f).

Es wird von Interesse sein, das Faktum, das Baruch als Beweis für die Nichtgöttlichkeit der babylonischen Gottheiten anführt, in bezug auf die Thematik unseres Buches zu untersuchen. Die Katzen, die sich auf den Götterstatuen befanden, waren offensichtlich zum Tempel gehörige heilige Tiere. Es ist eindeutig, auch durch den eben zitierten Textabschnitt, daß es sich um wohlgenährte Katzen und nicht um hungrige Streuner handelte; sonst hätten die »Fledermäuse, Schwalben und Vögel« ihre Sitzfläche nicht mit ihnen geteilt. Sie wurden in der Tat hoch verehrt und spielten eine wichtige Rolle im religiösen Leben dieses alten Volkes. Es bestand der Glaube, daß jede Katze eine bedeutende Aufgabe zu erfüllen hatte, denn wenn ein Mensch, der einen bestimmten Grad von Heiligkeit erreicht hatte, starb, diente die Katze für die Zeit ihrer Lebensdauer als Trägerin seiner Seele. Dies war der einzige Weg für die verstorbene Seele, das Paradies zu erreichen, und da niemand das Privileg besaß, diese begehrte Reinkarnation als heilige Tempelkatze ohne das ausdrückliche Einverständnis der übergeordneten Göttin zu erlangen, lassen sich die Argumente Baruchs nicht aufrechterhalten. Die Burmesen und Siamesen glauben noch heute, daß ihre schönen, heiligen Katzen die Geister der Toten beherbergen, und vor diesem Hintergrund fügen sie sie in ihr religiöses Ritual ein. Vor vielen Jahren wurde bei der Bestattung eines Mitglieds des siamesischen Königshauses eine seiner Lieblinskatzen lebendig mitbegraben. Das Dach seiner Grabstätte war mit kleinen Löchern ausgestattet, und wenn es der Katze gelang, durch eines dieser Löcher zu entkommen, wußten die Priester, daß die Seele des Prinzen in ihren Körper übergegangen war, und sie geleiteten sie mit entsprechenden Ehren in den Tempel.

Die Ahnenverehrung ist in den orientalischen Ländern noch immer eine treibende Kraft. Es war wahrscheinlich ein Akt der Verehrung des verstorbenen Monarchen, daß bei der Krönung des jungen Königs von Siam im Jahr 1926 von den Hofkämmerern eine weiße Katze bei der Prozession in den Thronsaal mitgeführt wurde. Der alte König hätte sich natürlich eine anerkannte Position bei der Krönung seines Nachfolgers gewünscht, und seine ehemaligen Höflinge waren nicht ungetreu. Zusammen mit der heiligen Katze wurde ein Mühlstein als Symbol für Festigkeit, eine Gewürzgurke für Glück und Korn für Wohlstand getragen.

Die siamesischen Tempelkatzen, besonders die goldäugige schwarzgedeckte Spielart, spielen eine wichtige Rolle bei der religiösen Zeremonie. Oft werden sie in goldene Käfige gesetzt, vor denen Weihrauch verbrannt wird, und Speisen werden ihnen zum Opfer gebracht.

Mrs. Cran, eine Expertin für Siamkatzen, hat in »Cat Gossip« beschrieben, was als das »Tempelzeichen« bezeichnet wird, obwohl sie sagt, ihre Informationen seien nur spärlich. Auf dem Rücken mancher hochgezüchteter Siamesen lassen sich zwei deutliche Markierungen finden, die als charakteristisches Erkennungsmerkmal der echten Tempelkatzen gelten. Die Priester betrachten solche Katzen als besonders heilig, doch Mrs. Cran kennt die Geschichte nicht vollständig, noch weiß sie den Namen des Gottes, der »einst eine von ihnen aufnahm und die Spur seiner Finger für immer auf ihren Nachkommen hinterließ.« Die schattenhafte Zeichnung bildet keinen Sattel, sondern vermittelt den Eindruck, als ob jemand »eine hell gefärbte Katze mit rußigen Händen ziemlich weit unten am Nacken gegriffen hätte. Man sieht sie nicht häufig.« Doch sie fügt hinzu: »Es handelt sich sicher um ein Unterscheidungsmerkmal und nicht um eine zufällige Zeichnung.«

Zum Vergleich können wir die »Legende von Tortie und White« aus einem anderen Kapitel heranziehen.

Ein weiteres Charakteristikum der Siamkatze ist der Knoten in ihrem Schwanz, den sie zweihundert Jahre getragen haben soll. Er ist auch das Thema einer siamesischen Fabel, die niemand in vollem Umfang erzählen zu können scheint, deren Wesentliches aber darin besteht, daß der Siamkatze ein Knoten in den Schwanz gebunden wurde, um sie an etwas zu erinnern, das sie nicht behalten hatte, obwohl nicht erwähnt wird, wer den Knoten gemacht hat; vermutlich eine Gottheit.

Zweihundert Jahre lang gab es Siamkatzen ausschließlich in dem Teil der Königsstadt Bangkok, in dem der Monarch mit seinem Hof residierte. Doch obwohl wir diese Spielart so weit zurückverfolgen können, bleibt ihr Ursprung verborgen. Der ehrenwerte Russell Gordon, der eine Studie auf diesem Gebiet machte, vertritt die Ansicht, es handle sich um eine

Kreuzung zwischen der heiligen Burmakatze und den Annamkatzen, die in das religiös versiegelte und behütete burmesische und kambodschanische Reich der Khmer eingeführt wurden, als dieses den Angriffen der Siamesen und Annamiten im siebzehnten Jahrhundert unterlag.

Um 1885 brachte die Frau eines britischen Konsuls zwei dieser Exemplare nach Europa, worauf in England eine unmittelbare Nachfrage nach diesen Tieren entstand.

Die heilige Katze von Burma ist weit mehr von Dunkelheit umgeben, als ihr vermutlicher Abkömmling, die Siamkatze, und wir sind Russell Gordon für den einzigen authentischen Bericht über diese Spezies, der unsere Küsten erreicht hat, zu Dank verpflichtet. Er erhielt seine Information während des Burmakriegs von 1885, als er als Offizier in der englischen Besatzungsarmee in Burma diente. Seine Position ermöglichte es ihm, einige ›kittahs‹ – oder Priester –, deren Leben in Gefahr war, zu schützen, und dafür verliehen sie ihm das beispiellose Privileg des Zugangs zu ihren geheimen und heiligen Stätten. Durch seinen Bericht erfahren wir, daß die indischen Brahmanen erbitterte Gegner des Volkes der Khmer und ihrer geliebten Kittahs waren. Von Beginn des 18. Jahrhunderts an hatten sie diese Priester gnadenlos verfolgt und dahingemetzelt, die, um dem Eifer der Verfolger zu entkommen, in den Norden Burmas flohen, wo die Berge ihnen Schutz vor Nachstellungen boten. Dort, inmitten von chaotischen Labyrinthen und schwindelerregenden Abgründen, gründeten die unbezähmbaren Kittahs den prächtigen unterirdischen Tempel Lao-Tsun (Wohnsitz der Götter), und sie vollzogen dort die geheimen Riten, zu denen ausschließlich die höheren Kasten ihres Volkes zugelassen waren.

Gordon beschreibt den Tempel von Lao-Tsun als »eins der größten Wunder des Orients – östlich des Sees Incaougji gelegen, zwischen Magaoung und Sembo, in einem fast verlassenen Gebiet mit riesigen Gipfeln und chaotischen Labyrinthen, bietet es eine Barriere aus unüberwindlichen Mauern. 1898 lebten hier noch die letzten Kittahs (Priester), und aus einer höchst außergewöhnlichen Gunstbezeigung heraus durfte ich sie und ihre heiligen Tiere ansehen und beobachten. Nach der Rebellion und der englischen Besetzung mußten wir am Stützpunkt Bhamo (einem besonders abgeschiedenen, von Mandalay weit entfernten Stützpunkt) die Kittahs vor Angriffen der Brahmanen schützen, und wir bewahrten sie vor einem sicheren Blutbad und vor Plünderung. Ihr Lama-Kittah empfing mich und machte mir eine Agraffe zum Geschenk, die die heilige Katze zu Füßen einer bizarren Gottheit darstellt, deren Augen von zwei langen Saphiren gebildet werden (Exemplar Nr. 4108 meiner Sammlung in Mildenhall), und nachdem er mir die heiligen Katzen gezeigt hatte, ungefähr hundert an der Zahl, erklärte er mir ihren Ursprung.« Dies tat er, indem er die folgende schöne Legende erzählte:

»Als die barbarischen siamesischen Thais mit dem böswilligen Mond zu den Bergen der Sonne kamen, lebte Mun-Ha im Tempel von Lao-Tsun. Mun-Ha, der Kostbarste unter den Kostbaren, dem der Gott Song-Hio den goldenen Bart gewebt hatte. Dieser ehrwürdige Priester hatte stets in tiefer Betrachtung von Tsun-Kyanksé gelebt, der saphiräugigen Göttin, die die Umwandlung der Seelen, die erhalten sollten, was ihnen gebührte, beaufsichtigte und deren prüfendem Blick niemand entgehen konnte. Mun-Ha hatte ein Orakel, das seine Entscheidungen diktierte, und das war seine Katze Sinh, die von den Kittahs inbrünstig verehrt wurde.

Neben seinem Herrn sitzend, lebte Sinh der Kontemplation der Göttin. Welch ein schönes Tier! Seine Augen waren gelb wie Gold von dem Widerschein des metallischen Bartes von Mun-Ha, gelb wie der Bernsteinkörper der saphiräugigen Göttin.

Eines Nachts, bei Mondaufgang, näherten sich die Thais

drohend dem heiligen Tempel. Da starb Mun-Ha, das Schicksal anrufend, niedergebeugt durch die Jahre und die Pein. Er starb in Anwesenheit seiner Göttin; dicht neben ihm war seine göttliche Katze, und die Kittahs beklagten ihren grausamen Verlust. Doch plötzlich vollzog sich das Wunder der unmittelbaren Umwandlung. Sinh sprang hinauf zu dem heiligen Thron. Vom Haupt seines getroffenen Herrn getragen, sah er der Göttin in die Augen. Und das Fell entlang des Rückgrats erbleichte zu einer goldenen Färbung. Seine Augen, golden wie das Gold des Bartes, den der Gott Song-Hio gewebt hatte – seine Augen wurden blau – unergründlich, abgrundtief, saphiren – wie die Augen der Göttin. Seine vier Pfoten, braun wie die Erde, seine vier Pfoten, die Fühlung nahmen mit dem ehrwürdigen Schädel, wurden weiß bis zu den Krallen, bis zu den Zehenspitzen, gereinigt durch die Berührung des mächtigen Toten.

Sinh wendete sich zum Südtor, und die Kittahs gehorchten seinem gebieterischen, von einer unüberwindlichen Macht besessenen Blick, der einen dringenden Befehl zu erteilen schien. Daraufhin verschlossen sie die bronzenen Tore des heiligen Tempels vor ihrem angestammten Feind und schlugen die gottlosen Angreifer vernichtend, indem sie ihre unterirdischen Gänge benutzten.

Sinh verweigerte jegliche Nahrung und verweilte auf seinem Thron. Er blieb aufrecht stehen und blickte die Göttin an – wie ein Mysterienpriester – seinen unverwandten Blick auf ihre Saphiraugen heftend, teilhabend an ihrer Glut und an ihrer Lieblichkeit.

Sieben Tage nach dem Tod des Mun-Ha starb er, aufrecht auf seinen geläuterten weißen Füßen stehend und mit geöffneten Augen. So wurde die Seele Mun-Has, für die Erde zu vollkommen, fortgetragen zu Tsun-Kyanksé. Doch zum letzten Mal wendete sich sein Blick langsam zum Südtor.

Sieben Tage nach dem Tod Sinhs versammelten sich die

Kittahs vor Tsun-Kyanksé, um den Nachfolger Mun-Has zu wählen. Da kamen – Oh Wunder! – die hundert Tempelkatzen in einer langsamen Prozession heran. Ihre Füße waren weiß geworden, ihre schneeiges Fell strahlte in goldenem Glanz und die Topase ihrer Augen hatten sich in Saphire verwandelt.

Die Kittahs fielen in andächtiger Furcht nieder und warteten. Wußten sie nicht, daß die Seelen ihrer Meister in den harmonischen Körpern der heiligen Tiere wohnten? Und diese umringten feierlich und ernst Legoa – den jüngsten unter den Priestern – und offenbarten so den Willen des Himmels. Wenn im Tempel von Lao-Tsun eine heilige Katze stirbt, kehrt die Seele eines Kittah für immer heim in das geheimnisvolle Paradies von Song-Hio, dem goldenen Gott. Unglücklich sind diejenigen, die das Ende dieser ungeheuren und ehrwürdigen Katzen, auch unabsichtlich, beschleunigen: Die schrecklichsten Qualen erwarten sie, damit die gepeinigte Seele Linderung erhält.« (Marcelle Adam.)

Gordon, der diese Legende nicht erzählt, sagt in seinen Bemerkungen, aus denen ich zitiert habe, folgendes darüber: »Die Legende ist schön, doch wissenschaftlich erklärt sie nichts… Man kann sicher spüren, daß die Burmakatze eine sehr alte Rasse ist, doch bin ich der Meinung, daß es unmöglich sein wird, jemals einen urkundlichen Beweis über eine Rasse zu erhalten, die so selten ist, daß kein Züchter oder Autor in beiden Kontinenten, mit denen ich innerhalb der letzten dreißig Jahre korrespondiert habe, mehr als eine Skizze von ihr besitzt und daß deren Kenntnisse über sie ausschließlich auf den Schriften August Pavies und meiner selbst beruhen.«

Gordon beschreibt die Farbgebung der Burmakatze als der der Siamkatze ähnlich, doch er sagt, ihre Pfoten seien alle vier weiß, ihr Fell lang und ihren prächtigen buschigen Schwanz trage sie normalerweise in Eichhörnchenmanier über dem Rücken. Ihre Augen seien von intensivem Blau, voll Tiefe und Melancholie – sanft in der Ruhe, aber wild und glühend im Zorn.

Ein interessanter Eindruck von heiligen Katzen bei einem religiösen Ritual läßt sich aus Lanes ausführlichem Bericht über die zur moslemischen Religion gehörende Kis'weh-Prozession oder Verhüllung der Ka'abeh gewinnen, wie er sie am 15. Februar 1834 miterlebte. Bei diesem Festzug »kamen einige große Kamele daher, die ein wenig mit der roten Hennafarbe bemalt waren und hohe, verzierte Sättel trugen – auf jedem saßen ein oder zwei Jungen und Mädchen; auf manchen befanden sich Katzen. Sie wurden gefolgt von einer Kompanie von Baltagee'yeh (oder Pionieren), einer hervorragenden Militärtruppe, und der Wache des Basha,« usw. Welche Bedeutung hatten die Katzen in dieser Prozession? Ohne tatsächliche Kenntnis sind Vermutungen gewagt, aber offensichtlich waren die Katzen heilige Tiere.

In »Cat Gossip« beschreibt Dr. Lilian Veley die heilige japanische Katze, und Mr. Brooke hat mir freundlicherweise die photographischen Platten überlassen, die ihren Artikel illustrieren. Sie sagt:

»Soweit ich weiß, ist keine andere ›heilige‹ Katze, als die, die ich 1910 photographiert habe, jemals außerhalb Japans gebracht worden. Man hat mir gesagt, daß jede Katze in Japan, die mit einer bestimmten Zeichnung geboren wird, als heilig gilt – zumindest bei einigen Sekten oder einem Teil der Bevölkerung – sie soll die Seele eines Vorfahren in sich tragen und wird in einen Tempel gebracht. Von solch einer Katze würde man sich niemals trennen; diese eine, so erfuhr ich, wurde von einem chinesischen Diener gestohlen und an Bord eines Schiffes geschafft. Dort wurde sie das Eigentum eines englischen Offiziers, der sie an ihren Tempel zurückgeben wollte, es aber wegen der durch den Diebstahl entstandenen Erregung nicht wagte. Sie wurde nach England gebracht und gelangte schließlich in den Besitz einer Familie in Putney, die ihre Tradition achtete und bei der sie ein glückliches Dasein genoß, was ihr ein würdiges Alter bescherte. Sie starb 1911, kurz nachdem ich sie photographiert hatte. Die Katze war schwarz und weiß gefärbt; der schwarze Flecken auf ihrem Rücken ist das ›heilige‹ Zeichen, das einer Frau im Kimono gleichen soll. Ihr Schwanz war kurz, schwarz, sehr breit und von beinahe dreieckiger Form. Sie war fast unheimlich menschlich in ihrer Art und lebte ausschließlich von rohem Fleisch, jegliche andere Nahrung verweigerte sie. Ich war dankbar für die mir gebotene Gelegenheit, sie zu photographieren und zeigte die Photos niemandem, einen Abzug gab ich jedoch ihren Besitzern, die mich über ihren Tod unterrichteten. Ich habe Verständnis dafür, daß diese Katze, ein weibliches Tier, alle Kater zurückwies und niemals Junge hatte.«

Mr. Brooke erinnert uns in seinem Kommentar zu dem Obigen, daß »ein ähnlicher Fall von bestimmten Zeichnungen, die bei einer gewöhnlichen Spezies auftreten und zumindest von einigen Sekten für Heiligkeit verleihend gehalten werden – obwohl sehr wahrscheinlich an erster Stelle durch reine Pfaffenlist – bei dem heiligen Apisstier des alten Ägyptens zu finden ist. Auch hier waren die Farben schwarz und weiß; allerdings weiß auf schwarzem Grund... In Memphis verehrte man in ihm den reinkarnierten Gott Ptah; er wurde von den Tempelpriestern in großem Pomp gehalten, und das ganze Land trauerte bei seinem Tod.«

Das wunderbare, veränderliche, leuchtende Auge der Katze ist die Ursache für einen großen Teil der Verehrung, die man ihr entgegenbrachte.

Der alte griechische Historiker Horapoll, der eine Ähnlichkeit zwischen dem Auge der Katze und der Sonne sah, erzählt uns, »daß die Katze im Sonnentempel von Heliopolis angebetet wurde, weil die Pupille dieses Tiers in ihren

Maßen der Höhe der Sonne über dem Horizont folgt und in dieser Hinsicht dem wundervollen Stern gleicht.«

Doch wir haben uns in anderen Kapiteln in einiger Länge über den Rang der Katze als Sonnensymbol verbreitet, so daß wir diesen Aspekt hier nicht noch einmal aufgreifen wollen, obwohl er vielleicht einen noch stärkeren Faktor in der Verehrung der Tempelkatze darstellt, als der, den wir untersucht haben.

KAPITEL XIX

BESEELTE KATZENBILDER

WANN IMMER EIN ÄGYPTISCHER TEMPEL der Sonne geweiht war, hatte ein Standbild oder Symbol einer Katze einen herausragenden Platz darin, und alte sowie moderne Legenden stimmen darin überein, solchen Bildnissen oder auch den Gemälden von dem heiligen Tier seltsame Potentialitäten zuzuschreiben. Diese Kräfte werden bisweilen mit der Vorstellung von einem der Gestalt innewohnenden Geist oder durch die Theorie der sympathetischen Magie erklärt. In diesem Kapitel habe ich zwei oder drei Beispiele solcher Geschichten zusammengetragen und überlasse dem Leser die Auslegung darüber selbst.

Die erste dieser unheimlichen Erzählungen stammt von dem Korrespondenten des »The Sunday Express« in Kairo und wurde am 24. August 1919 mit der Überschrift »Die Tempelkatze von Karnak« veröffentlicht. »Der Held dieser Geschichte war ein australischer Soldat namens William Netley, der 1915 von den Dardanellen als dienstunfähig nach Ägypten entlassen worden war, und ein hübsches griechisches Mädchen mit einem unaussprechbaren Namen war die Heldin.

Die Geschichte beginnt, als Netley, ein Invalide in einem Hospital in Alexandria, eines Tages die Erlaubnis zu einer Ausfahrt erhielt. Um sie zu nutzen, mietete er ein ›arabiyeh‹ und fuhr in der Stadt umher. Als er durch eine der armseligeren Straßen kam, erblickte er ein schönes griechisches Mädchen und verliebte sich auf der Stelle in sie. Er bat den Fahrer anzuhalten, doch der Araber konnte oder wollte nicht verstehen und fuhr weiter. Als die Fahrt beendet war, ging Netley zurück, um das Mädchen zu suchen, doch er konnte keine Spur von ihm entdecken. Danach wurde er als dienstunfähig aus der Armee entlassen, und er kehrte in seine Heimat Australien zurück. Doch der Gedanke an das griechische Mädchen verfolgte ihn, und er konnte es nicht vergessen. Er kehrte nach Ägypten zurück, um sie systematisch zu suchen, doch seine Bemühungen blieben wieder ohne Erfolg. Er beschloß, Assuan und Luxor zu besichtigen und anschließend seine Nachforschungen einzustellen und nach Hause zu fahren.

Während er in Luxor dem Tempel von Karnak ehrerbietig huldigte und seine Besichtigungen durchführte, wurde er anscheinend von den Überresten der mächtigen Vergangenheit verzaubert. Er kehrte nicht nach Kairo zurück, sondern verlängerte seinen Aufenthalt und verbrachte den größten Teil seiner Zeit zwischen den zerbrochenen Säulen aus heiligem Stein. Auf dem Sarkophag einer Mumie befand sich das Bildnis einer Katze, und während er es aufmerksam betrachtete, schien es ihm, als ob die eingemeißelte Figur zum Leben erwachte. Die Augen hielten ihn fest und die Figur wurde lebensecht. Dann berührte etwas sein Bein, und er war erstaunt, zu seinen Füßen die Katze des Steinbildnisses zu erblicken. Sie gab keinen Laut von sich, doch ihr unheimlicher Anblick entnervte den Helden der Dardanellenschlacht. Um die Geschichte abzukürzen – ihre Einzelheiten würden die Gutgläubigkeit meiner Leser wohl stark überbeanspruchen – die Katze lief langsam davon, und der Soldat folgte ihr in die ärmliche Straße auf der Rückseite des Tempels. Das Tier hielt vor einer kleinen Pension inne, und als es bemerkte, daß der Australier ihm folgte, schoß es hinein. Der Soldat, dessen Neugier inzwischen so groß geworden war, daß er seine Ängstlichkeit vergessen hatte, ging ihm nach und stand dort Auge in Auge dem griechischen Mädchen gegenüber, das er so lange gesucht hatte.«

Der Geist, der das Bild der Katze in der obigen bemerkenswerten Geschichte zum Leben erweckte, war ein wohltätiger, doch in der Regel bringen solche Geister Haß und Vernichtung.

Von einem außergewöhnlichen Fall offensichtlicher Bessenheit einer mumifizierten Katze von einem aktiven und böswilligen Geist berichtet Arthur Weigall. Seine Erzählung ist so lebendig, daß ich Bedenken habe, sie zu verderben, wenn ich sie in meinen eigenen Worten gekürzt wiedergebe. Daher hoffe ich, daß er meine Freiheit verzeiht, die Geschichte unverändert zu zitieren:

»Im Jahr 1909 entdeckte Lord Carnarvon, der damalige Leiter einer Ausgrabung in der Totenstadt der Pharaonen Thebens, eine hohle, hölzerne Figur in Form einer großen schwarzen Katze, die wir anhand anderer Exemplare des Museums in Kairo als die Hülle einer wirklichen einbalsamierten Katze erkannten. Die Figur erinnerte mehr an einen kleinen Tiger, als sie im Sonnenlicht am Rand der Grube saß, in der sie entdeckt worden war, und uns mit ihren gemalten gelben Augen anstarrte und ihre gelben Schnurrhaare sträubte. Ihr ganzer Körper war mit einem dicken Überzug aus glattem, glänzendem Pech bedeckt, und wir konnten zunächst die Nahtlinie nicht finden, an der die Hülle verschlossen worden war, nachdem sie die sterblichen Überreste des heiligen Tiers aufgenommen hatte; doch wir wußten aus Erfahrung, daß die Fuge um den ganzen Körper der Figur verlief – von der Nase über den Kopf, den Rücken hinunter und über die Brust wieder hinauf – so daß beide Teile beim Öffnen in zwei gleiche Hälften auseinanderfallen würden.

Man brachte die dunkle Figur zum Nil, und dann in mein Haus auf der anderen Seite des Ufers, wo sie durch ein Versehen meines ägyptischen Dieners in meinem ›Schlafzimmer‹ abgestellt wurde. Als ich mitten in der Nacht nach Hause kam, fand ich sie dort mitten auf dem Boden direkt auf meinem Weg von der Tür zu den Zündhölzern sitzend, und ich war gezwungen, einen Moment neben ihr zu sitzen, während ich mir die Schienbeine und den Kopf rieb.

Ich läutete, und als ich keine Antwort erhielt, ging ich in die Küche, wo sich die Diener aufgeregt um den Butler versammelt hatten, der von einem Skorpion gestochen worden war und sich in den Wehen dieses kurzen, aber heftigen Schmerzes befand. Er fiel bald in ein Delirium und glaubte von einer großen grauen Katze verfolgt zu werden, eine Phantasie, die mich nicht überraschte, da er vor kurzem noch dabei geholfen hatte, die Figur an ihren schlecht gewählten Ruheplatz in meinem Schlafzimmer zu tragen.

Endlich ging ich zu Bett, doch das Mondlicht, das nun durch die geöffnete Verandatür in den Raum eindrang, fiel auf die schwarze Katzenfigur; und so lag ich für eine Weile wach und beobachtete die seltsam unheimliche Kreatur, die auf die Wand hinter mir starrte. Ich schätzte ihr Alter auf weit über dreitausend Jahre, und ich versuchte mir die sonderbaren Menschen auszumalen, die in jenen fernen Zeiten diesen seltsamen Sarg für eine Katze gefertigt hatten, die ihnen halb Streicheltier und halb Hausgott gewesen war. Draußen wiegte sich der Zweig eines Baumes in der nächtlichen Brise, und sein Schatten tanzte auf dem Gesicht der Katze hin und her, wodurch sich gleichsam die gelben Augen öffneten und schlossen und das Maul zu grinsen begann. Einmal, als ich gerade dabei war einzuschlafen, hätte ich schwören können, daß sie ihren Kopf gedreht und mich angesehen hat; und dabei konnte ich den finsteren Ausdruck zorniger Katzen, der sich auf ihrem schwarzen Gesicht ausbreitete, erkennen. In der Ferne hörte ich das jämmerliche Wehklagen des unseligen Butlers, der die anderen anflehte, die Katze von ihm fernzuhalten, und es schien mir, als flackerte ein Glitzern in den Augen der Figur auf, als die schwachen Schreie durch den Korridor hallten.

Schließlich schlief ich ein, und ungefähr eine Stunde war alles ruhig. Dann tönte plötzlich ein Knall wie von einer Pistole durch den Raum. Ich fuhr auf und gleichzeitig sprang eine große graue Katze entweder von meinem Bett herunter oder hinauf, setzte über meine Knie, grub ihre Klauen in meine Hand und stürzte durch das Fenster in den Garten. Im selben Augenblick erblickte ich im Schein des Mondes, daß die beiden Teile der hölzernen Figur auseinandergefallen waren und sich auf dem Boden zum Stillstand schaukelten, wie zwei große, leere Muschelschalen. Dazwischen saß die mumifizierte Gestalt einer Katze; die Bänder, die sie umhüllten, waren am Hals aufgerissen, als ob sie nach außen geborsten wären.

Ich sprang aus dem Bett und untersuchte geschwind die geteilte Hülle; und es schien mir, daß die Luftfeuchtigkeit hier am Ufer des Nils das Holz ausgedehnt hatte, das so lange in der trockenen Wüste gelagert hatte und das mit dem lauten Geräusch verbundene Auseinanderbrechen der beiden Hälften, das ich gehört hatte, verursacht hatte. Dann ging ich ans Fenster blickte auf den mondhellen Garten; und dort sah ich mitten auf dem Weg nicht die graue Katze, die mich gekratzt hatte, sondern meine eigene getigerte Hauskatze mit gekrümmtem Buckel und gesträubtem Fell in die Büsche starren, als wenn sie darin zehn Katzenteufel gesehen hätte.

Ich möchte dem Leser die Entscheidung überlassen, ob die graue Katze der böse Geist war, der sich, nachdem er das Anschlagen meiner Schienbeine und den Skorpionstich meines Butlers verursacht hatte, seinen Weg durch die Bandagen und das Holz gebahnt hatte und in die Dunkelheit geflüchtet war; oder ob die zerrissenen Bänder der Mumie das natürliche, zerstörerische Werk der Zeit darstellten, und die graue Katze ein nächtlicher Wanderer war, der sich in mein Zimmer verirrt hatte und durch das leicht zu erklärende Auseinanderbrechen der beiden Teile der alten ägyptischen Figur erschreckt worden war. Zufall ist ein Faktor im Leben, der nicht immer genügend berücksichtigt wird; und die Ereignisse, die ich geschildert habe, lassen sich auf vollkommen natürliche Weise erklären, wenn man dazu geneigt ist.«

Mit diesem tröstlichen Gedanken wollen wir zu unserem nächsten Fall übergehen. Theobald Kerner (1817–1907) von Wernsberg, »ein in Deutschland recht angesehener Schriftsteller,« ist für die folgende merkwürdige Geschichte verantwortlich, die auf den Herausgeberseiten der »Occult Review« erschien. Wieder muß ich mich für die Freiheit entschuldigen, den Bericht ›in extenso‹ zu zitieren.

Herr Kerner schreibt:

»Eines Tages schickte Graf Alexander von Württemberg meinem Vater ein Bild in einem gewöhnlichen schwarzen Rahmen. Es war das lebensgroße Bildnis einer Wildkatze, mit schwarzer Kreide auf bläulichem Papier gezeichnet, und derselbe bläuliche Farbton wiederholte sich in den Augen der Katze, während das Tier selbst eine dunkle Farbe hatte. Die beachtlichste Eigenschaft dieses Bildes war, daß, je länger man das Bild betrachtete, die Katze mehr und mehr lebendig erschien. Die Augen bekamen dann einen boshaften, schaurigen Ausdruck, der ein unbehagliches Gefühl hervorrief. Auch jetzt, nachdem Jahre vergangen sind, kann ich diesen Blick nicht vergessen. Dem Bild war folgender Brief beigelegt:

›Mein lieber Justin!

Ich sende Dir dieses Bild, denn es ist so gut gezeichnet, daß ich es nicht verbrennen möchte; nichtsdestoweniger kann ich es nicht länger behalten, denn es würde mich in den Wahnsinn treiben. Ich sah es einst in dem Zimmer eines meiner Waldarbeiter an der Wand hängen. Dem Mann schien es gutzugehen und er war glücklich verheiratet, doch vor zwei Monaten erschoß er sich ohne erkennbaren Grund. Ich kaufte der Witwe das Bild ab und hängte es in meinem Zimmer auf; doch ich kann die Augen dieser Katze nicht länger ertragen; sie ziehen fortwährend meine Aufmerksamkeit an und machen mich so melancholisch, daß ich das Gefühl habe, ich müßte in der gleichen Weise enden, wie der Waldarbeiter, wenn ich das Bild nicht weggeben würde. Deshalb sende ich es Dir, denn Du bist als Herr über die Geister bekannt; Dir wird dieser böse Fluch nicht schaden.‹

Bald darauf starb Graf Alexander. Das Bild hing nun in unserem Zimmer, und mein Vater hatte eine Abneigung dagegen, aber weil es das letzte Geschenk seines Freundes war, wollte er sich nicht davon trennen. Doch eines Tages gab er es mir und wünschte, daß ich es entferne. Er sagte, er könne es nicht länger ertragen, es um sich zu haben.

Fast ein Jahr hing das Bild in meinem Zimmer, und ich schenkte ihm keine Aufmerksamkeit. Eines Nachts, im Winter, ich schrieb gerade einen Brief, schien es mir plötzlich, als wäre ich *nicht allein in meinem Zimmer,* als wenn etwas Seltsames um mich herumschleichen würde. Ich sah auf und erblickte die Augen der Katze. Da wußte ich augenblicklich, daß es zwischen uns keinen Frieden mehr geben würde. Diese Augen schienen mich zu verfolgen. Ich haßte sie, und das schlimmste war, ich fühlte, daß sie stärker waren als ich. Die Augen dieser Katze schienen meine Nerven auszusaugen und meine Gedanken zu verschlucken. Ich wollte es nicht weggeben, aber schließlich fand ich eine Ausrede, es doch zu tun. Ich kannte einen Herrn, der den Sport und die Jagd liebte und der gerade dabei war, sein neues Haus einzurichten. Ihm gab ich das Bild. Er freute sich sehr darüber und hängte es in der Diele auf. Sechs Monate später *beging er Selbstmord;* er war ohne erkennbaren Grund schwermütig geworden.

Ein Verwandter dieses Herrn nahm die Katze mit. Einige Monate vergingen, als er *tot in seinem Bett aufgefunden wurde.* Es konnte nicht festgestellt werden, ob er ermordet wurde oder Selbstmord begangen hat. Es ist mir nicht bekannt, was danach mit der Katze geschah.«

Dr. Franz Hartmann, der den obigen Bericht an Mr. Ralph Shirley schickte, vertrat die Ansicht, »daß es nicht das Bild selbst war, das einen solchen schädlichen Einfluß auf seinen Besitzer ausübte, sondern daß es mit einer lebendigen Kraft verknüpft war, die wir als ›elementaren‹ oder ›gedanklichen‹ oder ›magischen Zauber‹ bezeichnen können.« Er fügte hinzu: »Solche Dinge werden unseren Physikern natürlich unbegreiflich bleiben, solange sie unfähig sind, die jedem Okkultisten bekannte Tatsache zu erkennen, daß die ›astrale und mentale Ebene eigene Welten sind, die für unsere physischen Augen unsichtbar, doch nichtsdestoweniger real und substantiell sind und ihnen eigene Bewohner mit den Fähigkeiten des Willens, des Denkens und des Handelns haben, sei es durch Instinkt oder Intellekt‹.«

Für jene, die sich übernatürlicher Einflüsse nicht bewußt sind, ist das Ausmaß, in dem Bewohner unsichtbarer Welten auf sie einwirken, schwer zu erkennen. Seher versichern uns, daß wir niemals wirklich allein sind, und die unsichtbaren Wesen, die uns umgeben, sind nicht immer nur passive Zeugen unserer Handlungen, sondern spielen manchmal eine sehr wichtige Rolle in unserem Leben.

Das gemeinsame Hauptmerkmal der in diesem Kapitel dargestellten Fälle liegt darin, daß der Geist, von dem die jeweilige Geschichte handelt, seinen Wohnsitz jedesmal in dem Abbild einer Katze genommen hat.

KAPITEL XX

DIE KATZE IN DER TOTENSTADT

IN DIESEM KAPITEL wollen wir der heiligen und symbolischen
Katze bei ihrem Abstieg ins Grab folgen. Denn der Sonnengott, den die Katze versinnbildlichte, war nicht nur
Quelle des Lebens und des Lichts. Als Kephera sank er jede
Nacht hinab in das geheimnisvolle Grab unterhalb der Welt,
allem Anschein nach tot und begraben. In diesem Aspekt
war er, personifiziert in Ptah oder Osiris, Gott der Toten und
Reich der Dunkelheit und Nacht. Die Katze, die in der Dunkelheit wandelt, war auch seine angemessene Glyphe.

Interessant ist das Hauptbild auf einem Papyrus im Britischen Museum (Salt, 825), denn es beweist die Wichtigkeit,
die der Katzensymbolik bei der Darstellung des Menschen-
lebens über das Grab hinaus beigemessen wurde. Sharpe beschreibt es mit folgenden Worten: »Osiris steht vor der hinter ihm sitzenden löwenköpfigen Göttin Mut. Vor ihm sind
Pascht, als Löwe mit den Hörnern eines Widders, Isis, ein
katzenköpfiger Mann, vier Nattern und eine Sphinx. Nep-
thys steht dahinter. Darüber hinaus ist die Mumie des Verstorbenen zu sehen... Außerdem gibt es einen katzenköpfigen Mann bei der Anbetung.«

Von den katzenköpfigen Menschen kann man annehmen,
daß sie sich in Frömmigkeit mit einer der Katzengottheiten
identifiziert haben, oder zumindest, daß sie eine Katzenmaske
aufgesetzt haben, um das für diesen Zweck vorgeschriebene
Ritual zu vollziehen und dadurch die Präsenz der Götter zu
erwirken.

Unter den schönsten der vielen Kunstwerke, die im Grab
Tut-ench-amuns gefunden wurden, befindet sich eine Gold-

statuette des jungen Herrschers, der auf einer schwarzen Katze in die Unterwelt reitet. Der König steht aufrecht auf einer Säulenplatte, die auf den Schultern und Hüften des Katzenrosses ruht, und in seiner Hand hält er eine Geißel. Das Tier gleicht in seiner Gestalt einem Leoparden, doch es bestehen Zweifel, ob der Künstler diese Spezies darstellen wollte, da schwarze Leoparden einer asiatischen Spielart angehören, die in Afrika nicht vorkommt. Jedenfalls ist die Statuette ein weiteres Beispiel für die Bedeutung, die das Katzengeschlecht in der religiösen Vorstellung der Ägypter über das Grab hinaus einnimmt.

Eins der ältesten Katzenbildnisse ist in der Nekropolis Thebens zu sehen, wo sich die Grabstätte des Hana befindet, der der XI. Dynastie zugerechnet wird. Dort ist der Herrscher in stolzer Haltung stehend dargestellt, mit seiner Lieblingskatze Borehaki zu den Füßen. Der Sarg mit einer der von Amenophis III. geweihten heiligen Katzen ist in Kairo noch erhalten.

Der bekannte Ägyptologe Borckhardt sagt in der Beschreibung eines gemeißelten steinernen Mumienbehältnisses: »Dieser kleine Sarkophag ist in seiner Form eine verkleinerte Kopie derjenigen, die in der XVIII. Dynastie Thebens für die Toten verwendet wurden... Die Längsseiten zeigen die kleine Katze aufrecht sitzend, den Schwanz in der für sitzende Katzen typischen Haltung zwischen die Beine gezogen. Auf einem Tisch vor ihr sind reichliche Opfergaben, die, durch magische Kräfte ständig erneuert, dem kleinen Feinschmecker frisches Futter für die Ewigkeit sicherstellen. Der Sarkophag trägt das Siegel eines Tutmosis-Fürsten und datiert wahrscheinlich aus der glänzenden XVIII. Dynastie des Amenothes und Tutmosis, der Blütezeit Thebens zwischen 1580 und 1320 v. Chr.«

Die frommen Ägypter mumifizierten unzählige Katzen. Neuere Untersuchungen in Bubastis ergaben, daß dort tausende von Katzenleichnamen begraben wurden. In Beni Hassan fand ein ägyptischer Fellache, der in den Grotten zufällig einen Katzenfriedhof entdeckte, hunderttausende von Mumien in Reihen auf Regalen angeordnet.

Behältnis einer Katzenmumie aus Memphis

Als die Entdeckung der Leichname öffentlich bekannt wurde, kamen die Bewohner der umliegenden Dörfer in Heerscharen herbei und stahlen, verbrannten oder vergruben zahllose der Mumien, während levantinische Antiquitätenhändler eine weit größere Anzahl in ihren Besitz brachten, um sie an Touristen zu verkaufen. Doch der Vorrat übertraf noch immer bei weitem die Nachfrage und schien beinahe unerschöpflich.

Schließlich sah ein utilitaristischer Spekulant aus Alexandria einen Weg, die Leichen zu Geld zu machen und bot sie als Dünger an. Er verschiffte die verbleibenden Leichname tonnenweise nach England. Eine Ladung von 180.000 Katzenmumien wurde im März 1890 in Liverpool gelöscht und versteigert. Der phantasielose Verkäufer benutzte wahrhaftig einen der Leichname als Hammer und schlug die ungewöhnliche Ware zu einem Preis von £3 13s. 9d. (ca. 90 DM nach damaligem Kurs) je Tonne los, weniger, als ein einziges Exemplar einer Katzenmumie heute erbringen würde.

Das Schicksal hat sicher selten einen merkwürdigeren Streich gespielt, als diese einst heiligen Objekte ehrfurchtsvoller Sorgfalt und Fertigkeit einem solch unrühmlichen Ende zuzuführen!

Ein Besuch im Britischen Museum zeugt von dem bedeutenden Rang, den die Katze in den Tagen ägyptischer Glanzzeit eingenommen hat. Katzenmumien in außergewöhnlicher Vielfalt sind dort zu finden. Einige sind so mit Leinenbandagen umwickelt, daß ein zweifarbiges Muster entsteht, und bemalte Leinenstücke sind so aufgenäht, daß sie Augen und Nasenlöcher darstellen, während Mittelrippen von Palmblättern die Ohren imitieren. Andere sind in Mumienbehältern aus Holz, Bronze oder Ton bestattet, die in Katzenform oder als Vase oder Sarg gefertigt sind. Einige dieser Behälter sind mit Augen aus in Gold eingelegten Kristallen ausgestattet, die Pupillen bestehen aus schwarzem Obsidian. Es gibt auch bronzene Katzenstandbilder in unterschiedlichen Größen, von denen einige mit eingraviertem Halsband und Skarabäus, andere mit Halsband und in Gold eingelegten Augen verziert sind; Katzenfiguren aus den verschiedensten Steinen, aus Kristall, blauem Marmor, Keramik und Porzellan, wun-

derschöne Gruppen von Katzen mit ihren Jungen, Katzen-
amulette unterschiedlicher Größe, die von ihren Besitzern zu
Lebzeiten um den Hals getragen wurden, goldene Fingerringe
mit eingravierter Katze, sogar ein hölzernes Kinderspielzeug,
eine Katze mit beweglichem Unterkie-
fer, kann man dort betrachten. Manche
dieser Bildnisse waren für die Aufstel-
lung im Tempel bestimmt, andere wurden als Grabbeigaben mitbestattet.

In den Ortschaften und Städten des
alten Ägyptens, in denen die Gottheiten, denen bestimmte Tiere geheiligt
waren, eine besondere Position im Heiligtum innehatten, war eine Über-
führungszeremonie der toten Tierkör-
per in die speziell diesem Gott geweihte
Stadt überflüssig. Deshalb wurden die
Überreste von Katzen einbalsamiert
und in Theben, Speos Artemidos und
anderen Städten, bestattet, wo die Ba-
stetriten ordnungsgemäß eingehalten
wurden.

Herodot berichtet, daß diejenigen
Katzen, die in der Umgebung von Bubastis starben, in einem nur ihnen geweihten Bereich dieses Ortes zur Ruhe
gebettet wurden. Andere wurden jedoch an den für diesen Zweck bereitgehaltenen, geweihten Plätzen nahe der
Stadt, in der sie gelebt hatten, nieder-

*Figur mit Katzen- oder
Löwenkopf, Malerei auf
dem Sarg eines Priesters
des Amen-Ra in Theben*

gelegt. Und wenn manche Ägypter ihre heiligen Hausgenossen so sehr liebten und verehrten, daß sie ihre Körper über
weite Entfernungen in die Totenstadt von Bubastis sandten,
so geschah das aus demselben Grund, der einen eifrigen An-

hänger des Osiris auf seinem Totenbett danach verlangen ließ, seinen Leichnam von seiner Heimatstadt in die Stadt Abydos überführen zu lassen.

Plutarch begründet dies mit der vermeintlichen Vorstellung, mit Osiris in einem Grab ruhen zu können. In gleicher Weise stellte man sich vor, die Katzenseele ruhe nahe bei der Wohnstatt ihrer Schutzpatronin in größerer Geborgenheit. Diesem Gefühl der liebevollen Verehrung des »Ka«, das seiner körperlichen Hülle noch immer bedurfte, läßt sich vielleicht die große Anzahl von Katzenmumien bei Sheikh Hassan zuschreiben, wo ein kleiner Felstempel die Lage der Speos Artemidos kennzeichnet.

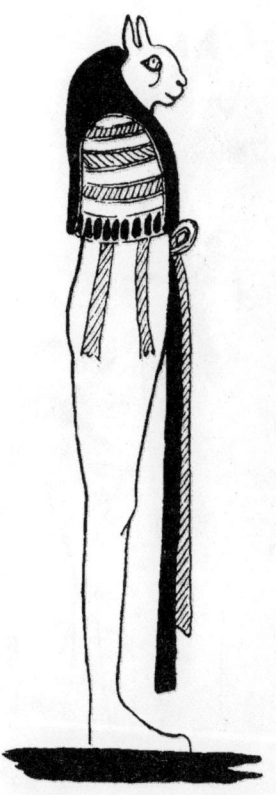

Die Verehrung, die dem einzelnen, durch die Gottheit zur Verkörperung des Ebenbildes ihrer selbst auserwählten Tier geschenkt wurde, dehnte sich im Laufe einer langen Zeit auf die gesamte Art aus. So beschränkte das Volk von Bubastis seine Anbetung nicht länger auf die wenigen Katzen, die ihre Göttin in dem zu ihrer Verehrung errichteten Tempel vertraten, sondern es schloß alle Katzen in seine ehrfurchtsvolle Hochach-

Figur mit Katzenkopf auf der Innenseite des Sargs des »Göttlichen Vaters« Amen-em-Apt, eines Priesters des Amen-Ra in Theben

tung ein. Maspero formuliert dies so: »Das Göttliche war nicht mehr eine bestimmte Katze, es wurde die Katzengattung im allgemeinen.«

183

Friedhöfe für Katzen und andere Tiere wurden eingerichtet, als Ägypten, nachdem es festgestellt hatte, daß die Berührung mit westlichen Zivilisationen eine allmähliche Entartung seiner Ideale mit sich brachte, sich gegen fremde Einflüsse wehrte und eigene Besonderheiten nachdrücklich hervorhob. So ging es von der Verehrung bestimmter, besonders ausgewählter Tiere zu der der ganzen Art über, und deren mumifizierte Überreste wurden ordentlich nebeneinander auf Friedhöfen beerdigt, mit denselben Ehrungen, als seien es Menschen gewesen. Ihre Bestattung auszurichten wurde als verdienstvolle Aufgabe angesehen, und das Ritual wurde mit einiger Zurschaustellung an einem geheiligten Ort vollzogen. Der Aufwand für solche Bestattungsfeiern war beachtlich, wurde aber von den Frommen beigesteuert, oder von den besonderen Zuwendungen bestritten, die der Göttin dargebracht wurden, deren Symbol die Katze war. Die ägyptischen Tiere waren, wie die Menschen, in ihrer Rangordnung abgestuft, und es ist wahrscheinlich, daß die Katzen, die zu Lebzeiten als lebende

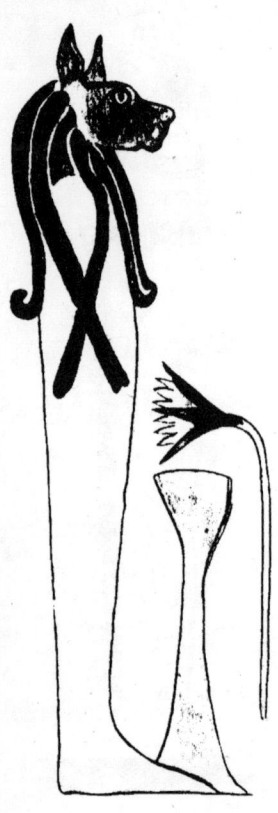

In einem hölzernen Sarg eines hohen Bediensteten des Tempels von Amen-Ra in Theben

Symbole der Göttin Bastet im Tempel verehrt wurden, nach ihrem Tod zusätzliche Ehrung erfuhren und prachtvoller bestattet wurden, auch wenn die erwähnte Reaktion alle Katzen heilig gemacht hatte. Das vornehme Amt, das den lebenden Tempelkatzen zugewiesen wurde, erhob sie über den Rang bloßer Symbole zu der hohen Würde, wirkliche Stellvertreterinnen der Göttin zu sein. So gesehen ist es leicht nachzuvollziehen, daß sich gläubige Ägypter zum Zeichen ihres Schmerzes die Augenbrauen rasierten, wenn eine Katze starb, und auch aus der Vorstellung heraus, kommendes, vorausgeahntes Unglück oder Schaden abwenden zu können, nachdem das Band aufgelöst war, das ihnen göttliche Gunst und Schutz zugesichert hatte.

KAPITEL XXI

DIE KATZE IM PARADIES

DIE WUNDERBARE RELIGION der alten Ägypter ist, wie viele andere Glaubensrichtungen, aus rohen Anfängen hervorgegangen. Ursprünglich hatte dieses Volk keinen Begriff von einer Seele. Das Leben war ein Hauch, eine fließende Antriebskraft, die plötzlich erlosch, wenn ihr Besitzer in den Zustand verfiel, den wir Tod nennen und der charakterisiert wird durch das Fehlen von Atmung und Bewegung, durch das Aufhören des Bewußtseins, durch den Verfall des Fleisches und die endgültige Zerstörung des Körpers. Die drei erstgenannten Phänomene traten auch neben dem Zustand des Todes in Erscheinung, beim Schlaf, in Hypnose, Katalepsie, Ohnmacht, usw., aus denen das Individuum nach einer gewissen Zeit ins Leben zurückkehrte.

Der einzige deutliche Unterschied zwischen tiefer Bewußtlosigkeit und Tod ist die anschließende Verwesung, wenn letzterer eintritt. Nach den beobachteten Tatsachen war daher die Schlußfolgerung einleuchtend, daß Leben in den Körper zurückkehren würde, wenn es möglich wäre, die Verwesung zu verhindern, wie es bei Schlafenden geschah, nachdem sie aus ihren Träumen erwachten. Die Ägypter meinten daher, der Tod sei als eine nur zeitweilige Aufhebung des Lebens zu betrachten, die durch die Hilfsmittel der Magie geheilt werden konnte, wenn diese vor dem Eintritt der Verwesung angewendet wurden. Daraus entstand ihre Praktik, den Leichnam einzubalsamieren und zu mumifizieren und magische Rituale und Mysterien einzusetzen. Dieselbe Ergebenheit und Treue, die dem Toten durch diese Dienste erwiesen wurde, gewährten sie auch den heiligen Katzen. Durch diese

Riten und Praktiken bewahrte der kleine Körper der Katze (oder vielleicht sein astrales Pendant) seine Bewegungsfähigkeit und die Funktion seiner Organe. Er konnte nicht nur wieder erwachen, sondern, wenn kein Unglück geschah, ewiges und unauslöschliches Leben erlangen. Aus inniger Fürsorge stellte man der Seele zur Verhütung von Unheil einen zweiten Gegenstand in Form einer der Verstorbenen nachgebildeten Statuette zur Verfügung, die automatisch den Platz der Mumie einnahm, wenn diese zerstört wurde.

Zuerst stellte man sich die Wiedererweckung des Lebens im Grab rein materiell vor. Die Katze führte ihr Dasein unter den gleichen Bedingungen weiter, die sie auf der Erde erlebt hatte, doch nur die glücklichen Perioden ihrer Vergangenheit wurden dabei berücksichtigt. Wenn sie beispielsweise einmal einen guten Herrn gehabt hatte, der ihr ein freudiges Leben ermöglicht hatte, wurde dieser Zustand unter der Erde wieder aufgenommen.

Doch die Vorstellung vom Paradies war noch nicht geboren. Die fortlebende Katze ging ins Grab, wo ihre durch Magie wiederbelebte Mumie einen kleinen Schlupfwinkel vorfand, kühl im Sommer, warm im Winter, von Opfergaben und Nahrung umgeben, die durch die von den Priestern während der Bestattungszeremonie ausgesprochenen Zauberformeln ständig erneuert wurde.

Nach und nach befriedigte diese unreife Vorstellung nicht mehr. Etwas mehr als das materielle Leben unter der Erde wurde verlangt, und man begann sich darüber Gedanken zu machen. Man dachte, der Leichnam sei von einem Geist belebt, der die Wahl hätte, ob er im Grab bleiben oder an einen glücklicheren Ort gehen wolle. Durch die Osirismysterien, die man während der Bestattungsriten zelebrierte, wurde das Wesen der Toten Osiris, dem Totengott, angeglichen, der selbst gestorben und wieder auferstanden war. Die Seele der toten Katze wurde »osirifiziert« und stieg auf in den Himmel, um bei den Göttern zu leben. Doch der Weg, den die kleine Katzenseele gehen mußte, um das westliche Land am Rande der Gefilde zu erreichen, wo die Anhänger des Osiris versammelt waren, strotzte von Gefahren.

Die schöne Abendgöttin Amenti zeigte ihnen den Weg, und sie wanderten dorthin wie der gestiefelte Kater aus dem Märchen. Ein Gott ergriff ihre zarten Pfoten und geleitete sie auf dem wunderbaren Weg der Seele oder des ›ka‹, und die Gaben, die man ihren Gräbern beigelegt hatte, begleiteten sie auf magische Weise, um sie auf ihrer Reise zu erhalten. An der Grenze zum Himmel stand eine Leiter, die von Göttern festgehalten wurde, und sie stiegen ohne Gefahr empor.

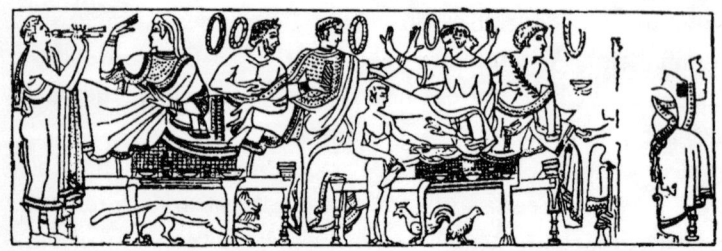

Katze und Federvieh bei einem Gastmahl

Wenn die Katzenpilger auf der letzten Sprosse zögerten, weil sie noch scheu waren, wie auf Erden, nahmen die Götter Horus und Set je eine ihrer Pfoten und zogen die zitternden Wesen hinauf ins Paradies. Wenn sie erst oben waren, wurden sie durch die Wonne, die sie erwartete, schnell beruhigt. Vor ihnen lag ein idealisiertes Ägypten, mit dem Nil, den Fischteichen, der üppigen Vegetation und den Gebäuden. Hier konnten sie ein zufriedenes Leben mit Jagen und Spielen verbringen und waren viel glücklicher als auf Erden. Doch auch dort mußten sie Arbeiten verrichten, wenn auch nur leichte, und sie mußten noch immer für ihr Leben kämpfen.

Wenn ihnen die Anstrengung noch zu groß erschien, eröffnete sich ihnen ein weiter entferntes, noch lieblicheres Paradies. Das war das Feld der Opfer. Dort war der Tisch dank der irdischen Opfergaben, die man den Kätzchen in frommer Absicht ins Grab gelegt hatte, und deren ›Kas‹ durch Bersten oder Verbrennen frei geworden waren, reichlich gedeckt, und Anstrengungen waren nicht länger erforderlich. Doch jenseits davon gab es ein drittes, unendlich prächtigeres Schicksal. Das war das Leben mit dem Sonnengott Amun-Re, der die Himmel in seinem Sonnenschiff durchfuhr. Die vergöttlichte Seele, die diese herrliche Vollendung erreichte, wurde zu einem leuchtenden Lichtfunken, versunken in der strahlenden Scheibe des Königs der Götter. Diese höchste Freude wurde nicht jedem zuteil. Es war das Paradies der großen, glorreichen Pharaonen, der Söhne Amuns; die Katzen dieser Herrscher folgten ihnen jedoch ohne Zweifel in jene Herrlichkeit. So reiste die Seele der ägyptischen Katze durch die Jahrhunderte, von dem bescheidenen, in die Dunkelheit der Wüste gegrabenen Grab, zu den Sternenfeldern des Himmels, wo sie für immer jagen und umherstreifen kann, in einem wunderbaren, ewigen Leben. (›Steens‹).

Wenn überhaupt, gibt es nur wenige Glaubensrichtungen, die der ägyptischen Darstellung von einem zukünftigen Leben für unsere Katzengefährten gleichkommen. Außerdem war die Gewißheit über dessen Realität, wie wir gesehen haben, so fest in der ägyptischen Vorstellung verankert, daß die treuen menschlichen Freunde keine Anstrengungen scheuten, die ihre Einbildungskraft ihnen als womöglich hilfreich für die kleinen Pilger auf der anderen Seite des Todes erscheinen ließ.

In früheren Zeiten waren Kunst und Religion Etruriens stark von Ägypten beeinflußt, und wir finden die Katze auf Wandmalereien, die glückliche Seelen im Jenseits darstellen.

In der etruskischen ›Tomba Golini‹ in Orvieto wird die Glückseligkeit der Verstorbenen durch ihre Anwesenheit bei einem Festmahl symbolisiert, dessen Vorsitz der König und die Königin des Hades führen. Auf einem kleinen Schemel unterhalb der Liege der Festgäste spielt eine Katze namens Krankru mit ihrer Beute. In der ›Grotta del Triclinio‹ (d. h. ›Höhle des Speiseraums‹, auch als ›Marzigrotte‹ bekannt), die 1830 in Corneto entdeckt wurde, ist eine ähnliche Szene der Freude und des Feierns dargestellt. Vor jeder Liege steht ein zierlicher, vierbeiniger Tisch (Trapeza), beladen mit den verschiedensten Speisen. Unter dem Tisch befindet sich die Katze, diesmal in Gesellschaft eines Hahns und eines Rebhuhns, zwei heiligen Vögeln.

Unterweisung einer Katze, zur Lyra zu tanzen

Es hat sich die Frage gestellt, ob solche Szenen sinnbildlich für die Seligkeit der Verstorbenen sind, oder ob sie Feste darstellen, die tatsächlich zu ihren Ehren abgehalten wurden; doch die Anwesenheit der Götter sollte für die Beantwortung genügen; dennoch sind sie zweifellos in jedem Fall wirklichkeitsgetreue Schilderungen der etruskischen Sitten, und sie zeigen, daß die Katze, vielleicht wegen ihrer symbolischen Bedeutung, bei den heiligen Mahlzeiten anwesend war, die den Toten ehrten.

Bei unserem nächsten Blick auf die Katze im Paradies beziehen wir eine indische Legende ein, die H. C. Brooke aus dem Französischen von Fréret, der sie ausfindig machte, übersetzte, und sie erzählt die Geschichte einer irdischen Katze, die den Himmel besuchte.

»Ein indischer König namens Salangham hatte an seinem Hof einen Brahmanen und einen Büßer, die beide für ihre Tugend berühmt waren, was zu Rivalitäten und ständigen Auseinandersetzungen führte. Im Laufe eines Streits vor dem König erklärte der Brahmane eines Tages, seine Tugend finde Gefallen vor dem Gott Parabaravaraston, einer der höchsten Gottheiten, mit dessen Hilfe er nach Belieben in einen der sieben Himmel gelangen könne. Der Büßer nahm die Herausforderung an, und der zum Schiedsrichter ernannte König wies den Brahmanen an, den Himmel von Devendiren zu betreten und von dort eine Blüte des Baumes Parisadam mitzubringen, deren bloßer Duft Unsterblichkeit verleiht. Der Brahmane verabschiedete sich vom König und ging los, während der ganze Hof erwartete, er würde seine Wette verlieren, denn es war wohlbekannt, daß der Himmel des Devendiren den Sterblichen unzugänglich war. Es wohnen dort achtundvierzig Millionen Göttinnen mit ihren vierundzwanzig Millionen Gemahlen, und deren oberster ist Devendiren; und die Blume Parisadam, die er eifersüchtig bewacht, ist die höchste Wonne dieses Himmels. Der Büßer ließ sich über diese Schwierigkeiten aus und genoß die vorweggenommene Freude über das Versagen seines Gegners, als der Brahmane mit der heiligen Blume zurückkehrte; er wurde mit Huldigung vom König und vom Hof empfangen, doch der Büßer verweigerte diese Huldigung; er sagte, der König und der Hof seien zu leicht zufrieden gewesen, und er könne, wenn er wollte, seine Katze dorthin schicken, und er sei überzeugt, Devendiren werde sie mit Achtung empfangen. Nachdem er gesprochen hatte, rief er seine Katze Patripatan herbei, flüsterte etwas in ihr Ohr, und der Kater verschwand zur Verwunderung der Zuschauer in den Wolken und wurde beim Betreten des Himmels von Devendiren unter tausend Liebkosungen mit offenen Armen empfangen.

So weit hatte der Büßer einen bewundernswerten Erfolg gehabt, doch nun erhielt er einen Rückschlag, denn die Lieblingsgöttin Devendirens, hingerissen vor Liebe zu Patripatan, war unter keinen Umständen mit der Rückkehr des Katers einverstanden. Nachdem Patripatan dem Gott die Lage der Dinge erklärt hatte, setzte Devendiren sich für ihn ein, indem er der Göttin klarmachte, welches Licht die Abwesenheit Patripatans auf den Büßer werfen würde. Die Göttin wollte nichts davon hören und das einzige, was Devendiren erreichen konnte, war ihr Versprechen, die Katze nach ein paar Jahrhunderten auf die Erde zurückkehren zu lassen.

König Salangham erwartete unterdessen ungeduldig die Rückkehr des Katers; nur der Büßer blieb ungerührt, und sie warteten dreihundert Jahre ohne Beeinträchtigungen, mit Ausnahme der Ungewißheit des Büßers, denn durch die Kraft seiner Güte verhinderte er das Altern der Wartenden. Nach dieser Zeit wurde der Himmel plötzlich hell erleuchtet, und in einer Wolke von tausend Farben erschien ein Thron aus den Blumen des Devendiren. Auf diesem Thron saß majestätisch die Katze, und als sie bei dem König ankam, überreichte sie ihm einen ganzen Zweig voller Parisadamblüten. Der ganze Hof rief ›Sieg‹. Der Büßer wurde beglückwünscht, doch der Brahmane bestritt seinen Triumph, indem er darlegte, der Erfolg sei nicht der Tugend des Büßers als Verdienst anzurechnen, da die besondere Vorliebe Devendirens und seiner Lieblingsgöttin für die Katzen bekannt sei, so daß zweifellos die Hälfte des Verdienstes einzig der Katze Patripatan zuzuschreiben sei. Der König konnte unter Berücksichtigung dieses Arguments keine Entscheidung zwischen dem Brahmanen und dem Büßer fällen, aber alle waren sich einig in ihrer

Bewunderung für Patripatan, und seitdem war dieser berühmte Kater eine Hauptzierde des Hofes und nahm jeden Abend auf der Schulter des Herrschers an der Tafel des Hofes teil.«

Zu den heutigen, primitiveren Völkern, die die Katze verehren und daran glauben, ihre Seele gelange ins Paradies, gehören die Jakunen, ein halb-wilder Stamm der Malayen. Sie unterscheiden sich von den Ägyptern dahingehend, daß sie denken, die Katze gebe, und nicht brauche, Hilfe auf dem mühsamen Weg von der Erde in den Himmel. Denn es ist ihre feste Überzeugung, daß, wenn sie sterben, eine Katze ihnen auf ihrer beschwerlichen Reise von der Hölle zum Paradies den Weg weist und ihre Anstrengungen erleichtert, indem sie Wasser in die höllische Atmosphäre sprüht, so daß sie sie besser ertragen können. Kein Wunder, daß malayische Eingeborene die Katze in hohem Ansehen halten und glauben, daß wenn einer von ihnen dazu käme, eine Katze zu töten, er in seinem zukünftigen Leben schwer bestraft werden würde. Für jedes Haar dieser Katze muß er einen Baumstamm von der Dicke einer Kokospalme herbeitragen und aufstapeln. Es gibt nur wenige malayische Katzenmörder!

Eine sehr eingeschränkte Vorstellung vom Paradies wird in den unten angeführten Versen Goethes umrissen, aber zumindest eine Katze ist vorhanden.

BEGÜNSTIGTE TIERE

Vier Tieren auch verheißen war,
Ins Paradies zu kommen,
Dort leben sie das ew'ge Jahr
Mit Heiligen und Frommen.

Den Vortritt hier ein Esel hat,
Er kommt mit muntern Schritten:
Denn Jesus zur Propheten-Stadt
Auf ihm ist eingeritten.

Halb schüchtern kommt ein Wolf sodann,
Dem Mahomet befohlen:
Laß dieses Schaf dem armen Mann,
Dem Reichen magst du's holen.

Nun, immer wedelnd, munter, brav,
Mit seinem Herrn, dem braven,
Das Hündlein, das den Siebenschlaf
So treulich mit geschlafen.

Abuhrrriras Katze hier
Knurrt um den Herrn und schmeichelt:
Denn immer ist's ein heilig Tier,
Das der Prophet* gestreichelt.

Diese namenlose Katze hat ihre hohe Stellung scheinbar, wie die Katzen der Pharaonen, durch reflektierten Ruhm erhalten.

Doch wie wir bei der indischen Katze und den Katzen der Jakunen gesehen haben, hielt man in manchen Ländern die wirklichen Verdienste einer Katze für ausreichend, ihr den Zugang zum Paradies zu ermöglichen. Und mit Sicherheit ist dies die Ansicht, der sich die Mehrheit der Katzenliebhaber anschließen würde!

---

* Mohammed liebte die Katzen, und einmal schnitt er sich ein Stück von seinem Gewand ab, um eine darauf sitzende Katze nicht zu stören.

KAPITEL XXII

GEISTERKATZEN

»Millions of spiritual creatures walk the earth
Unseen, both when we wake and when we sleep.«

»Millionen Geister wandern hier auf Erden
Unsichtbar, ob wir nun wachen oder schlafen.«
»Paradise Lost,« Z. 677-8.

IN DIESER STOFFLICHEN WELT sieht sich der Mensch immer wieder durch Illusion getäuscht, die einen Schleier zwischen ihm und der Wirklichkeit ausbreitet, unterschiedlich in der Dichte, gewöhnlich aber undurchdringlich. Dann und wann, meist wie durch Zufall, erscheint jedoch ein Spalt, durch den er einen kleinen Blick von dem erhaschen kann, was dahinter liegt. Die Phänomene geisterhafter Erscheinungen haben im Laufe der Geschichte in der einen oder anderen Form in allen Zivilisationsstufen fortbestanden. Die alte religiöse Literatur fließt über von Beispielen, und die moderne Seelenforschung bestätigt ihre Aktualität. Die geisterhaften Wesenheiten existieren nicht nur in einer mentalen oder astralen Sphäre, sondern sie haben die Fähigkeit, ihr Dasein auf der physischen Ebene zu demonstrieren. Für uns liegt die Bedeutung dieses Geschehens in der Tatsache, daß wir dadurch gezwungen sind, Leben und Geist als Realitäten anzuerkennen, die fähig sind, unabhängig von dem zu existieren, was wir als Materie bezeichnen und sich nicht durch mechanische Erklärungen deuten lassen.

Es ist interessant festzustellen, daß sich die Geister von Tieren in derselben Weise manifestieren, wie die Geister menschlicher Wesen, so daß wir die Erscheinung letzterer nicht als Beweis für Überleben anerkennen können, solange wir nicht dieselbe Gültigkeit auch für die Erscheinungen der niederen Kreaturen und derer, die wir gewöhnlich als unbelebte Gegenstände betrachten, zulassen.

Den Berichten der ansässigen Landbevölkerung zufolge läßt sich ein eindrucksvolles Beispiel für letzteres in Zusammenhang mit einer Geisterkatze im Schloß von Comburg (bei Schwäbisch Hall) finden. Ein ehemaliger Graf von Comburg, der ein Holzbein besaß, soll als er starb den Geist seines künstlichen Körperglieds hinterlassen haben, und bei bestimmten Gelegenheiten konnte man ihm beim Besteigen der großen Turmtreppe begegnen, in Begleitung einer gespenstischen, schwarzen Katze.

Elliott O'Donnell bemerkt: »Die häufigsten Formen von Tiererscheinungen, die in Häusern gesehen werden, sind zweifellos die von Katzen,« und er fügt hinzu, daß die Anzahl der ihm genannten Stellen, an denen es von Katzen spukt, »fast unglaublich ist – in einer Straße in Whitechapel sind es nicht weniger als vier.« Er sagt weiter, »mit endlosen Experimenten in Spukhäusern« habe er, zumindest zu seiner eigenen Gewißheit, herausgefunden, daß »die Katze als vollkommen verläßliches, psychisches Barometer agiert. Der Hund bemerkt die Nähe des Unbekannten manchmal nicht... Ich habe bis jetzt noch keine Katze erlebt, die nicht sowohl vor, als auch während einer superphysischen Erscheinung die augenfälligsten Anzeichen von Furcht und Unbehagen gezeigt hätte.«

Ich habe hier einige Fälle vom Wiedererscheinen von Katzen nach ihrem physischen Tod zusammengestellt. Natürlich könnte man diese fast unendlich ausweiten, aber der Platzmangel verbietet dies, und ich kann solchen direkten Zeugnissen für das Nachleben unserer vierbeinigen Freunde nur ein kurzes Kapitel widmen. Diejenigen, die sich die Mühe gemacht haben, Katzen eingehend zu studieren und wirkliches Verständnis für ihre komplexe okkulte Persönlichkeit gewonnen haben, werden keine Beweise benötigen. Diejenigen, die das nicht getan haben, sehen sich mit einem Thema konfrontiert, bei dem sich geduldige Nachforschung reichlich auszahlen wird; durch die fesselnde Anziehungskraft, die es entfaltet und durch die Streiflichter, die es auf andere Fragen wirft.

Die ›Society for Psychical Research‹ veröffentlichte im Mai 1912 in ihrem »Journal« einen Bericht über das Wiedererscheinen einer geliebten Katze an ihrem alten Aufenthaltsort, die kurze Zeit zuvor gestorben war. Die Katze war »Smoky«, ein kleiner blauer Perser mit einer eigentümlichen Schattierung, völlig anders als jede andere Katze im Ort. Ihr Tod wurde durch den Angriff eines Hundes verursacht, der ihr die Rippen gebrochen und sie lahmend zurückgelassen hatte, so daß sie leicht zu identifizieren war. Der Gärtner hatte ihren Leichnam begraben und eine Dahlie auf ihr Grab gepflanzt, und ihre Besitzerin, die wußte, daß sie sich nicht mehr erholen würde, war eher erleichtert als bekümmert, als sie wußte, daß die Leiden ihres Lieblings beendet waren. Ungefähr drei Wochen später nahmen Smokys Herrin und deren Schwester gemeinsam das Frühstück ein; die letztere saß mit dem Rücken zum Fenster, während sie einen Brief vorlas, als sie plötzlich sah, daß ihr Gegenüber »vollkommen verstört ausschaute« und aus dem Fenster starrte, das sich zu ihrer Linken befand.

»Was ist los?«, fragte sie, und ihre Schwester antwortete: »Da läuft Smoky über den Rasen!« Beide Damen eilten ans Fenster und sahen Smoky, »die sehr schlimm aussah, ihr Fell war rauh und struppig, und sie lief lahmend über den Rasen vor dem Fenster, drei oder vier Meter davon entfernt.« Ihre Herrin rief nach ihr, und als sie nicht reagierte, rannte sie rufend hinter ihr her; doch zu ihrem Erstaunen beachtete Smoky sie nicht und verschwand zwischen den Sträuchern. Nach etwa zehn Minuten sahen die Schwestern und ein Freund, der bei ihnen lebte, sie jedoch wieder, wie sie durch eine Hecke vor dem Fenster ging. Wieder lief ihre Herrin hinter ihr her, aber sie konnte sie nicht finden. Das Dienstmädchen sah sie als nächste, diesmal auf dem Gang zur Küche. Sie ging und holte ihr etwas Milch und folgte ihr damit, »aber die Katze lief davon und blieb nun für immer verschwunden.« Die Damen »zogen bei allen Nachbarn Erkundigungen ein, aber niemand hatte sie gesehen, auch keine ähnliche Katze.« Sie dachten, sie hätten sie irrtümlich für tot gehalten, obwohl ihr Freund, der Gärtner und der Diener ihren Leichnam gesehen hatten, und schließlich grub der empörte Gärtner sie noch einmal aus, beleidigt über die Andeutung, er habe die Katze nicht begraben.

Ich würde vermuten, daß es sich bei dieser Erscheinung nicht um den wirklichen Geist oder die Seele Smokys gehandelt hat – denn dann hätte sie auf die Annäherungsversuche ihrer Herrin reagiert* – sondern um ein astrales Lichtbild, welches die Leiden der Katze auf die psychische Atmosphäre übertragen hatte.

Ich kann mir nicht vorstellen, daß niemand »auf der anderen Seite« dem armen, unglücklichen Neuling geholfen hätte, seinen Nöten innerhalb der irdischen Sphäre zu entkommen und die Befreiung von den körperlichen Übeln zu erkennen, die ihm widerfahren waren. Während die Gerechtigkeit Verbrecher an die Szenen ihres Verbrechens binden kann, kann sie ihre Opfer nicht auch an eine fortwährende Wiederholung ihrer Tragödie binden. Die Geschichte von »Smoky« beziehe ich dennoch unter den Geisterkatzen mit ein, da die Theorie über Astralbilder nicht die allgemeine Anerkennung findet, die ihr sicher zukommt.

---

* Vgl. Henry Spicers Beitrag über eine Geisterkatze in diesem Kapitel.

Einen sehr bemerkenswerten Fall von einer Geisterkatze schildert Henry Spicer, und er sagt: »Unter den zahlreichen Patienten des Dr. A. befindet sich einer, der fast ständig von einer gespenstischen Tigerkatze aufgesucht wird! Das anhängliche und verspielte Tier sitzt nicht nur während seiner Arbeitszeit hinter ihm, sondern es treibt seine Späße im ganzen Haus, besonders auf der Treppe, wo es ihm Vergnügen bereitet, von oben nach unten zwischen den Balken des Geländers ein imaginäres Wollknäuel voranzutreiben und gleichzeitig mit dem Mann dort anzukommen. Es wurde festgestellt, daß keine sterbliche Katze dieser Größe in der Lage gewesen wäre, ein solches Kunststück zu vollbringen. Das bei weitem Bemerkenswerteste an dieser Geschichte ist, daß das Tier mehr als einmal auch vor den Augen anderer als denen des ursprünglichen Sehers sichtbar geworden ist.«

Herr Spicer gibt keine Erläuterungen zu der obigen Geschichte, aber er fügt hinzu, daß »ein Herr, der jetzt in London wohnt, die zeitweilige Gesellschaft einer Katze mit menschlichem Gesicht genießt.«

M. Bozzano zitiert einen Fall aus »Light« (1915, S. 215), wo Rev. Charles L. Tweedale, der Verfasser mehrerer Schriften über Metaphysik, berichtet, wie eine Geisterkatze von ihren früheren Besitzern gehört wurde, jedoch unsichtbar blieb. Ich übersetze aus dem französischen Text Bozzanos:

»Vor ungefähr zwei Jahren (ich habe das Ereignis in meinem Notizbuch festgehalten) saßen meine Frau und das Dienstmädchen plaudernd in einem kleinen Zimmer des Hauses. Plötzlich hörten sie dicht neben Mrs. Tweedale das laute Schreien einer Katze. Beide lokalisierten dieselbe Stelle, von der das Geschrei ausging, in der Nähe des Rockes meiner Frau. Es dauerte noch eine Weile an, dann hörte es auf, und sie hörten statt dessen deutlich das feine Geräusch, das entsteht, wenn eine Katze mit ihrer Zunge Milch aufleckt. Von diesem Phänomen irritiert, rief Mrs. Tweedale ihre Katze; dann durchsuchte sie mit Unterstützung des Mädchens gründlich den ganzen Raum, aber sie blieb erfolglos. Sie setzten sich wieder und nahmen erneut ihre Unterhaltung auf. Doch sogleich ertönten wieder die lauten Schreie einer unsichtbaren Katze, denen wiederum das Geräusch einer Flüssigkeit leckenden Katzenzunge folgte. Sie untersuchten den Raum ein zweites Mal, aber wieder ohne Ergebnis.

Es sollte erwähnt werden, daß unsere Katze ein paar Tage zuvor verschwunden war. Als Mrs. Tweedale und das Mädchen mir erzählten, was geschehen war, sagte ich zu ihnen: ›Das bedeutet, daß wir unsere Katze nicht lebend wiedersehen werden.‹ Und genauso war es; das arme Tier hatte das Schicksal vieler Katzen in diesem Land erfahren, es war heimtückisch getötet worden.«

Ich bin Bozzano auch für den nächsten Bericht zu Dank verpflichtet, der den »Proceedings of the S.P.R.« (Vol. X, S. 127) entnommen ist. Ich übersetze frei aus seiner Schrift. Die Sprecherin ist Mrs. Gordon Jones: »Ich hatte immer eine starke Aversion gegen Katzen – eine Aversion, die ich von meinem Vater geerbt habe, der ihre Anwesenheit nicht ertragen konnte. Ich duldete niemals eine Katze in meinem Haus, bis zu dem Tag, als eine Mäuseplage sie notwendig machte. Ich besorgte mir dann eine gewöhnliche Katze mit weiß- und graugestreiftem Fell; doch ich beachtete sie nicht und erlaubte ihr niemals, die oberen Geschosse des Hauses zu betreten.

Eines Tages sagte mir jemand, die Katze sei toll und bat mich um Erlaubnis, sie zu ertränken. Ich war innerlich zu unbeteiligt, um herauszufinden, ob diese Information glaubwürdig war, sondern ich gab ohne Zögern meine Einwilligung. Kurz darauf berichtete man mir, der Küchenjunge habe die Katze in einem Kessel ertränkt. Da das Tier mir niemals etwas bedeutet hatte, war mir sein Verschwinden gleichgültig.

Am Abend des Tages, an dem das Tier vernichtet worden war, saß ich allein im Speisezimmer und war ins Lesen vertieft (ich weiß genau, daß ich noch nie von Katzen oder Gespenstern geträumt habe), als ich plötzlich dazu getrieben wurde, meinen Blick zu heben und zur Tür zu sehen. Ich sah, oder meinte zu sehen, wie die Tür sich langsam öffnete und die Katze, die an jenem Morgen geopfert worden war, hereinkam. Ohne Zweifel war es dieselbe; doch sie erschien mager und war völlig durchnäßt und triefte vor Wasser. Nur der Ausdruck ihres Blicks war nicht derselbe, denn sie sah mich mit menschlichen Augen an, so traurig, daß es mich schmerzte; dieser Blick blieb mir für lange Zeit wie eine Manie im Gedächtnis haften. Ich war mir dessen, was ich gesehen hatte, so sicher, daß ich nicht daran zweifelte, die Katze wäre dem Ertränken tatsächlich entkommen. Ich läutete dem Stubenmädchen und als es kam, sagte ich zu ihm: ›Die Katze ist hier, bring sie weg.‹ Es schien mir unmöglich, daß das Mädchen die Katze nicht sehen konnte, denn ich sah sie so klar und deutlich wie den Tisch oder die Stühle; doch es sah mich erschrocken an und erwiderte: ›Madame, ich war dabei, als William die tote Katze in den Garten brachte, um sie zu begraben.‹ ›Aber sie ist da‹, warf ich ein, ›siehst du sie nicht neben der Tür?‹ Das Mädchen sah nichts, und bald darauf begann die Katze durchsichtig zu werden und verschwand allmählich ganz, so daß ich sie schließlich auch nicht mehr sah.«

Einen ungewöhnlich überzeugenden Fall vom Wiedererscheinen einer Katze nach dem Tod beschreibt Norah Chesson in der »Occult Review«. Sie sagt: »Eine Krankheit hatte mich für eine Woche an mein Zimmer gefesselt, und ich hatte mich gewundert, weshalb meine Katze Minnie nicht wie gewöhnlich meine Gesellschaft gesucht hatte, machte aber eine mögliche Auswirkung mütterlicher Hingabe an ihr etwa sechs Wochen altes Junges für ihre Gleichgültigkeit verantwörtlich. Am ersten Morgen meiner Genesung öffnete sich die Schlafzimmertür, die nur angelehnt war, ein wenig, und Minnie kam herein. Sie rieb sich mit ihrem schönen, schildpattfarbig gestreiften Fell in freudiger Begrüßung an mir; mit einer ihr eigenen, liebevollen Geste packte sie in freudiger Erregung meine Hand mit ihren Pfoten; sie leckte meine Finger, und ich fühlte ihre vor lautem Schnurren vibrierende weiße Kehle, dann drehte sie sich um und trottete davon.

Zu dem Dienstmädchen, das mein Mittagessen brachte, sagte ich: ›Minnie war doch noch hier, um mich zu besuchen. Ich frage mich, warum sie so lange nicht bei mir gewesen ist.‹

›Minnie ist vor zwei Tagen gestorben und beerdigt worden, und ihr Junges ist vor Kummer nur noch Haut und Knochen,‹ antwortete die verstört aussehende Louisa. ›Deine Mama wollte es dir nicht sagen, als du krank warst, weil sie wußte, wie sehr es dich beeinträchtigt hätte, wo du so stark an dieser kleinen Katze hängst.‹ Minnie war zweifellos tot und begraben, und ein Stein aus unserem Steingarten war auf ihrem Grab errichtet, aber ebenso zweifellos war Minnie gekommen, um mich nach meiner Genesung willkommen zu heißen. Gibt es eine Erklärung? Ich weiß, daß es wahr ist.

Ich war ein geistig und körperlich normales Kind, einfallsreich, aber keine Phantastin und war in einer Familie aufgewachsen, in der Gespräche über übernatürliche Dinge aufrichtig verabscheut und abgelehnt wurden.«

Aus dem Kontext dieser interessanten Schilderung geht hervor, daß die Schreiberin über natürliche, jedoch untrainierte psychische Fähigkeiten verfügte, die sie gemeinsam mit dem Dichter W. B. Yeats für psychologische Experimente einsetzte. Von 1905 bis zu ihrem Tod 1906 stellte sie der »Occult Review« mehrere Gedichte und Bücherrezensionen zur Verfügung, und der Herausgeber dieser Zeitschrift hielt sie für eine vielversprechende Mitarbeiterin.

Einen schlagenden Beweis für das Weiterleben ihrer Lieblingskatze liefert Clarice Taylor in einem Brief, der von der »Psychic Gazette« im Mai 1918 veröffentlicht wurde. Dieses Tier, eine getigerte Perserkatze, hörte auf den Namen »Muffy« und hatte eine besondere kleine Eigenart, indem sie immer über den Fußabstreifer sprang, wenn sie vom Hausflur aus in eines der Zimmer kam. Muffy starb, und einige Monate später bekam ihre Herrin ein weißes Kätzchen namens »Dandy« geschenkt; etwa zur gleichen Zeit begann man, in Coventry spiritistische Sitzungen abzuhalten. Mrs. A. E. Cannock, das bekannte Medium, verbrachte ein Wochenende bei ihr und freundete sich schnell mit dem neuen Schoßtier an. Am Morgen, nach dem Frühstück, öffnete Mrs. Cannock die Tür, sprang jedoch plötzlich zurück und rief: »Oh Mieze, du hast mich erschreckt!« »Dandy schläft in ihrem Körbchen«, sagte die Besitzerin des Kätzchens. »Ich meine nicht die kleine mit der weißen Nase,« antwortete Mrs. Cannock, »es war die alte. Sie sprang über die Matte und lief an mir vorbei.«

Anschließend gab sie eine detaillierte Beschreibung der verstorbenen »Muffy« ab. Clarice Taylor fügt an, daß ihr Gast nichts von ihrem früheren Liebling wußte, und daß er nicht einmal in ihren Gedanken sein konnte, da sie ja ihre Zuneigung dem neuen Tier geschenkt hatte. Sie bemerkt mit Recht: »Wenn es den Geist unserer Freunde grämt, uns zu sehen und nicht gesehen zu werden, wie muß es unsere verstorbenen Tiere, die die Veränderung nicht verstehen können, schmerzen, unsere scheinbare Gleichgültigkeit zu sehen. Eine Katze, die treuer ist, als so mancher Sterbliche, bedarf sicherlich unserer andauernden Zuneigung und Beachtung, nachdem sie ›die Grenze zum Jenseits‹ überschritten hat.«

Mrs. Osborne Leonards Beschreibung der »wunderlichen Einfälle« ihres erstaunlichen Katers »Mickey« auf »zwei Ebenen«, die in der »Psychic Gazette« von April 1918 erschien, ist für Katzenliebhaber und Anhänger des Okkulten gleichermaßen von Interesse. Seit seinen ersten Lebenstagen auf Erden zeigte Mickey, ein weißer Kater mit schwarzen Flecken, eine außergewöhnliche Intelligenz, Persönlichkeit und Anhänglichkeit. Er war nie von seinen Menschen getrennt, außer einmal für drei Tage, als er zwölf Monate alt war. Damals verweigerte er die Nahrungsaufnahme und ließ nur den Kopf hängen, bis sie wiederkamen, so daß sie beschlossen, ihn nie mehr allein zu lassen. Danach begleitete Mickey seine Besitzer überall hin und reiste Tausende von Meilen. Sie nahmen ihn mit in Hotels, Pensionen und Ferienwohnungen in Schottland, Irland und England, und an jedem neuen Ort schlüpfte er, wenn es Abend wurde, aus seinem Korb; nachdem er an der Eingangstreppe gerochen hatte, um sie wiederfinden zu können, unternahm er ausgedehnte Streifzüge, von denen er immer erst am Morgen zurückkehrte. Er begleitete seine Freunde sogar auf langen Spaziergängen durch den regen Verkehr Londons und wurde nie verletzt. Tatsächlich offenbarte er eine Vorliebe für Städte und schien sich auf dem Lande zu langweilen. Neun Monate bevor Mickey überfahren wurde, schenkte eine Freundin seiner Herrin eine Pekinesenhündin namens Ching, und wohlwollend nahm Mickey den Neuling in den Kreis seiner Familie auf, indem er ihr erlaubte, aus seiner Schüssel zu fressen und sogar Stücke aus seinem Maul zu nehmen. Aber Ching war unzugänglich und grob und ärgerte den Kater häufig, so daß er auf die Möbel sprang, um ihrem Spiel zu entgehen.

Nach Mickeys Tod geschah einige Wochen lang nichts, doch eines nachts gegen elf Uhr saß seine Herrin ruhig lesend da, als etwas sie von ihrem Buch aufblicken ließ. Dann sah sie »Mickey als Astralkörper auf einer Art Brett unter einem Tisch sitzen.« Bevor sie ihren Ehemann auf ihn aufmerksam machen konnte, »begann Ching, die auf dem Kaminvorleger eingeschlafen war, plötzlich heftig zu knurren«; die Haare standen ihr zu Berge, und ihre Augen quollen hervor, während »sich ihre Wangen vor Erregung immer wieder aufblähten.« Sie heftete ihre Augen auf die Stelle, an der Mrs. Leonard Mickey sitzen sah und stürzte auf ihn zu. Mickey sprang ihr aus dem Weg, wie er es immer getan hatte und setzte sich auf einen kleinen Beistelltisch in der Ecke des Zimmers, von wo er verächtlich auf Ching hinabblickte, die noch immer um den Tisch herumsprang und versuchte, nach ihm zu schnappen. Als Ching auf den Kaminvorleger zurückkehrte, ging Mrs. Leonard hinüber zu Mickey und streichelte ihn. Dabei konnte sie deutlich spüren, wie er unter ihrer Hand einen Buckel machte und bemerkte etwas, das sie vergessen hatte, nämlich daß er an der Spitze seines Schwanzes einige grobe weiße Haare hatte, die sich mit den schwarzen vermischten. Der einzige tatsächliche Unterschied, den sie zwischen Mickeys früherem Körper und seinem geistlichen feststellen konnte, war, daß er nun zum ersten Mal makellos rein war. Während sie ihn liebkoste, jagte Ching mit wütendem Gebell umher. Nach einer Weile setzte sie sich hin, und als sie wieder aufsah, war Mickey verschwunden. Mr Leonard konnte ihn nicht sehen. Von da an erschien Mickey sehr häufig, und er kam fast jede Nacht zwischen 11 und 11.30 Uhr. Wenn die Leonards Besuch hatten, erschien Mickey zur üblichen Zeit, grunzte widerwillig und ging wieder.

Seine Herrin besuchte mehrere Séancen bei Mr. Craddock in der Hoffnung, einige ihrer Freunde aus dem Jenseits würden etwas über Mickey erzählen. Eines Abends sagte »Joey« zu ihr: »Ihre Mutter ist hier, Mrs. Leonard, und sie hat eine Katze bei sich.«

Mrs. Leonard war erfreut, denn sie dachte, es wäre Mickey; und sie fragte, wie die Katze aussehe, doch zu ihrer Enttäuschung beschrieb Joey sie als »einen schwarzen Kater mit einem weißen Flecken auf der Brust,« und er sagte, er gehörte ihrer Mutter, die ihn immer »Old Tom« nannte. Erst auf dem Heimweg erinnerte sich Mrs. Leonard, daß ihre Mutter einen solchen Kater besessen hatte und ihn »einfach anbetete« und von dem sie glaubte, er habe eine Seele, die vielleicht in einer höheren Lebensform wiedergeboren werde. Doch bei einer anderen Gelegenheit erschien Mickey während einer Séance und erzeugte sogar mit Hilfe der bereitgehaltenen Trompete den ihm so eigenen, »leisen Pfeifton«. Mrs. Leonard zählt noch weitere Geschichten über ihren Liebling auf, doch als Beweis für Mickeys Weiterleben werden diese hier genügen.

Die Zeitschrift »Weekly Dispatch« vom 3. April 1921 enthielt einen anschaulichen Bericht über eine gespenstische Gestalt, die zu dieser Zeit jede Nacht in Begleitung einer großen, weißen Katze in Ferryford, einem kleinen Ort in der Nähe von Trenton in New Jersey, einherschritt. Die Mitteilung im »Weekly Dispatch« lautet: »Die Bewohner sind so entnervt, daß die meisten den Ort verlassen, und deshalb müssen entschiedene Maßnahmen ergriffen werden, um den Geist zu bannen.

Bei dem Gespenst soll es sich um John Koch handeln, der früher eine Autoreparaturwerkstatt an einer Straße des Dorfes betrieb. Vor sechs Monaten hatte er bei einem Streit auf seinen Mechaniker geschossen. Koch beging Selbstmord, da er glaubte, er hätte ihn getötet. Letzten Montag soll Koch zusammen mit einer riesigen, weißen Katze das Wohnzimmer des kleinen Landhauses, das er bewohnt hatte, betreten haben, und nachdem er seine Witwe und die Familie, die sich mit einigen Freunden unterhielten, in Panik versetzt hatte, pfiff Koch nach der Katze und verschwand. Diese Vorstellung wiederholte er zweimal in der Woche.

Vorige Nacht bildeten vierzehn Mann unter der Leitung des Ortspolizisten einen Ring um das Haus, um das Rätsel zu lösen. Unter ihnen befand sich ein Mann, von dem Koch sich am Tag vor seinem Tod Geld geliehen hatte, sowie ein Hund – zur Bekämpfung der gespenstischen Katze.

Kurz nach Mitternacht ertönte aus dem Haus ein lauter Krach. Beim Betreten fanden die Wächter ein heruntergefallenes Bildnis der Schwiegermutter des Verstorbenen auf dem Boden. Dann ertönte ein hohles Gelächter und Koch erschien, umgeben von ›einem blassen blauen Dunst‹, am Fenster. Auf einem kleinen Birnbaum hinter ihm saß eine große, weiße Katze mit langen Schnurrhaaren. Mit lautem Bellen stürzte der Hund auf die Katze zu, als diese auf den Boden sprang. Doch der verblüffte Hund lief direkt durch die Katze hindurch, und sein Maul schnappte ins Leere. Der Situation nicht gewachsen, stieß der Hund ein lautes Heulen aus und flüchtete.

Unterdessen, konstatiert ein Stellvertreter der New Yorker ›Evening World‹, der die Untersuchung begleitete, bombardierte der Rest der Gruppe den ›Geist‹ mit Lampen, Bügeleisen und weiteren Gegenständen. Doch das Gespenst lächelte nur verächtlich, rief die Katze und entschwand.

Die Dorfbewohner befinden sich in einem solchen Zustand nervöser Anspannung, daß die Polizei den Befehl gegeben hat, sämtliche Feuerwaffen einzuziehen.«

Es erscheint merkwürdig, daß keiner der Anwesenden daran gedacht hat, dem Geist mit Mitgefühl zu begegnen, als jemandem, der brüderlichen Beistands bedarf.

Ein außergewöhnlicher Fall von Heimsuchung eines Hauses durch die Erscheinung einer Katze ist in der Maiausgabe des »Journal of the Psychical Research Society« von 1926 festgehalten.

»Das Haus ist alt – wahrscheinlich zwischen 1400 und 1500 erbaut, aber gemeinhin nicht als Spukhaus angesehen. Vor fünfzehn Jahren war es ein Wirtshaus, davor ein Bauernhaus. Diejenigen, die die geisterhafte Katze als erste wahrgenommen haben, scheinen ein Mr. S. und seine Frau gewesen zu sein, die dort von 1924 bis 1925 lebten, sowie die befreundete Miss A., die bei ihnen wohnte. Sie alle sahen sie mehrmals und beschrieben sie als langhaarig und fast schwarz. Sie ging niemals auf die Betrachter zu, sondern immer an der Seite vorbei oder von ihnen weg, so daß sie nie ihre Augen sehen konnten, und ihren Schwanz trug sie aufgerichtet. Auf eine Entfernung von mehr als neun Fuß sah sie aus wie eine gewöhnliche Katze, doch wenn sie näher kam, konnte man durch sie hindurchsehen, und Miss A. sagte, sie wüßte, daß es keine gewöhnliche Katze wäre, da sie während des Anschauens verschwände. Mr. S. war immer skeptisch gegenüber Geistern gewesen, bis er auf diesen Katzenkobold traf. Als er ihn zum ersten Mal sah, befand er sich im Eßzimmer; er bemerkte eine Katze, die versuchte, in den neun Fuß entfernten Geschirrschrank zu gelangen. Er ging hinüber, um die Katze zu verscheuchen, aber er stellte fest, daß sie durchsichtig war. Sie lief weg, und er folgte ihr über den Gang vom Eßzimmer, durch einen Vorraum, in die Spülküche bis hin zur Vorratskammer, denn die Türen dieser Räume standen alle offen. Mitten auf dem Boden der Vorratskammer verschwand sie. Mr. S. und seine Frau sahen den Kobold mehrmals, bevor sie jemandem davon erzählten und hatten auch Miss A. gegenüber nichts erwähnt, bis diese äußerte: ›Ich sehe hier immer eine Katze, die verschwindet – sie kann doch nicht euch gehören.‹ Mr. S. geht davon aus, daß andere Bewohner des Hauses die Katze gesehen haben können, ohne ihre geisterhafte Natur bemerkt zu haben. Sie zeigt bei ihren Erscheinungen keine Unzufriedenheit, sondern sie wirkt ganz glücklich. Mrs. S. ist sich sicher, daß ihr Interesse dem Haus gilt und nicht ihrer Gesellschaft.«

Solche Beispiele spiritueller Erscheinungen, wie wir sie hier betrachtet haben, nicht an den Haaren herbeigezogen, sondern von unabhängigen Zeugen bestätigt, gehen sicher einen weiten Weg bis zum Beweis für die fortdauernde Existenz unserer stummen Freunde, nachdem sie den materiellen Teil ihrer körperlichen Hüllen abgelegt haben. Und obwohl in manchen Fällen die Astralbildtheorie für verantwortlich gehalten werden kann (wenn Gestalten unablässig bestimmte Handlungsabläufe wiederholen, ohne Berücksichtigung der durch Zeit und Umstände veränderten Umgebung), kann sie die Fälle, in denen der Geist bereitwilliges Erkennen von und Anpassung an neue Faktoren in der Situation zeigt, eindeutig nicht erklären.

Den Zweifler, der keine Zeit hat, schwere Bände zu wälzen, möchte ich an Elliott O'Donnells »Animal Ghosts«, eine interessante Zusammenstellung solcher Fälle, verweisen. Der ernsthafte Student wird in jeder Bibliothek, die diese Bezeichnung verdient, einer großen Auswahl an Literatur gegenüberstehen.

KAPITEL XXIII

DÄMONENKATZEN

... Those midnight hags,
By force of potent spell, of bloody characters
And conjurations horrible to hear,
Call fiends and spectres from the yawning deep,
And set the ministers of hell to work.

... Zur Mitternacht die Vetteln
Durch starken Zauber und verdammte Wesen,
Beschwörungsformeln, gräßlich anzuhörn,
Rufen sie Teufel und Gespenster aus dem Abgrund,
Setzen der Hölle Diener in Bewegung.

T. E. Hook (?)

Die Keltenstämme, die Europa in frühen Zeiten bevölkerten, trennten den zweifaltigen Aspekt Gottes und sahen, wie die Barbaren anderer Rassen, eine Notwendigkeit darin, die übelwollenden Mächte zu besänftigen, die in ihrer Vorstellung die zerstörerischen Kräfte der materiellen Welt beherrschten und regierten. Dem guten Gott konnte man es getrost selbst überlassen, seine eigene Wesensart zu vollführen, auch wenn seine Altäre bisweilen vernachlässigt wurden, doch die rachgierige Eifersucht des Bösen mußte um jeden Preis unablässig besänftigt werden.

Die Einführung des Christentums bestärkte dieses Volk in seinem dualistischen Glauben und brachte bis dahin ungeahnte Schrecken mit sich. Der Teufel ging als brüllender Löwe umher, auf der Suche nach Opfern, die er verschlingen konnte. Wie die Gottheit war ihr Widersacher allgegenwärtig, und wenn er auch nicht allmächtig war, so war er doch zumindest mächtig genug, seinem göttlichen Gegenspieler bei den meisten seiner guten Absichten entgegenzuarbeiten und von der Schöpfung, die Gott zu seinem Ruhm und Gefallen geschaffen hatte, für seine eigenen Absichten Besitz zu ergreifen.

Von Furcht entmutigt, ist es kein Wunder, daß viele dieser unglücklichen und gutgläubigen Menschen, die solche Lehren mit der Muttermilch aufsogen, versuchten, mit dem christlichen Teufel und seinen Scharen dämonischer Diener eine einvernehmliche Verbindung herzustellen. Die Abstraktion von richtig und falsch war eine ungeahnte Vorstellung. Ob die angerufene Macht Jehovah oder Satan hieß, die Motive des Bittstellers waren Furcht und Eigennutz.

In der alten keltischen Mythologie war die Katze eine beliebte Gestalt von Dämonen, die die Helden bei ihren wunderbaren Abenteuern gefährdeten. Zusammen mit wilden Ebern und Ameisen, groß wie Kälber, gehörten bissige Katzen zu den Gegnern der keltischen Kämpfer.

Die christliche Kirche vereinigte diese Vorstellungen von Ungeheuern mit ihrer eigenen Dämonologie, indem sie glaubte, dadurch ihre Macht vergrößern zu können, so daß der mittelalterliche Aberglaube in jedem schwarzen Kater einen versteckten Teufel erblickte. Allein die Tatsache, daß eine alte Frau ein oder zweimal in der Nähe einer solchen Katze gesehen wurde, reichte als Begründung aus, sie wegen Umgangs mit Satan zu verbrennen. Die Katze wurde als Vertraute angesehen, da sie die Lieblingsgestalt des Teufels gewesen sein soll, und deshalb glaubte man von Hexen, sie gewährten Dämonen Unterschlupf in ihren Katzen.

Laut Ennemoser erschien der Teufel im dreizehnten Jahrhundert erstmals männlichen Ketzern in Gestalt von Katern und Ziegenböcken; Frauen zeigte er sich in Form von Kröten, Gänsen und schließlich Katzen.

Die beachtliche Verbreitung der Hexerei zu dieser Zeit können wir anhand von Raynalds Bericht ermessen, der sagt, »daß in Deutschland und besonders in Italien eine so große Zahl von Menschen zur Hexerei verführt war, daß die ganze Erde davon überflutet war und vom Teufel verwüstet worden wäre, wenn sie nicht in beiden Ländern an die 30.000 Ketzer verbrannt hätten.«

Auch mit diesen verzweifelten Mitteln wurde die Hexerei nicht ausgemerzt. Cotton Mather, der vierhundert Jahre später schreibt, zitiert Bischof Hall: »Die Verbreitung Satans in unserer Zeit wird am deutlichsten durch die erstaunliche Anzahl von Hexen, die in jedem Ort im Überfluß vorhanden sind. Eben sind hunderte in einer Grafschaft entdeckt worden; und wenn es sich nicht um ein Gerücht handelt, sind in einem Dorf im Norden mit vierzehn Häusern sehr viele von dieser verdammten Brut gefunden worden. Ja, und Menschen beiderlei Geschlechts, die sich Weisheit, Heiligkeit und Frömmigkeit so sehr hingegeben haben, werden in diese abscheuliche Praktik hineingezogen.«

Mather äußert dazu die Vermutung, daß »der Doktor sich in der ersten Textstelle auf die Ereignisse des Jahres 1645 beziehen könnte, als so viele Vasallen des Teufels entdeckt wurden, daß dort dreißig auf einmal der Prozeß gemacht wurde, während etwa vierzehn gehängt wurden und einhundert weitere in den Gefängnissen von Suffolk und Essex in Haft behalten wurden.« Er ermahnt die Bevölkerung Neuenglands, daß »wir nicht länger stolz darauf sein dürfen, den Heiligen Berg des Herrn unter uns zu haben; nein, es geziemt uns vielmehr demütig zu sein, weil wir die Heimstatt so unheiliger Teufel gewesen sind!«

Diese weitverbreitete, langanhaltende Epidemie der Hexerei hatte eine Reihe von professionellen Hexensuchern hervorgebracht, deren spezielle Aufgabe es war, Hexen und Zauberer aufzuspüren und vor Gericht zu bringen. Der Deutsche

Sprenger war einer der emsigsten unter ihnen und soll für etwa fünfhundert Opfer im Jahr verantwortlich gewesen sein. Ein Richter aus Lothringen rühmte sich, persönlich neunhundert Verurteilungen ausgesprochen zu haben, während ein Erzbischof von Trier 118 Frauen auf einmal verbrennen ließ, weil er den rauhen Frühling des Jahres 1586 den Machenschaften von Hexen zuschrieb. Wir dürfen auch nicht vergessen, König James VI. von Schottland zu erwähnen, der 1597 seine berühmte Abhandlung über Dämonologie veröffentlichte und so viele »dieser abscheulichen Sklaven des Teufels, die Hexen oder Zauberer,« zu schrecklichen Folterungen und zum Tod verurteilte.

Richard Bovet, der im 17. Jahrhundert über Zauberei geschrieben hat, berichtet darüber, wie die Hexen mit Hilfe ihrer Dämonenkatzen die Frau des J. H. Seavington und ihren achtzehnjährigen Sohn in der Grafschaft Somerset peinigten. Diese Dame war die Witwe eines Geistlichen, die zum zweiten Mal verheiratet war und ein Alter von 57 Jahren erreicht hatte, als eine Nachbarin verdächtigt wurde, für ihre Qualen verantwortlich zu sein. Zu ihren nächtlichen Alptraumvisionen gehörte eine große schwarze Katze, die mit sieben oder neun weiteren Katzen etwa eine Viertelstunde lang ein fürchterliches Geschrei machte und dann plötzlich verschwand. Wenn sie gegangen waren, wurde Mrs. Seavington von Krämpfen und innerlichen Leiden befallen, und ihr erschienen Blitze und »Lichtmassen wie von Feuer«.

Die geplagte Dame besaß selbst zwei Lieblingskatzen, die, »sobald die andere Sorte von Katzen den Raum betrat, wie vom Teufel getrieben die Flucht ergriffen, manchmal ins Feuer, manchmal in den Backofen, manchmal den Kamin hinauf, oder irgendwohin, nur um den Raum zu verlassen, während die anderen dablieben; danach gelang es nie mehr, sie wieder fröhlich zu machen, sondern sie verkümmerten und verzehrten sich auf traurige Weise.«

Ihre Herrin lebte noch siebzehn Jahre und starb schließlich vor Kummer und Schmerz. Glücklicherweise scheint in diesem Fall niemand für die Missetaten der dämonischen Katzen verantwortlich gemacht worden zu sein, doch das war ziemlich ungewöhnlich. Von einem viel typischeren Fall berichtet Roger North, der Bruder des damaligen Lordoberrichters, der einen Hexenprozeß beschreibt, der vor dem Geschworenengericht von Exeter geführt wurde und in dem eine alte Frau aufgrund der Zeugenaussage ihres Nachbarn und ihres eigenen Geständnisses zum Tod durch Erhängen verurteilt wurde. Der Nachbar hatte gesehen, daß einmal in der Abenddämmerung eine Katze durch das Fenster ihres Hauses gesprungen war, und er hatte ausgesagt, er halte die Katze für den Teufel. Für die Schuld der angeklagten Frau war kein weiterer Beweis erforderlich.

Nicht weniger bemerkenswert war das Geständnis des berühmten Hexenmeisters Alexander Hunter, ›alias‹ Hamilton, ›alias‹ Hattaraick, einem Zauberer, der angeklagt wurde, lange Zeit »das Land mißbraucht« zu haben und daraufhin 1631 auf Castle Hill in Edinburgh verbrannt wurde. Der Teufel hat sich anscheinend in den verschiedensten Gestalten mit ihm getroffen. Manchmal ritt Satan auf einem schwarzen Pferd, oder er erschien als Katze, Rabe oder Hund. Er lehrte seinen Schüler, ihn in einer sehr respektlosen Weise herbeizurufen, indem er mit einem Zauberstab aus Tannenholz auf den Boden schlagen und rufen mußte: »Erscheine, gemeiner Dieb!« Doch wie Thomas Ingoldsby uns warnt, ist der Teufel »immer leichter zu erwecken als zu beschwichtigen«, und Alexander erklärte, daß er sich von der Anwesenheit seines Gebieters erst wieder befreien konnte, wenn er ihm eine Katze, einen Hund, oder »ein anderes vergleichbares Ding« lebendig zum Geschenk machte.

Diese Darbringung des »lebenden« Tiers an Satan und dessen Annehmen derselben oder ähnlichen Gestalt der hingegebenen Kreatur hebt die Tatsache hervor, daß es sich nicht um ein Nahrungsopfer handelte, wie bei dem Vieh, das an Jehovahs Altären geopfert wurde, dessen gebratenes Fleisch durch seinen wohlriechenden Duft den Zorn dieses Gottes so oft von seinem unglücklichen »auserwählten Volk« ablenkte. Gewöhnlich waren es die Dienste des lebenden Tiers, die Satan verlangte, und die große Mehrheit der rituellen Teufelsopfer macht dies deutlich. Denn selbst wenn die Tötung des Opfers einbezogen wird, liegt die Absicht im allgemeinen darin, die Seele der Kreatur freizusetzen und sie so zu einem wirksameren Diener des dunklen Geistes zu machen, dem sie geweiht ist.*

Sie wird nicht getötet, sondern von einer sterblichen in eine dämonische Existenz versetzt, in der ihre Kräfte enorm vergrößert sind.

Ein vermeintliches Opfer solcher Dämonen war Loyse Maillat, ein kleines französisches Mädchen von acht Jahren, das mit seinen Eltern in dem Dorf Courieres lebte.

Am Samstag, dem 15. Juni 1598, wurde dieses Kind von einem Schwächeanfall heimgesucht, der es nötigte, auf allen vieren zu gehen, und gleichzeitig wurde sein Mund seltsam verzerrt und entstellt. Wochen vergingen, doch Loyse zeigte keine Anzeichen von Genesung. Ihre Eltern kamen zu dem Schluß, daß sie besessen sein mußte und brachten sie in die Kirche des Heiligen Erlösers. Dort wurden ihre Ängste bestätigt, denn es wurden nicht weniger als fünf Dämonen entdeckt, deren Namen ›Loup‹, ›Chat‹, ›Chien‹, ›Joly‹ und ›Griffon‹ gewesen sein sollen.

In Beantwortung einer Frage des Priesters wies Loyse auf eine Frau namens Francoise Secretain, die dem Austreibungsritual beigewohnt hatte, als Ursache ihrer Beschwerden hin.

---

* Zu weiteren Absichten von Opferungen vgl. Kapitel über die Katze als Opfer.

Zunächst weigerten sich die Teufel, ihre Wirtin zu verlassen, aber nachdem ihre Eltern die ganze Nacht hindurch gebetet hatten, entwichen sie in Form von apfelsinengroßen Kugeln ihrem Mund. ›Chat‹ war schwarz, aber die anderen Dämonen waren von feuerroter Farbe. Ihrem Verschwinden folgte die Wiederherstellung von Loyses ursprünglichem Gesundheitszustand. Francoise gestand, daß sie die fünf Dämonen veranlaßt hatte, von dem Kind Besitz zu ergreifen und fügte hinzu, daß sie Satan eine beträchtliche Weile gedient hatte, der ihr in verschiedenen Gestalten erschienen war, als schwarzer Mann, als Katze, als Hund und als Vogel.

Henri Boguet, der diesen Fall festgehalten hat, sagt: »Mit der Einkerkerung Francoises wurde Gottes Ruhm offenbar.«

Derselbe unermüdliche Nachforscher berichtet uns, Rolande de Vernois hätte bestätigt, daß »Le Diable se presenta pours lors au Sabbat en forme d'un groz chat noir (der Teufel damals beim Sabbat in Form einer großen schwarzen Katze erschienen sei).«

Dieser Glaube ist in den abgelegeneren Teilen Europas noch immer weit verbreitet. Als Beispiel können wir die südslawonischen Bauern anführen, die fest davon überzeugt sind, daß der Teufel in einer schwarzen Katze wohnt. Sie vermeiden es, nachts mit solchen Tieren in Berührung zu kommen, denn während der dunklen Stunden erhält der böse Feind plötzlich die Fähigkeit, seine eigene Gestalt wieder anzunehmen und sich des unbedachtsamen Wanderers zu bemächtigen und ihn zu vernichten.

Der moderne Spiritualismus bestätigt das Zeugnis alter Glaubensrichtungen, daß die geistigen Welten nicht nur von himmlischen Wesen und Geistern ehemaliger Erdbewohner bevölkert sind, sondern von grotesken, ungeheuerlichen Dämonen in allen Abstufungen an Bosheit, Intelligenz und Macht. In allen diesen Geisterreichen nehmen Tiergestalten eine deutliche Stellung ein, doch die Katze erfährt eine besondere Hervorhebung in den alten wie in den neuzeitlichen Berichten von dämonischen Erscheinungen und Abenteuern der kühnen Erforscher dieser dunklen ›terra incognita‹. Viele Beweise sind angeführt worden, daß diese Welt, obwohl sie glücklicherweise für die meisten menschlichen Wesen unsichtbar ist, eine ebenso wirkliche Existenz besitzt wie unsere eigene. Die Literatur zu diesem Thema ist leicht zugänglich, und deshalb habe ich in diesem Kapitel lediglich versucht, dem Leser einige wenige Illustrationen von Erscheinungen und Wirkungsweisen von Katzendämonen oder Teufeln in Katzengestalt vorzulegen. Da die Gestalt in den geistigen Welten weit weniger festgelegt zu sein scheint, als in unserer eigenen, ist es vielleicht unmöglich zu erkennen, ob das, was dem Sehenden als eine Dämonenkatze (oder andere Kreatur) erscheint, wirklich eine solche ist, oder nur die zeitweilige Maske einer okkulten Intelligenz, die sie angenommen hat, um einen vorübergehenden Zweck zu erfüllen. Daher müssen wir in Abschätzung der Verläßlichkeit des Augenscheins stets die Fähigkeit der Transfiguration spiritueller Wesen im Gedächtnis behalten, und diese Einschränkung müssen wir um die mangelnde Vertrauenswürdigkeit der körperlichen Sinne des Menschen in dieser Welt Mayas erweitern.

Um das Überleben des alten Glaubens in unserem aufgeklärten Land zu illustrieren, füge ich zum Abschluß dieses Kapitels die Zeugnisse zweier neuzeitlicher Schreiber an.

Der bekannte Geisterjäger Mr. Elliott O'Donnell versichert uns, daß »es zum augenblicklichen Zeitpunkt in England viele Häuser gibt, in denen es von Trugbildern in Form von schwarzen Katzen spukt, die so unheimlich und feindlich erscheinen, daß man nur davon ausgehen kann, daß sie, wenn sie keine wirklichen Geister von Katzen sind, die durch Neigung zu Grausamkeit und Boshaftigkeit erdgebunden sind, Vize-Elementar-Geister sein müssen, d. h. Geister, die nie einen materiellen Körper besessen haben, und die entweder durch bösartige Gedanken erzeugt wurden, oder anderswo durch ein Verbrechen oder eine böse Tat von dem Ort, an dem sie begangen wurde, angezogen wurden. Vize-Elementar ist nur die neue Bezeichnung für Teufel oder Dämon.«

Pastor Richard Howton, in eingeweihten Kreisen als Geistheiler berühmt, berichtet von einem bemerkenswerten Fall aus seiner persönlichen Erfahrung, bei dem ein Dämon, nachdem er aus einem Mann ausgetrieben worden war, auf eine Katze überging und sie besessen machte. Der unglückliche Mann, »besessen von einem kampflustigen Dämon, der ihn immer dazu trieb, boxen zu wollen,« wurde zu Mr. Howton gebracht. Er drohte, den Pastor zu boxen, der ihm zeigen mußte, daß auch ein Geistlicher der edlen Kunst der Selbstverteidigung nicht immer unkundig ist. Mr. Howton sagt: »Als ich den Dämon im Namen des Herrn austrieb, drang der unreine Geist in eine friedliche Hauskatze ein, die daraufhin ungestüm aus dem Haus lief und sich in einen Teich stürzte, um sich selbst zu ertränken. Nachdem sie gerettet war und ins Haus gebracht wurde, rannte sie ins Feuer und mußte sofort getötet werden. Der Mann war vollkommen geheilt. Ehre sei Gott!«

KAPITEL XXIV

VAMPIRKATZEN

»The witches' circle intact, charms undisturbed
That raised the spirit and succubus.«

»Der Hexenkreis intakt, und ungestört wirkt fort
Der Zauber, der die Geister und den Succubus zitiert.«
Browning, »Ring and Book,« I. 236

Die Katze nimmt in der Mythologie des Vampirismus eine wichtige Position ein, und gemäß den Sephardim oder spanischen Juden trat sie auf unserem Planeten in dieser unschönen Beschaffenheit schon früh in Erscheinung, nämlich vor der Erschaffung Evas. Aus der hebräischen Volkskunde erfahren wir, daß die semitische Hexenkönigin Lilith die erste Frau Adams war, daß sie ihm aber ihren Gehorsam verweigerte, entfloh und später zum Vampir wurde. Sie lebt noch immer und nimmt die Gestalt einer riesigen schwarzen Katze namens El Broosha an, wenn sie ein menschliches Neugeborenes, ihre bevorzugte Beute, ergreift und sein Blut aussaugt.

Lilith wird in Jesaja 34 14 erwähnt, aber in der autorisierten Version« wurde ihr Name mit »Käuzchen« übersetzt, während die revidierte Version ihn als »nächtliches Ungeheuer« wiedergibt, so daß ein Wiedererkennen vereitelt werden könnte. Das Käuzchen wird, wie die Katze, mit allen Arten von Hexerei in engen Zusammenhang gebracht, besonders aber mit dem Vampirismus. Die Erklärung liegt darin, daß man meinte, die Geister derer, die zu früh gestorben und deshalb wirkliche oder potentielle Vampire waren, würden klagen und weinen. Die ›stridores‹ (d. h. ›Geschrei, Brüllen‹) der Nekromanten waren eine Imitation der Wehklagen der Geister, und die Sympathielehre ging davon aus, daß dieses Ebenbild die Fähigkeit erzeugte, die unglücklichen Geister zu beherrschen. Eulen, Katzen, entkörperte Geister, klagende Nekromanten, wer könnte die unheimlichen Laute unterscheiden? Die magische Regel besagt, daß der Teil nicht nur für das Ganze stehen kann, sondern fähig ist, das Ganze mit Hilfe der Magie anzuziehen. Wer die Toten heraufbeschwören wollte, gebrauchte die seltsamen Schreie, um einen ›Rapport‹ (d. h. ›Kontakt‹) herzustellen.

In der Sage von Lilith erkennen wir den Ursprung des weitverbreiteten Aberglaubens, Katzen würden einem schlafenden Kind den Lebenshauch aussaugen, und es wird deutlich, weshalb Katzen von Kinderwiegen verbannt werden. Zur Zeit des Mittelalters glaubte man, Hexen nähmen die Gestalt von Katzen an, um die Rolle der Vampire zu spielen, und es scheint, als ob sie sich der Figur der Lilith bemächtigt hätten.

Picken, dessen »Poems« um 1830 veröffentlicht wurden, beschreibt in Versform:

»How the auld uncanny matrons
   Grew whiles a hare, a dog, or batrons,
   To get their will o' carles sleepan,
   Wha hae nae staulks o' rountree keepan,
   Ty'd round them when they ride or sail,
   Or sew't wi' care in their sark-tail.«

»Wie die alten unheimlichen Matronen
   Bisweilen Hasen, Hunde oder Katzen hielten;
   Um ihren Willen zu bekommen auch auf Kerlen schliefen,
   Die keine Ebereschenstengel bei sich trugen,
   Beim Reiten oder Segeln umgebunden hatten,
   Oder mit Sorgfalt in den Hemdenschoß genäht.«

Nach Ennemoser ist Zoroaster durch seine Lehre, daß Geister geschlechtlich seien, für den im Mittelalter kursierenden, schauerlichen Glauben, der auch von Kirche und Staat anerkannt wurde, verantwortlich, daß männliche und weibliche Dämonen, bekannt als Inkubi und Sukkubi, menschlichen Wesen beiwohnen. Ein angebliches Beispiel für diese unheilige Praktik findet sich bei Petto, und wir können in seiner »wahrheitsgetreuen Erzählung« lesen, wie die Hexe Abre Grinset aus Dunwich in Suffolk 1665 gestand, daß »der Teufel zuerst in Gestalt eines recht ansehnlichen jungen Mannes erschien, und seitdem in der Gestalt einer schwärzlich-grauen Katze oder eines Kätzchens erscheint, da es an ihrer Brustwarze saugt (was Nachforscher seitdem an dem von ihr genannten Ort beobachtet haben).«

Margaret Johnson, die Hexe von Lancashire, sagt 1633, »daß wenn ihr Teufel kam, um an ihrer Brust zu saugen, er gewöhnlich in der Gestalt einer Katze zu ihr kam, manchmal in der einen Farbe und manchmal in einer anderen. Und daß ihr Geist sie verlassen hat, seit diese Plage sie befallen hat, und sie ihn seither nie mehr gesehen hat.« (Whitaker)

Ein Bericht über einen recht ähnlichen Fall, in dem ein Kater seiner Gebieterin das Blut aussaugte, findet sich im folgenden Kapitel über Katzengenii. In diesem Fall war der Kater kein echter Vampir, da er das Blut der Hexe anscheinend als freiwillig gegebenes Geschenk oder Belohnung für besondere Dienste angenommen hat und mit der Opferung eines Huhns ebenso zufrieden gewesen ist. So lesen wir, daß sie »ihn belohnte wie zuvor, mit einem Huhn und einem Tropfen ihres Blutes, und das Huhn aß er vollkommen auf, wie er es immer tat, und sie konnte weder übriggebliebene Knochen noch Federn entdecken.«

Der immer vorhandene, dominierende Aspekt beim Vampirismus ist die pervertierte Sexualität. Der erotische Vampir erscheint dem Objekt seiner Leidenschaft selten oder nie in menschlicher Gestalt, sondern nimmt zur Durchführung seiner üblen Absichten die Form von Tieren oder Vögeln an, wie es Pamphila bei Apuleius tat (Met. 3 21). Er verfolgt sein Opfer Tag und Nacht und saugt ihm nach und nach das Mark aus den Knochen. Mißgebildete Kinder oder zu unsagbarer Bosheit fähige Monster sind das Ergebnis dieser unheiligen Union. Doch wie soll man dies verhindern? Wie soll man sicher sein, wenn der Fall eintritt, daß eine Katze oder ein Hund Zuneigung zu einem Menschen zeigt, daß es sich um ein wirkliches Tier und nicht um einen verwandelten Teufel handelt?

»So Men (they say), by Hell's Delusions led,
Have ta'en a Succubus to their bed.«

»Es heißt, daß Männer, vom Höllentrug benommen
Einen Succub haben mit zu Bett genommen.«
                              Cowley, »The Mistress, Not Fair.«

Dieser Aspekt des Vampirismus wird in fernöstlichen Ländern besonders hervorgehoben, wie die folgende japanische Geschichte, erzählt von Hadland Davis, anschaulich darlegt.

»Der Prinz von Hizen, ein würdiges Mitglied der Nabéshima-Familie, verlustierte sich einmal einen ganzen Nachmittag in Gesellschaft seiner Liebsten O Toyo im Garten, und als er sich bei Sonnenuntergang mit seiner Gefährtin in die Mauern des Palastes zurückzog, bemerkte er nicht, daß ihnen eine große Katze gefolgt war. Die Liebenden verabschiedeten sich für die Nacht, und die Katze folgte O Toyo in ihr Schlafgemach, wo diese bald in Schlaf versank. Doch um Mitternacht wurde sie plötzlich durch ein ängstliches Gefühl geweckt, und sie erblickte an ihrer Seite eine riesige Katze in drohender Haltung. Ehe sie um Hilfe schreien konnte sprang ihr das Untier an die Kehle und erwürgte sie. Ihren Leichnam begrub es unter der Veranda und nahm ihre Gestalt an.

Die Metamorphose der Vampirkatze war so perfekt, daß der Prinz nichts von all dem bemerkte und Liebhaber der vermeintlichen O Toyo blieb, bis ihm die von ihr praktizierte Beraubung seiner Lebenskräfte eine schwere Krankheit verursachte. Ärzte wurden herbeigerufen, konnten aber die Ursache seiner Beschwerden nicht feststellen, doch da sich sein Leiden immer über Nacht verstärkte, wurde beschlossen, hundert Gefolgsmänner zur Wache aufzustellen, wenn er sich zur Ruhe begab. Die Wächter bezogen ihre Posten, doch kurz bevor es zehn schlug, wurden sie vom Schlaf übermannt, und der Vampir O Toyo kam, um sich wie gewöhnlich an seinem Opfer zu laben. Jede Nacht geschah das gleiche, und dem Prinzen ging es immer schlechter. Schließlich, als sein Zustand beinahe hoffnungslos geworden war, äußerte ein treuer junger Soldat namens Ito Soda die Vermutung, der Prinz wäre behext, und er erhielt die Erlaubnis, mitzuwachen. Um zehn Uhr hatte die übliche Schläfrigkeit die hundert Wächter überwältigt, aber Ito stieß sich seinen Dolch in den Schenkel, und durch den heftigen Schmerz, den er verspürte, gelang es ihm, sich wach zu halten. Während er wachte, öffnete sich die Tür, und eine schöne Frau schlich sich herein und näherte sich dem Prinzen, als wollte sie ihn behexen. Doch die kühnen schlaflosen Augen Itos machten ihren bösen Zauberspruch unwirksam, und schließlich zog sie sich enttäuscht zurück. Noch einmal hielt der Soldat Wache und erlebte dasselbe. Und endlich besserte sich die Gesundheit des Prinzen, und O Toyo wurde ferngehalten, und die Wache hörte auf zu schlummern. Diese Vorgänge brachten Ito zu der Überzeugung, daß das schöne Wesen, das nachts hereinkam und als O Toyo auftrat, in Wirklichkeit ein Ghul (Dämon) sein mußte. Also faßte er den Plan, sie in der Nacht zu töten. Der Vampir setzte sich zur Wehr und ergriff eine Hellebarde, als er versuchte, sie mit dem Dolch zu treffen, doch plötzlich warf sie ihre Waffe fort, verwandelte sich in eine Katze, sprang auf das Dach und es gelang ihr, in die Berge zu entkommen. Schließlich wurde sie von Jägern getötet, die der Prinz auf ihre Verfolgung angesetzt hatte. Die Gesundheit von Prinz Hizen war wiederhergestellt, und Ito Soda erhielt eine ansehnliche Belohnung für seine Tapferkeit.«*

Diese Geschichte ist charakteristisch für den japanischen Vampir, der gewöhnlich die Katzengestalt bevorzugt und von dem man glaubt, daß er nach dem Ableben seiner Opfer ihr Aussehen annimmt, um es ihm zu ermöglichen, die Lebenskräfte derjenigen auszusaugen, die ihnen am liebsten und am nächsten waren. Der Aberglaube steht vielleicht in Zusammenhang mit der sonderbaren, in China vorherrschenden Vorstellung, nach der die Toten die Macht besitzen, für kurze Zeit wiederaufzuerstehen und üble Taten zu begehen, wenn in ein und demselben Augenblick ein Hund neben dem Totenbett und eine Katze auf dem Dach über ihm sitzt. Deshalb werden Katzen und Hunde von Häusern ferngehalten, in denen sich ein Toter befindet.

In leicht veränderter Form findet sich derselbe Aberglaube in Osteuropa, wo man glaubt, daß ein unbescholtener Mensch nach seinem Tod zum Vampir werden kann, wenn zufällig eine Katze oder ein Vogel vor der Bestattung über seinen Leichnam läuft oder fliegt.

Diese Beispiele machen deutlich, daß die Erklärung für die weitverbreitete Abneigung gegen die Anwesenheit einer Katze oder eines anderen Tiers in einem Totenzimmer in dem Glauben liegt, die Kreatur sei ein potentieller Vampir,

---

* Laut »Sunday Express« vom 14. Juli 1929 gibt es in Japan ein Gerücht, »daß die Vampirkatze von Nabéshima ihr nächtliches Treiben fortsetzt, indem sie die Frauen der Nachfahren der alten, mit zwei Schwertern kämpfenden Samurai behext.«

der den Leichnam allein durch seine Nähe infizieren könnte. Ein Biß ist tödlich; aber er ist für diesen Ausgang nicht unerläßlich, wenn der Vampir in Tiergestalt auftritt; das bedeutet, daß der übliche Beweis für die Verursachung des Todes durch den Angriff eines dieser Ungeheuer, nämlich das Zeichen eines Bisses am Hals des Opfers, fehlen kann, ohne die Hypothese in Frage zu stellen.

Ein eindrucksvolles Beispiel für einen, wie es scheint, echten Fall von Vampirismus gibt Dr. Henry More.

»Johannes Cuntius, Bürger und Ratsherr der Stadt Pentach in Schlesien, starb im Alter von etwa sechzig Jahren ziemlich plötzlich, nachdem er von seinem Pferd getreten worden war. Im Augenblick seines Todes eilte eine schwarze Katze in den Raum, sprang auf das Bett und kratzte ihn heftig ins Gesicht. Sowohl zum Zeitpunkt seines Todes als auch bei seiner Beerdigung erhob sich ein schweres Unwetter – Wind und Schnee ›ließen die Leiber der Menschen erzittern und die Zähne in ihren Mündern klappern.‹ Der Sturm soll sich mit überraschender Plötzlichkeit gelegt haben, sobald der Leichnam unter der Erde lag. Unmittelbar nach dem Begräbnis begannen jedoch Geschichten von dem Auftauchen eines Gespensts zu kursieren, das Leute mit der Stimme von Cuntius ansprach. Ungewöhnliche Dinge wurden erzählt, von Milch, die aus Krügen und Schalen verschwand, von Milch, die sich in Blut verwandelte, von alten Menschen, die erwürgt wurden, von Kindern, die aus Wiegen gestohlen wurden, von Kirchengewändern, die mit Blut befleckt waren und von Geflügel, das getötet und verzehrt wurde. Schließlich wurde beschlossen, den Leichnam auszugraben. Es stellte sich heraus, daß alle Leichen, die nach Cuntius begraben worden waren, verfault und verwest waren, doch seine Haut war glatt und blühend, seine Glieder keineswegs steif, und als man einen Stock zwischen seine Finger legte, umschlossen sie ihn und hielten ihn in festem Griff. Er konnte seine

Augen öffnen und schließen, und als man eine Ader seines Beins anstach, floß das Blut so frisch heraus, wie bei einem Lebenden. Dies geschah, nachdem der Körper sechs Monate im Grab gelegen hatte. Es gab große Schwierigkeiten, als der Körper auf Veranlassung der Obrigkeit aufgeschnitten und seziert wurde, da er großen Widerstand leistete; doch als die Pflicht erfüllt war und die Überreste den Flammen übergeben worden waren, hörte das Gespenst auf, die Einwohner zu belästigen oder ihren Schlaf und ihre Gesundheit zu beeinträchtigen.«

Es ist interessant festzustellen, daß in England ein ähnlicher Glaube noch immer nachgewiesen werden kann. So berichtet Henderson, daß die Bewohner Northumbriens eine Katze sofort töten, wenn sie über einen menschlichen Leichnam springt. Solche Vorstellungen bestehen auch nicht nur bei den Ungebildeten. Vielen meiner Leser wird es vielleicht einen Schock versetzen, wenn sie erfahren, daß solche Lehren auch unter gelehrten Menschen noch immer nicht ausgestorben sind. Ein römisch-katholischer Schreiber, Mr. Montague Summers, hält die Existenz von Inkubi und Sukkubi ernsthaft aufrecht und zitiert »viele große Namen, Wissenschaftler, Gelehrte, Autoritäten, Männer, auf die die Welt mit Bewunderung blickt, nein vielmehr mit Ehrfurcht und Liebe,« um seine Behauptung zu stützen. Glücklich sind die Skeptiker, sagt er, »weil sie die ungeheuerlichen Dinge nicht wahrnehmen und nicht wahrnehmen werden, die gerade nur unter der Oberfläche unserer brüchigen Zivilisation liegen.«

KAPITEL XXV

KATZENGENII UND SCHUTZGEISTER

»These be the adept's doctrines – every element
Is peopled with its separate race of spirits.
The airy Sylphs on the blue ether float;
Deep in the earthy cavern skulks the Gnome;
The sea-green Naiad skims the ocean-billow,
And the fierce fire is yet a friendly home
To its peculiar sprite – the salamander.«

»Dies seien des Adepten Regeln: jedes Element
Bevölkert ist von seinen ganz speziellen Geistern:
Im blauen Äther schwimmen körperlos die Sylphen,
Tief in der Erde Höhlen stapft der Gnom umher,
Die meergrüne Najade über des Ozeans Wogen gleitet;
Selbst das lodernde Feuer ist friedliches Heim
Seinem besonderen Geist – dem Salamander.«

(Anonym)

Spirituelle Zauberei befaßt sich hauptsächlich mit Beschwörungsriten, die auf dem Glauben an sogenannte Elementargeister basieren. Seit den frühesten Zeiten, als es noch keine Aufzeichnungen darüber gab, glaubte man an die Existenz solcher Intelligenzen. Alte assyrische Zauberformeln sind an diese Wesen gerichtet, und von dem Glauben der Ägypter an ihre Existenz zeugt Kapitel 108 des »Totenbuchs«, das den Titel »Das Kapitel vom Wissen über die Geister des Westens« trägt.

Auch heute noch ist das geheimnisvolle Land Ägypten, wie andere Länder, die die Herrschaft des Islam anerkennen,

227

bevölkert von einer unzähligen Menge von Zauberwesen, den sogenannten Dschinns. Diese Geister haben mit der menschlichen Spezies vieles gemeinsam, denn sie kennen Geburt, Reifung, Verfall und Tod. Sie sind beiderlei Geschlechts und gehen verschiedenen Beschäftigungen nach, manche als Sklaven, andere als Freie. Ihre Religion richtet sich nach dem Glauben der Menschen. Aber sie unterscheiden sich darin, daß ihre normale Lebensdauer ungefähr dreihundert Jahre beträgt und dadurch, daß sie gewöhnlich unsichtbar sind; doch sie besitzen die Fähigkeit, jede unheimliche oder geisterhafte Gestalt anzunehmen, die Menschen, Tieren oder Ungeheuern ähneln kann. Sie scheinen mit unserer Rasse in einer sympathetischen Union eng verbunden zu sein, denn jedes Menschenkind soll einen eigenen, speziellen Dschinn haben, der zur selben Stunde geboren wird, und der es begleitet. In der gesamten moslemischen Welt wird die Kunst der Beschwörung dieser Wesen von einer großen Anzahl von Menschen kultiviert. Manche moslemischen Zauberer sollen sogar mit weiblichen Dschinns verheiratet sein, und es wird behauptet, daß diejenigen, deren Kunde vom Okkulten sie befähigt, den Geistern zu gebieten, mit ihrer Mitwirkung Wunder vollbringen können.

Zur Bestätigung dessen können wir Lane zitieren, der im Vorwort zu seiner Übersetzung der »Arabischen Nächte« sagt: »Ich habe in einem Land gelebt, in dem man noch immer fest daran glaubt, daß Genii der Aufforderung eines Magiers oder eines Besitzers von Talismanen gehorchen und in Alltagsgeschehnisse eingreifen; und ich habe Geschichten über ihr Wirken gehört, die mir Personen von höchstem Ansehen als Tatsachen berichtet haben.«

Und derselbe bekannte Autor und Reisende erzählt in seinem Werk über »Moderne Ägypter« die folgende eindrucksvolle Geschichte eines dieser Familiaren, der sich als Katze zeigte. Er sagt: »Der Scheich Khalee'l El-Meda'bighee, einer der berühmtesten Ulemas Ägyptens und Autor mehrerer Bücher über verschiedene Wissenschaftsgebiete, der während meines damaligen Aufenthalts in diesem Land in weit vorangeschrittenem Alter starb, erzählte gerne die folgende Anekdote. Er sagte, er hatte eine schwarze Lieblingskatze, die immer am Fußende seines Moskitonetzes schlief. Einmal, um Mitternacht, hörte er ein Klopfen an seiner Haustür; und seine Katze ging und öffnete den Fensterladen und rief: ›Wer ist da?‹ Eine Stimme antwortete: ›Ich bin soundso‹ (und nannte einen seltsamen Namen), ›der Dschinn, öffne die Tür.‹ Die Katze des Scheichs sagte: ›Über das Türschloß ist der Name (Gottes) gesprochen worden.‹ Der andere sagte: ›Dann wirf mir zwei Stücke Brot herunter.‹ ›Der Brotkorb ist mit dem Namen besprochen worden‹, antwortete die Katze. ›Nun‹, sagte der Fremde, ›dann gib mir wenigstens etwas Wasser zu trinken.‹ Aber er erhielt die Antwort, daß der Wasserkrug in der selben Weise geschützt worden war. Und er fragte, was er tun sollte, wo man doch sehen könnte, daß er vor Hunger und Durst fast sterben würde. Die Katze des Scheichs riet ihm, an die Tür des nächsten Hauses zu gehen; und sie selbst ging ebenfalls dorthin und öffnete die Tür und kam bald darauf zurück. Am nächsten Morgen wich der Scheich von einer Gewohnheit ab, die er sonst immer eingehalten hatte: er gab der Katze die Hälfte seines fatee'reh, das er zum Frühstück nahm, anstelle des kleinen Stückchens, das er sonst hergab; und danach sagte er: ›Ach meine Katze, du weißt, ich bin ein armer Mann: bring mir ein bißchen mehr Gold‹. Auf diese Worte hin verschwand die Katze sofort, und er sah sie nie mehr.«

In der Provence ist der Glaube an Genii, wie in Ägypten, auch jetzt noch vorhanden. Branch Johnson schreibt, daß er es für unklug hält, als verspäteter Wanderer in der Crau »nach Sonnenuntergang irgendeinen Gruß zu erwidern, aus Furcht, er könnte von einem Matagot oder Matagon kommen, einem jener geheimnisvollen Bewohner der Felder und der Erde, die, weder gut genug, um Engel zu sein noch schlecht genug, um Teufel zu sein, menschlichen Wesen Schaden zufügen... Gewöhnlich treten sie als Katzen auf,« obwohl manchmal auch in anderen Gestalten, und »es ist ihr Hauptmerkmal, daß sie sich mit unglaublicher Geschwindigkeit von einer Stelle zur anderen fortbewegen, so daß es zwecklos wäre, vor ihnen fliehen zu wollen. Man kann nur ihre leuchtenden Augen sehen, oder ein fahles Licht, das von ihren Körpern ausstrahlt; und der Reisende muß seine Augen bedecken, ein Vaterunser aufsagen und, seine Schutzheiligen anrufend, durch die Dunkelheit eilen, bis er Schutz in einem erleuchteten Landhaus findet.«

Im prähistorischen Japan waren Menschenopfer, wie anderswo, eine anerkannte Einrichtung, und die Geister der Wildnis wurden furchtsam verehrt und forderten viele Opfer. So konnte auf wundersame Weise ein Bogen auf dem Dach des Hauses eines Mannes erscheinen, um anzuzeigen, daß seine älteste jungfräuliche Tochter der Gottheit der wilden Tiere geopfert werden mußte. Und der grausamen Forderung entsprechend wurde sie lebendig begraben, damit das Ungeheuer ihr Fleisch verschlingen konnte.

Hadland Davies erzählt eine dieser Legenden, die die Erinnerung an solche alten Bräuche bewahren, und sie ist für uns von besonderem Interesse, da der böse Berggeist, der Menschenopfer forderte, Katzengestalt besaß. Die Nacherzählung soll so kurz wie möglich erfolgen: »Ein kühner Ritter ruhte sich einmal in einer Tempelruine in den Bergen aus, wohin er allein gewandert war. Er schlief sofort ein, doch als Mitternacht nahte, wurde seine Ruhe jäh gestört. Dicht neben ihm tanzte eine Gruppe von unirdischen Katzen, die laut und wiederholt schrien: ›Sag es nicht Shippeitaro!‹ Die unheimliche Mitternachtsstunde ging vorüber, und die Katzengesellschaft verschwand, während unser Held, der in einer sehr phlegmatischen Verfassung gewesen sein muß, ins Land der Träume zurückkehrte. Am nächsten Tag nahm er seine Wanderung wieder auf und erreichte alsbald den Rand eines Dorfes, dessen Bewohner in schrecklichen Nöten zu sein schienen. Der Ritter fragte nach dem Grund ihres Elends und erfuhr, daß die unglücklichen Menschen an genau diesem Tag ihren jährlichen Tribut, die schönste Jungfrau ihres Dorfes, an den bösen Katzengeist des Berges zollen mußten. Dieses Wesen würde sie in sein Lager in dem verfallenen Tempel zerren, wo er die Nacht verbracht hatte, und würde sie dort verschlingen. Als der Ritter die traurige Geschichte hörte, erinnerte er sich an seine Erlebnisse der vorhergehenden Nacht und fragte, wer Shippeitaro sein könnte. ›Warum‹, entgegnete sein Zuhörer, ›das ist ein großer, tapferer Hund, und er gehört dem Vorsteher unseres Prinzen.‹ ›Ha!‹, dachte der Ritter, ›er könnte diese Gespensterkatzen vertreiben!‹ Und er eilte davon, um sich seiner Dienste zu versichern. Er hatte gleich Erfolg und kehrte mit seinem vierbeinigen Gefährten zurück. Der Käfig für das unglückliche Opfer war schon bereitgestellt, doch Shippeitaro nahm ihren Platz ein, und mit Hilfe mehrerer junger Männer brachte der Ritter den Behälter zum Tempel. Die Jünglinge fürchteten sich, an diesem verfluchten Ort zu verweilen, und so hielten der Ritter und der Hund einsame Wache, bis die Gespensterkatzen um Mitternacht wieder erschienen. Dieses Mal war ein riesiger Kater mit wilder Miene als ihr Anführer dabei, der sprang um den Käfig herum und stieß in Erwartung des bevorstehenden Genusses Schreie aus. Plötzlich riß der Ritter die Käfigtür auf, Shippeitaro sprang heraus und faßte die große Katze mit seinen Zähnen. Sein Herr zog schnell das Schwert und tötete das gräßliche Untier. Die geringeren Katzen flohen in panischer Angst, und Shippeitaro vertrieb sie auf der Stelle. So erhoben die bösen Berggeister nicht länger Blutzoll von dem Dorf, und der tapfere Ritter überließ bescheiden das ganze Lob seinem vierbeinigen Helfer Shippeit-aro.« Legenden wie diese haben wahrscheinlich zu der aber-gläubischen Furcht beigetragen, mit der Katzen in Japan be-trachtet werden. Die japanischen Katzen scheinen unter einem Fluch zu stehen und führen eine Existenz als Parias, die vermeintlich Unterstützung durch übernatürliche Hilfs-mittel erfährt. Man hält sie für fähig, ebenso wie Dachse und Füchse, Menschen behexen zu können und haßt und fürch-tet sie deshalb zugleich. Die japanische Katze ist, vielleicht wegen der Ähnlichkeit der ihr zugeschriebenen Kräfte, mit der Schlange verbunden, als eine der beiden einzigen Krea-turen, die beim Tod Buddhas nicht weinten.

Die weitverstreuten Quellen des Haustierfamiliaren, der in der britischen Hexerei so häufig anzutreffen ist, werden aus solchen oben angeführten Vorfällen ersichtlich. Der Glaube ist von enormem Alter, und er war in seinen höheren Offen-barungen solchen rohen Auswüchsen, wie wir sie gerade be-trachtet haben, weitgehend entwachsen, doch wie alle alten Religionen, mit denen die christliche Kirche in Berührung kam, wurde er durch die falsche Darstellung der Anhänger des neueren Glaubens verfälscht und auf seinen Ursprungszu-stand herabgewürdigt. Die Genii, Dschinns, Feen, Kobolde, Elfen und Geister wurden alle als Teufel eingestuft, während die Priester und Priesterinnen der entthronten Götter als die Komplizen Satans und böse Zauberer verfolgt und verleum-det wurden. Die Geschichte hat die entsetzliche Grausam-keit festgehalten, mit der das Christentum, selbst zum Hohn seiner eigenen Lehren, seine Macht etablierte und Konkur-renz niederschlug.

Bei der Betrachtung der nachfolgenden Berichte über bri-tische Hexenprozesse können wir nicht nachdrücklich genug betonen, daß sie aus voreingenommenen Quellen stammen; und ebenso, daß fast alle Geständnisse durch Folter erzwun-gen wurden, so daß sie, so ordentlich und sorgfältig sie auch aufgezeichnet sein mögen, keine große Beweiskraft haben können. Die Hexerei würde zweifellos einen völlig anderen Aspekt erhalten, wenn es einen wohlwollenden zeitgenössischen Bericht gäbe, was unglücklicherweise nicht der Fall ist.

Wir wollen einige zeitgenössische Aufzeichnungen betrachten, die konkrete Beispiele von Familiardämonen in Katzengestalt liefern. Eines dieser kostbaren Dokumente wird in den Spalten des »Spiritual Magazine« von Juli 1877 auf Seite 311 angeführt und berichtet darüber, wie Dame Alice de la Poer im vierzehnten Jahrhundert von ihrem Ehemann John de la Poer an Richard Bischof von Ossory übergeben wurde. Ein Teil der Anklage gegen die unglückliche Dame war, »daß die vorgenannte Dame Alice die anhaltende Gewohnheit pflegte, in ein und demselben Bett mit einem bestimmten Teufel zu schlafen, dessen Name Roland Fitz Artis war, der manchmal in Gestalt einer schwarzen Katze zu sehen war und bei anderen Gelegenheiten als räudiger Hund,« usw.

Ein außergewöhnlich detailliertes, interessantes Protokoll über einen dienstbaren Geist oder einen Katzenfamiliaren haben wir im Fall Elizabeth Francis zur Hand, die 1556 in Chelmsford verurteilt wurde. Laut Cooper »lernte« Elizabeth »die Hexenkunst von ihrer Großmutter, deren Name Mutter Eve war. Als diese sie darin unterrichtete, riet sie ihr desgleichen, Gott und seinem Wort zu entsagen und Satan (wie sie ihn nannte) von ihrem Blut zu geben, den sie ihr in Form eines weißgefleckten Katers überreichte, und sie lehrte sie, den besagten Kater mit Brot und Milch zu füttern, und sie tat es; ebenso lehrte sie sie, ihn mit dem Namen Satan zu rufen und ihn in einem Korb zu halten. Und sie sagte desgleichen, daß er jedesmal, wenn er etwas für sie getan hatte, einen Tropfen Blut verlangte, was sie ihm gab, indem sie sich an verschiedenen Stellen stach. Nachdem sie den Kater während eines

Zeitraums von 15 bis 16 Jahren gehabt hatte, und sie, wie manche (wenn auch unwahr) sagen, seiner überdrüssig wurde, kam sie zur einer Mutter Waterhouse, ihrer Nachbarin, brachte ihr in ihrer Schürze diesen Kater und lehrte sie, wie sie von ihrer Großmutter Eve unterrichtet worden war, daß sie ihn Satan nennen müsse und ihm von ihrem Blut und Brot und Milch geben müsse wie bisher. – Mutter Waterhouse erhielt diese Katze von Francis' Frau auf die eben genannte Weise. Sie wollte (um zu testen, was er konnte), daß er eines ihrer Schweine tötete, was er tat, und sie gab ihm für seine Arbeit ein Huhn, das er zuerst von ihr verlangte, und einen Tropfen ihres Bluts. Und dies gab sie ihm jedesmal, wenn er etwas für sie getan hatte, indem sie sich in die Hand oder ins Gesicht stach und er das Blut mit seinem Maul aufsaugte, woraufhin er sich wieder in seinen Topf legte, worin sie ihn hielt. Ein anderes Mal entlohnte sie ihn wie zuvor mit einem Huhn und einem Tropfen ihres Bluts, und dieses Huhn fraß er wie immer ganz auf, und es blieben weder Knochen noch Federn übrig. Sie sagte auch, daß sie ein Vaterunser in Latein aufsagte, wenn er etwas für sie tun sollte. Desgleichen gestand jene Mutter Waterhouse, daß sie diesen Kater auf dieselbe Weise in eine Kröte verwandelt hat; sie hatte den Kater lange Zeit in einem Topf mit Wolle gehalten, und als sie mit der Zeit aus Armut keine Wolle mehr beschaffen konnte, betete sie im Namen des Vaters, des Sohnes und des Heiligen Geistes, daß er sich in eine Kröte verwandeln möge, und seitdem war er in eine Kröte verwandelt und wurde ohne Wolle in dem Topf gehalten.«*

1579 wurden in Windsor zwei Fälle verhandelt, in denen der Katzenfamiliare eine vorrangige Rolle spielte.

»Mutter Devell, wohnhaft in der Nähe des Weihers von Windsor, hat einen Geist in Gestalt einer schwarzen Katze,

---

* »Witches at Chelmsford,« S. 24-32. Philobiblon Soc., VIII.

den sie Gille nennt und der ihr bei der Hexerei hilft, und sie füttert ihn täglich mit Milch, die sie mit ihrem eigenen Blut vermischt hat. Mutter Margaret, wohnhaft im Armenhaus von Windsor, füttert einen Katzengeist oder Teufel, den sie Ginnie nennt, mit Brotkrumen und ihrem eigenen Blut.« (›Rehearsal‹.)

Im Jahr 1582 behauptete der achtjährige Thomas Rabbet in St. Osyth in Essex, daß seine Mutter Ursley Kemp »vier verschiedene Geister hat, der eine heißt Tyffin, der andere Tittey, der dritte Pigine und der vierte Jack; und auf die Frage nach ihrem Aussehen sagt er, daß Tittey wie eine kleine graue Katze aussieht, Tyffin wie ein weißes Lamm, Pigine wie eine schwarze Kröte und Jack wie eine schwarze Katze. Und er sagt, er hat gesehen, wie seine Mutter ihnen manchmal Bier zu trinken gibt und von einem weißen Laib oder Stück zu essen, und er sagt, daß die besagten Geister in der Nacht zu seiner Mutter kommen und Blut aus ihrem Arm und anderen Teilen ihres Körpers saugen.«

Im Jahr 1646 gestand Francis Moore während der Hexenprozesse von Huntingdonshire, daß eine Hausfrau Weed* ihr eine weiße Katze gab und ihr sagte, wenn sie Gott verleugnen und dies mit ihrem Blut bestätigen würde, müßte jeder, den sie verfluchen würde und zu dem sie diese Katze schicken würde, bald darauf sterben. Woraufhin die Vernommene sagte, daß sie Gott geleugnet hätte und zur Bestätigung dessen mit einem Dorn in ihren Finger gestochen hatte, aus dem Blut herauskam, welches die Katze sofort aufgeleckt hatte, und genannte Hausfrau Weed nannte die Katze ›Tissy‹. Und sie sagt weiter, daß sie die erwähnte Katze vor ungefähr einem Jahr getötet hat.« Dieser Fall ist besonders interessant, weil er uns einen Blick auf das Ritual des Kults gewährt. Das Leugnen Gottes muß als spezielles Leugnen der christlichen

---

* Elizabeth Weed of Great Catworth.

Gottheit verstanden werden, da die Hexen Janus oder Diana verehrt zu haben scheinen, oder deren ägyptische Prototypen, wie wir in anderen Kapiteln bemerkt haben.

Die blutsaugenden Katzenfamiliaren dürfen nicht mit Katzenvampiren verwechselt werden. Die Hexen lehrten und ermutigten sie, an ihrem Lebenssaft teilzuhaben, um eine psychische Verbindung herzustellen. Wie wir aus den hebräischen Schriften ersehen können, wurde das Blut als Leben und Seele seines Besitzers betrachtet; selbst wenn es den Körper verlassen hatte, blieb die darin enthaltene Persönlichkeit bestehen. So lesen wir, wie Jehovah nach der Ermordung Abels zu Kain sagt: »Die Stimme des Blutes deines Bruders schreit zu mir von der Erde« (Gen. 4 10). Und es wird ein über das andere Mal wiederholt, daß das Blut geschlachteter Tiere auf keinen Fall gegessen werden darf. Solche Vorstellungen sind nicht auf das jüdische Volk beschränkt, sondern lassen sich beinahe zu jeder Zeit und in jedem Land nachweisen. Das Blut eines anderen zu trinken heißt, eine mystische und enge Gemeinschaft der Seelen herzustellen. Die Hexen verlangten vollkommene Herrschaft über ihre Tiervertrauten und folgten den alten Methoden.

> »I have heard old beldams
>   Talk of familiars in the shape of mice,
>   Rats, ferrets, weasels, and I wot not what,
>   That have appear'd, and suck'd, some say, their blood«

> »Ich habe alte Vetteln sprechen hören
>   von Vertrauten in Gestalt von Mäusen,
>   Ratten, Frettchen, Wieseln und ich weiß nicht was,
>   die erschienen sind und ihr Blut gesaugt haben,
>   wie manche sagen«,

ist das Zeugnis der Dramatiker Ford und Dekker aus dem siebzehnten Jahrhundert.

1618 wurden zwei alte Frauen in Lincoln wegen der Anschuldigung gehängt, die Kinder des Grafen von Rutland mit Hilfe eines Katzenfamiliaren behext zu haben. Eine von ihnen gestand, das Halstuch der Lady Catherine an ihrer Katze gerieben und ihm zu fliegen befohlen zu haben, und daß die Katze daraufhin »Miau« geschrien habe. Aufgrund dieses Beweises wurde sie gehängt.

Die Kinder starben an etwas, das ein schwaches Fieber gewesen zu sein scheint. Doch ein zu ihrem Gedächtnis in der Bottesford-Kirche bei Nottingham errichtetes Monument trägt eine Inschrift, die besagt, sie seien in der Kindheit an bösen Zauberpraktiken gestorben. Offensichtlich war die Katze der Vertraute der Hexe. Ihre bloße Verbindung mit dem Geschöpf reichte aus, um die alte Frau als jemanden zu verurteilen, der »Zauberei betrieb und mit bösen Geistern handelte« (2 Könige 21 6).

Der berühmte Gelehrte und Poet Edward Fairfax, der seine Blütezeit im siebzehnten Jahrhundert erlebte und Tassos »Gottfried von Bouillon« in so herrliches Englisch übersetzte, daß er mit Spenser, dem Vater der modernen englischen Dichtung, auf eine Stufe gestellt wird, glaubte fest an Hexerei als eine böse und zerstörerische Macht. Seinem eigenen, mit offensichtlicher Ernsthaftigkeit geschriebenen Bericht zufolge, machten seine Erfahrungen ihn zu »einem leidvollen Zeugen« ihrer Realität. Demgemäß begegnen wir ihm 1621 dabei, wie er sechs Frauen verklagt, von denen er behauptet, sie haben seine drei Töchter behext.

Erstaunlicherweise erzählt er, daß die Angeklagten in dem Prozeß vor dem Geschworenengericht in York sämtlich Freispruch erhielten; und diesem verdanken wir den Besitz der »Daemonologia«, des Bandes, den Fairfax zur Rechtfertigung seiner Aktion schrieb. Viele merkwürdige Dinge kann man dort über die sechs Hexen erfahren, »von denen mir fünf bekannt sind.«

Zwei von ihnen besaßen vetraute Geister in Katzengestalt, während eine andere einen Familiaren unbekannter Art hatte, »ein ungestaltes Ding mit vielen Füßen, von schwarzer Farbe, mit rauhem Fell, in der Größe einer Katze, dessen Name nicht bekannt ist.« Die Tochter dieser Frau war eine der Besitzerinnen der Katzenfamiliaren, »ihr Geist eine weiße Katze mit schwarzen Flecken namens Inges.« Eine dritte Frau, die »seit vielen Jahren als Hexe galt«, wurde seit mehr als vierzig Jahren von einem »Geist in Gestalt einer großen schwarzen Katze namens Gibbe« bedient. Von den drei übrigen Hexen soll eine einen Vogel als Familiaren gehabt haben, die anderen hatten anscheinend keinen. Doch in ihren qualvollen Träumen sahen die behexten Kinder eine siebte Frau, die sie peinigte, und sie besaß einen Geist »vom Aussehen einer weißen Katze« namens Fillie, der sie seit zwanzig Jahren begleitet hatte. Das älteste Mädchen, Helen Fairfax, fiel häufig in »tödliche Ekstase«, in der sie furchtbare Visionen von Katzen hatte. Eine von ihnen bleckte menschliche Zähne, »wenn sie das Maul öffnete, um sie anzukeuchen.« Eine andere versuchte zu verhindern, daß in der Bibel gelesen wurde, und die Hand, die Helen benutzte, um sie wegzuschlagen, wurde unbrauchbar. Ihre Schwester Elizabeth litt ebenfalls unter grausigen Träumen, und beide wurden von »einer außerordentlich schweren Krankheit« befallen. Und dort müssen wir sie verlassen, denn die Erzählung ist leider unvollendet, oder ihr Ende ist verlorengegangen.

George Giffard, Gottesdiener in Malden im Jahr 1603, hat uns mit seinem »Dialog über Hexen und Zauberei« die Geschichte einer Hexe überliefert, die einen Vertrauten in Katzengestalt einsetzte, um drei Schweine und eine Kuh eines Bauern zu vernichten, der sich ihren Haß zugezogen hatte. Doch »der Mann schöpfte Verdacht, verbrannte ein lebendes Schwein und ihre Katze wollte, wie sie sagte, niemals mehr dorthin gehen.«

Es wäre interessant, den Gedankengang zu verfolgen, der den Bauern zu seinem schrecklichen Opfer veranlaßt hat und zu wissen, ob es für Jehovah oder für Satan gedacht war, doch Giffard berichtet darüber nichts. Er verurteilt diese furchterfüllte Handlung auch nicht. Über eine andere Hexe, eine alte Frau aus Essex, die 1588 verurteilt wurde, deren Name aber nicht überliefert ist, schreibt er, daß sie »alles gestand, was im einzelnen folgendes war: daß sie drei Geister hatte: einen wie eine Katze, den sie Lightfoot nannte, einen weiteren wie eine Kröte, den sie Lunch nannte und einen dritten wie ein Wiesel, den sie Makeshift nannte. Diesen Lightfoot, sagte sie, verkaufte ihr eine Mutter Barlie of W. vor ungefähr sechzehn Jahren für einen Napfkuchen, und sie erzählte ihr, die Katze würde ihr gute Dienste tun, und wenn sie wollte, könnte sie ihr einen Auftrag erteilen; diese Katze war erst kurze Zeit bei ihr, da kamen das Wiesel und die Kröte und boten ihre Dienste an: die Katze würde Kühe töten, das Wiesel würde Pferde töten, die Kröte würde die Körper der Menschen plagen... Eine andere Mutter W. ›sagte, sie hätte einen Geist in Gestalt einer gelben Falbkatze.‹« (Giffard, S. 19-39.) Und noch einmal konfrontiert Giffard den Skeptischen mit sehr allgemeinem Beweismaterial.

»Was sagen Sie dazu? Daß die Hexen ihre Geister haben, manche hat einen, manche hat mehr, zwei, drei, vier oder fünf. Manche in der Gestalt und manche in einer anderen, wie Katzen, Wiesel, Kröten oder Mäuse, die sie mit Milch oder einem Huhn füttern, oder die sie hin und wieder einen Tropfen Blut saugen lassen; die sie rufen, wenn sie mit jemandem in Streit geraten und die sie aussenden, um deren Körper zu quälen und deren Vieh zu töten.«

Gemäß dem Auszug aus der Strafakte gab es einen solchen Fall von Hexerei im August 1661, bei dem mehrere Hexen verurteilt und hingerichtet wurden. Unter ihnen war Margaret Hutcheson, gegen die »die Anklage erhoben wird, John

Boost bedroht zu haben, weil er sie eine Hexe nannte; und innerhalb weniger Tage danach wurde, nachdem sie ein Stück rohes Fleisch in sein Haus geworfen hatte, das im Feuer verbrannt worden war (nachdem Hunde und Katzen verweigert hatten, davon zu fressen), seine Katze von einer Krankheit befallen, bei der sie sich zu Tode kämpfte und schwitzte; und daß sie John Bell bedrohte, weil er Streit mit ihrem Ehemann hatte, und unmittelbar danach kamen drei Katzen in sein Haus, die seine Familie auffressen wollten, woraufhin zwei seiner Kinder starben und seine Frau sich eine langandauernde Krankheit zuzog.«

Zwei ungewöhnliche Punkte verlangen in diesem Fall nach Aufmerksamkeit: erstens, daß Hunde und Katzen verweigerten, von dem vergifteten Hexenfleisch zu essen und zweitens, daß eine Katze das Opfer der bösen Absicht der Hexe war, obwohl Katzen auch als Werkzeug bei der Durchführung ihrer grimmigen Pläne dienten.

Es wäre ein leichtes, viele weitere, wohlbezeugte Beispiele zum Beweis dessen anzuführen, wie sehr der seltsame Glaube festgesetzt war, daß die diensttuenden Geister der Nekromanten üblicherweise in Katzengestalt auftraten. Doch der Platzmangel zwingt uns, uns mit denen zu begnügen, die wir bereits angeführt haben, und wir dürfen uns lediglich erlauben, einige wenige der zahlreichen Anspielungen auf die Vorstellung zu äußern, die sich in der zeitgenössischen Literatur finden läßt, bevor wir dieses Kapitel schließen.

In Shakespeares »Macbeth«, der um 1606 entstanden sein soll, werden die drei Hexen, die eine so wichtige Rolle spielen, in Verbindung mit einer lohfarbenen Katze dargestellt. Eine von ihnen trägt selbst den Namen Graymalkin, eine alte Bezeichnung für eine Katze, und als die drei sich in ihrer dunklen Höhle versammeln, um ihre bösen Zaubereien gegen den König vorzubereiten, eröffnet die erste Hexe die Handlung mit den in ihren Augen offenbar unheilvollen Worten:

»Thrice the brinded cat hath mew'd.«

»Die gelbe Katz hat dreimal miaut.«

(IV, 1)

Es ist wahrscheinlich, daß die unheilbringende Katze ihr eigener Vertrauter ist, der ihr mit seinen Fähigkeiten des zweiten Gesichts dient.

In dem alten Stück »Love for Love« (1695) wird eine Anspielung auf den damals vorherrschenden Glauben gemacht, Hexen würden häufig kleine Teufel in Tiergestalt an zusätzlichen Brustwarzen säugen, die Milch für ihre Ernährung absonderten. Im zweiten Akt treffen wir auf Angelica, die ihrer Amme und ihrem alten Onkel im Spott zuruft: »Sieh her, Amme! Ich kann dir beweisen, daß du eine große, unnatürliche Zitze unter deinem linken Arm hast, und er hat auch eine; und daß ihr abwechselnd einen jungen Teufel in Gestalt einer getigerten Katze säugt, das kann ich.«

Der Dichter Gay schreibt mehr als hundert Jahre nach Shakespeare, und in seiner Fabel »Die alte Frau und ihre Katzen« zeichnet er uns ein eindrucksvolles Bild von den Vorstellungen, die zu seinen Lebzeiten allgemein anerkannt waren. Seine Moral lautet:

»Who friendship with a knave hath made
  Is judg'd a partner in the trade.«

»Wer mit einem Schurken Freundschaft geschlossen hat,
  wird beim Handel als sein Partner angesehen.«

Von dieser Thematik handelt das Gedicht; doch für uns liegt das Interesse in dem Einblick, den es uns hinsichtlich des festen Glaubens unserer Vorfahren gewährt, nämlich daß der bloße Besitz einer Katze als Beweis dafür galt, daß eine alte Frau eine Hexe war.

Gay beschreibt »eine runzlige Hexe von bösem Ruf«, die »ihre Gebete rückwärts murmelt, ein ungezähmter Hausdrachen von achtzig Jahren.« Doch ihr Ruf als Hexe begründete sich nicht auf solche Lappalien wie diese, sondern auf ihre Verbindung mit »einer zahlreichen Brut« von hungrigen Katzen:

>»Teaz'd with their cries her choler grew
And thus she sputter'd. Hence ye crew.
Fool that I was to entertain
Such imps, such fiends, a hellish train!
Had ye been never hous'd and nurst
I, for a witch had n'er been curst.
To you I owe, that crouds of boys
Worry me with eternal noise;
Straws laid across my pace retard,
The horse-shoe's nail'd (each threshold's guard)
The stunted broom the wenches hide,
For fear that I should up and ride;
They stick with pins my bleeding seat,
And bid me show my secret teat.«

>»Durch ihr Geschrei gereizt gar mächtig war ihr Zorn
Und also polterte sie los: ›Hinweg mit Euch!
Närrin war ich, daß solche Höllenbrut,
Solch' Kobolde und Teufel in meinem Haus gelebt!
Hätt' ich Euch nicht genährt und aufgenommen,
Wär' nie als Hexe ich verflucht.
Ihr seid dran schuld, daß böse Buben
Mich durch Geschrei und Lärmen plagen;
Stroh, kreuzweis' gelegt, hemmt mir den Schritt,
Hufeisen sind an der Schwelle festgenagelt,
Den Krüppelbesen haben freche Mädchen mir versteckt
Aus Angst, ich würde auf ihm reiten.
Nadeln stecken sie in meinen Sitz, vom Blute rot,
Und verlangen, meine geheime Zitze zu seh'n.‹«

Die Katzen antworten darauf, daß sie durch die Partnerschaft, über die die alte Frau sich beklagt, gleichermaßen
Leidtragende sind, da sie sonst als »jagdbares Wild« gelebt
haben könnten.

»'Tis infamy to serve a hag;
  Cats are tought imps, her broom a nag;
  And boys against our lives combine,
  Because, 'tis said, your cats have nine.«

»Es ist 'ne Schand, einer Hexe zu dienen; man glaubt,
  Kobolde wären wir Katzen, ihr Besen diente als Gaul.
  Böse Buben trachten nach dem Leben uns,
  Heißt es doch, wir Katzen hätten neun.«

KAPITEL XXVI

KATZEN ALS TODESOMEN

ZUR ZEIT DES ERWACHENS menschlichen Bewußtseins sah der Mensch mit verwunderter Scheu auf die fremde Welt blickend, von der er umgeben war, in den geringeren Tieren Manifestationen des Göttlichen. Gerade die unartikulierten tierischen Stimmen schienen für ihn ein Orakel darzustellen, das als Sprache des unbekannten Gottes nach ehrfürchtiger Auslegung verlangte. Die verborgenen Wege und das plötzliche Erscheinen von Tieren oder Vögeln, wenn es am wenigsten erwartet wurde, waren Offenbarungen des Willens des großen Geistes. Der Nichtkörperliche und Nichtmanifeste konnte dem Menschen sein Vorhandensein und sein Wirken nur durch das Körperliche und Manifeste vermitteln; und so waren die schönen oder schrecklichen Kreaturen seine verehrten Medien und Diener.

Auch in diesen Tagen der Agnosie, in denen die Summe des menschlichen Wissens in der Erkenntnis besteht, nichts zu wissen, sind Orakel und Omen nicht völlig verschwunden, wenn wir dem Zeugnis derer glauben dürfen, die behaupten, mit ihnen Erfahrungen aus erster Hand gemacht zu haben. Die Wissenschaft hat, obwohl sie so viele alte Glaubensrichtungen in Mißkredit gebracht und so unzählige Unwahrheiten bloßgelegt hat, auf der anderen Seite durch die Entdeckung bisher unbekannter Gesetze und die Untersuchung spiritistischer Phänomene viele alte Aufzeichnungen glaubwürdig gemacht, die bis vor kurzem noch als bloße Legenden oder Märchen galten. Es ist nicht länger möglich, das Mysteriöse und Okkulte als Gegenstand ›pour rire‹ zu betrachten.

Doch die Götter und ihre Propheten haben schon immer in Gleichnissen gesprochen und tun es noch. Dinge, die nicht mit Worten gesagt werden können – auch wenn es eine gemeinsame Sprache zwischen dem Mitteiler und dem Empfänger gibt – können durch bildhafte Analogie ausgedrückt werden, und für diejenigen, denen eine gemeinsame Sprache fehlt, ist dies der einzige Weg, Gedanken zu übermitteln.

Wesen anderer Ebenen, deren Lebensbedingungen von den unseren völlig verschieden sind, die normalerweise unsichtbar und unhörbar für uns sind, müssen vielleicht dementsprechend diese einfachste und natürlichste Kommunikationsmethode anwenden, wenn sie uns vor einem zukünftigen Ereignis warnen wollen. Die Kunst des Wahrsagens lehrt, daß nichts zufällig geschieht, sondern daß Ereignisse und die ganze Natur in einer geheimen Verbindung miteinander stehen. Selbst die flüchtigen Formen von Wolken oder der Flug der Vögel, sowie die Laute und Bewegungen von Tieren sind voll von Bedeutung für den, der die der Einheit zugrundeliegende Verschiedenheit begreift.

Cicero erklärt die Möglichkeit der Vorhersage der Zukunft mit der Behauptung, Prophezeiung befasse sich nicht mit dem, was nicht vorhanden ist, sondern nur mit dem, was noch nicht enthüllt ist; denn alles existiert, obwohl die Zeit es noch nicht aufgedeckt hat, »sunt enim omnia, sed tempore ab sunt.«

Die Katze ist wegen ihrer im Symbolismus einzigartigen Bedeutung als Repräsentantin Hekates, der Göttin des Todes, ein erwartungsgemäß weithin anerkanntes Omen nahenden Sterbens. Ihre Verbindung zu der Welt der Nacht und des Schattens und ihr stilles, unerwartetes Erscheinen verstärken diesen Aspekt, während sie durch die wunderbare Vielfalt in Farbe und Ausdrucksweise fast wie eine Sprache für sich betrachtet werden kann.

Wir wollen sehen, welche Deutungen die Lehre vom Okkulten ihren Handlungen beigemessen hat, denn in manchen von ihnen könnten wir ernsthafte Warnungen erkennen, daß das Ende unseres irdischen Lebens, oder das anderer, nahe ist; und ob wir an Omen glauben oder nicht, die starke Anziehungskraft dieser Thematik müssen wir alle eingestehen.

Der italienische Naturforscher Ulisse Aldrovani, der seine Blütezeit im sechzehnten Jahrhundert erlebte, berichtet von dem im Sterben liegenden Stefano Cardano, daß unverhofft eine Katze vor ihm erschien, einen lauten Schrei von sich gab und verschwand. Er erzählt uns ebenfalls von einer Katze, die eine Frau an der Brust kratzte; diese erkannte in ihrer Angreiferin ein übernatürliches Wesen und starb einige Tage danach.

Das Christentum identifizierte die von Sterbenden häufig wahrgenommenen warnenden Katzenerscheinungen natürlich mit dem Teufel; und in der Toskana sagte man, wenn ein Mensch sich den Tod wünschte, sei Satan in Gestalt eines beliebigen Tiers mit Ausnahme des Lamms an sein Bett gekommen, aber besonders habe er die des Ziegenbocks, des Hahns oder der Katze bevorzugt.

In Deutschland fügte christlicher Aberglaube dem ursprünglichen Glauben, eine schwarze Katze am Bett eines Kranken deute seinen bevorstehenden Tod an, hinzu, das Erscheinen einer Katze auf einem Grab zeige an, daß der Verstorbene sich in der Gewalt des Teufels befindet.

Professor Rochholtz verweist auf den deutschen Glauben, zwei miteinander kämpfende Katzen seien für einen Kranken ein Omen nahenden Todes. Gubernatis meint, daß »die zwei Katzen wahrscheinlich eine andere Form des Kinderspiels aus dem Piemont und der Toskana sind, das »Spiel der Seelen« genannt wird und bei dem der Teufel und der Engel um die Seele streiten. Von den beiden Katzen ist wahrscheinlich eine gütig und die andere boshaft; vielleicht verkörpern sie Nacht und Dämmerung.«

Die Katze und die Maus sind in Deutschland beide der düsteren St. Gertrud heilig. Mäuse verkörpern die Seelen der Verstorbenen und deuten auf eine weitere Analogie hin, die die Katze mit der Vorstellung vom Tod verbindet. St. Gertrud wird gewöhnlich umgeben von ihren kleinen Gestalten dargestellt. Manchmal ist sie auch die Katze, die sie tötet.

In der Normandie war der Glaube verbreitet, eine schildpattfarbene Katze, die auf einen Baum kletterte, würde Tod durch einen Unglücksfall voraussagen, während eine schwarze Katze, die den Bürgersteig überquerte, Tod durch eine Seuche prophezeite.

Von Katzen zu träumen wird als böses Omen angesehen. Der Gelehrte Artemidorus von Ephesus, der zur Regierungszeit des Antoninus Pius eine »Abhandlung über Träume« schrieb, sagte, ein Traum, in dem man im Kampf mit einer Katze übel zerkratzt werde, kündige Krankheit und Elend an.

Andere Schreiber sagen, an Weihnachten von einer schwarzen Katze zu träumen sei ein Omen für eine gefährliche Erkrankung im folgenden Jahr, während ein Traum von einer Katze mit bedrohlichen Augen oder das Spielen mit einer Katze im Traum bedeutet, man habe ehrlich scheinende, aber falsche Freunde.

Moderne Geschichten über warnende Katzen deuten recht häufig an, der Bote sei übernatürlicher Herkunft. Es scheint, als ob die bescheidene, vertraute Gestalt unseres Hausgenossen für das finstere Amt des Todesgesandten ausgewählt wurde, um dem betroffenen Menschen die Nachricht so schonend und so wenig beunruhigend wie möglich zu übermitteln.

Ich habe hier einige repräsentative Fälle zusammengestellt. Der erste stammt von Sir Walter Scott, der den Bericht von dem Mediziner erhielt, unter dessen Beobachtung er sich zugetragen hat. Er sagt, wenn er den Namen dieses Herrn nennen dürfte, »würden seine berufliche Stellung sowie seine wissenschaftlichen und philosophischen Kenntnisse einen unbestrittenen Anspruch auf unbedingte Glaubwürdigkeit darstellen.« Unter den Patienten dieses Arztes befand sich ein bekannter Geschäftsmann, der wegen seiner »ungewöhnlichen Zuverlässigkeit, seines gesunden Menschenverstands und seiner Integrität« hoch angesehen war. Obwohl er zu dieser Zeit häufig an sein Krankenzimmer und manchmal an sein Bett gefesselt war, erledigte er doch gelegentlich seine Geschäfte und richtete seine Aufmerksamkeit »offenbar mit aller üblichen Kraft und Energie auf die Ausführung der ihm anvertauten, wichtigen Aufgaben.« Er zeigte keine Anzeichen einer akuten oder beunruhigenden Erkrankung, sondern sein »niedriger Puls, seine Appetitlosigkeit, seine Verdauungsschwierigkeiten und seine ständig niedergedrückte Stimmungslage schienen die Folge einer verborgenen Ursache zu sein, die der Patient zu verschweigen entschlossen war.« Lange Zeit versuchte der Arzt vergeblich, die Ursache der mysteriösen Krankheit herauszufinden, doch zuletzt überredete er den Leidenden, ihn ins Vertrauen zu ziehen. Daraufhin sagte dieser, er wisse, daß er unter der Bedrängnis einer fatalen Krankheit sterben werde, die seine Lebenskräfte aufzehre und daß sein Fall nicht einzigartig sei, da eine Figur in dem berühmten Roman von Lesage in ähnlicher Weise leide. Er werde von einer so quälenden, verhaßten Erscheinung geplagt, daß seine Vernunft die ihn verfolgende Vision nicht vertreiben könne, und er sei das dahinsiechende Opfer einer imaginären Krankheit geworden. Ihr Fortschreiten habe sich stufenweise vollzogen, und zunächst sei es nicht einmal unangenehm gewesen. Die Visionen hatten zwei oder drei Jahre vorher begonnen, als er sich »von Zeit zu Zeit durch die Anwesenheit einer großen Katze verwirrt fühlte, die kam und wieder verschwand,« wie, das konnte er nicht genau sagen, bis sich ihm schließlich die Wahrheit aufdrängte und er »gezwungen war, sie nicht als gewöhnliche Hauskatze zu betrachten, sondern als einen Schwindel der Elemente, der nicht wirklich existierte«, sondern nur in seiner Einbildung. Da er ein ziemlicher Katzenfreund war, störte ihn noch nicht, was er als seinen imaginären Begleiter betrachtete; doch innerhalb weniger Monate verschwand er, und sein Platz wurde von der Erscheinung eines Türhüters eingenommen. Dieses Phantom zog sich nach einigen Monaten ebenfalls zurück, und nun nahm ein entsetzliches seinen Platz ein – die Erscheinung eines Gerippes. »Allein oder in Gesellschaft,« sagte das unglückliche Opfer, »die ständige Gegenwart dieses letzten Phantoms läßt mir keine Ruhe.« Der Arzt versuchte vergeblich, seinem Patienten dabei zu helfen, das, was er selbst für eine bloße Halluzination hielt, zu überwinden. Er griff auf andere Untersuchungsmethoden und Heilmittel zurück, aber ohne Erfolg. Der Patient versank in immer tiefere Niedergeschlagenheit und starb in demselben Zustand der Seelenqual, in dem er die letzten Monate seines Lebens verbracht hatte.

Ob wir dem Erzähler, dem Opfer und dem Zeugen der Tatbestände dieser seltsamen Geschichte zustimmen, daß die gespenstischen Gestalten rein halluzinatorisch waren oder nicht, der Grund ihres merkwürdigen Erscheinens bleibt ein Geheimnis, wie auch das offensichtliche Fehlen eines gemeinsamen Bindeglieds zwischen den dreien. Wenn sie wirklich waren, waren sie dann Geister oder Elementale, Vampire oder Dämonen? Wenn sie bloße Erscheinungen waren, warum dann diese Beharrlichkeit? Wenn sie Symbole des Todes waren, warum dann die veränderten Gestalten? Wir müssen es dem Leser überlassen, dem Rätsel seine eigene Deutung zu geben.

Es ist bekannt, daß manche Familien von ahnungsvollen Symbolen vorgewarnt werden, wenn der Tod eines ihrer

Mitglieder bevorsteht. Solche hinweisenden Erscheinungen sind sehr unterschiedlich, doch in manchen Fällen treten sie in Form eines Phantomtiers auf.

Eins der vielen interessanten Beispiele, bei denen eine Katze den Tod angekündigt hat, ist in den »Proceedings of the S.P.R.« (Vol. V, S. 156) von Mrs. E. L. Kearney festgehalten worden. Sie erzählt uns, daß ihr Großvater im Januar 1892 sehr krank gewesen war und daß sie eines Abends, nachdem sie sein Zimmer verlassen hatte, beim Hinabsteigen der Treppe im Flur eine sonderbare Katze auf sich zukommen sah. Als diese sie erblickte, versteckte sie sich hinter einer Tür, die den Korridor zweiteilte und so eingerichtet war, daß sie immer offenstand. Mrs. Kearney folgte dem unbekannten Tier augenblicklich an seinen Zufluchtsort, doch sie war sehr überrascht, als sie es weder dort noch anderswo finden konnte. Am nächsten Tag starb ihr Großvater. Dieser Vorfall gewinnt an Bedeutung, wenn man ihn in Zusammenhang mit einem ähnlichen Geschehnis in derselben Familie betrachtet. Mrs. Kearneys Mutter erzählte ihr, daß sie am Vorabend des Todestages ihres Vaters gleichfalls eine Katze gesehen hatte, die um das Bett des Kranken herumgeschlichen war. Wie ihre Tochter hatte sie den Fremdling eifrig verfolgt, aber ebenfalls nichts gefunden.

In ihrer bemerkenswerten Autobiographie erzählt Miss Bates von einem seltsamen Ereignis, das in einem Haus geschah, in dem sie sich als Gast einer Abendgesellschaft aufgehalten hatte. Als die Damen sich nach dem Essen allein im Salon befanden, hatte sie ein hübsches kleines, schieferfarbenes Kätzchen bewundert, das auf dem Flügel saß. Nachdem die Herren sich zu ihnen gesellt hatten, war sie in eine Unterhaltung mit ihrem Gastgeber vertieft gewesen, als sie ein kleines *schwarzes* Kätzchen an ihrem Kleid vorbeilaufen sah. Die in Katzen vernarrte Miss Bates blickte auf und überzeugte sich, daß es nicht das schieferfarbene Kätzchen war, das noch immer seinen Platz auf dem Flügel einnahm. Außerdem war das neue schwarz. Aber sie dachte nicht weiter darüber nach, bis die Gäste gegangen waren und sie und ihre Gastgeberin zur Ruhe gehen wollten. Als sie die Treppe hinaufgingen, sagte ihre Freundin recht geheimnisvoll zu ihr: »Ich glaube, dir wird heute Nacht irgendetwas zustoßen.« Danach fügte sie hinzu: »Während du heute abend mit meinem Mann gesprochen hast, sah ich ein schwarzes Kätzchen geradewegs an deinem Kleid vorbeilaufen – direkt mir gegenüber.« »Nun, natürlich sah ich das Kätzchen,« antwortete Miss Bates, »aber es ist nichts besonderes, ein schwarzes Kätzchen im Haus zu haben.« Die Gastgeberin sagte: »Aber wir haben kein schwarzes Kätzchen, weder im Haus noch sonstwo. Wohin ist es gegangen? Hast du es noch einmal gesehen? Nein, es war kein gewöhnliches Kätzchen, und ich habe bis zu diesem Augenblick nicht gedacht, daß es jemand außer mir gesehen hätte.« Einige Wochen nach diesem Vorfall erfuhr Miss Bates von dem Tod einer ihr sehr nahestehenden Freundin und vergegenwärtigte sich »mit einem Schlag schmerzlicher Überraschung, daß das Endstadium der Bewußtlosigkeit eingetreten sein mußte«, als sie sich an genau diesem Abend bei der Tischgesellschaft amüsiert hatte. »Wie schrecklich,« dachte sie, »daß ich mit keinem Wort oder Zeichen davon erfahren habe.« Dann erinnerte sie sich plötzlich an das Kätzchen und konnte nicht umhin, sich »in der Tiefe meines Herzens zu fragen, ob der Geist meiner treuen Freundin vielleicht versucht hatte, mir ein Symbol ihres nahenden Todes zu senden.«

In der »Occult Review« erzählt Inkster Gilbertson eine Geschichte, die Dr. Tindall, der Präsident der »Christian Occult Society«, ihm aus eigener Erfahrung berichtet hat. »Als junger Mann lebte er mit seinen Eltern in Bayswater. Es war ein schöner Tag, und durch die offene Tür zum Hinterhof stürzte plötzlich eine schwarze Katze ins Haus, schoß wie von Sinnen von einer Seite auf die andere, raste durch den Flur die Treppe hinauf bis zum ersten Absatz, von wo sie zum Fenster hinaufkletterte und den Leinenvorhang zerriß, bevor ihr die Flucht gelang.

Der Doktor hatte zwei Tanten, die zusammen in Pimlico wohnten, die Schwestern seines Vaters, und fünf oder zehn Minuten nach dem eben geschilderten Vorfall hielt eine von ihnen geschickte Droschke vor der Tür, und eine Frau verlangte nach dem Vater des Doktors. Als sie ihn sah, platzte sie sogleich heraus: ›Ihre Schwester ist tot umgefallen.‹

Die Nachricht war nur zu wahr, und der Doktor hat dieses tragische Ereignis nie vergessen, denn sein Vater erholte sich nicht mehr von dem Schock, den es ihm versetzt hatte, und starb im darauffolgenden Jahr.«

Ein sehr interessanter Fall von einem geisterhaften weißen Kätzchen, das durch sein Erscheinen Unheil verkündete, steht im »Journal of the S.P.R.« vom Januar 1927. Bei diesem Beispiel wurde die Katze »über einen Zeitraum von dreizehn Jahren viele Male gesehen,« manchmal von zwei Personen gleichzeitig, »indem die eine die Aufmerksamkeit der anderen auf sie lenkte, nachdem diese sie schon längst wahrgenommen hatte.« Manchmal konnte man die Katze merklich fühlen und sehen. Und »nach jeder dieser Erscheinungen des weißen Kätzchens erfolgte bald darauf der Tod eines Verwandten oder das Ausbrechen der tödlichen Krankheit.« Dr. W. F. Prince, der diesen Fall schildert, spricht von einer merkwürdigen Besonderheit, die darin besteht, daß »Jahre vor der ersten Halluzination eines weißen Kätzchens ein solches Kätzchen einer der späteren Zeuginnen gehört hat, das auf mysteriöse Weise verschwand, was eine schmerzliche Auswirkung auf die Gefühle dieser Zeugin zur Folge hatte. Wenn man davon ausgehen würde, daß sie auf irgendeine unbekannte Weise Vorahnungen vom Tod Verwandter in sich spüren könnte, wäre es durch einen verborgenen Mechanismus möglich, daß das Unterbewußte das Bild der Katze hervorriefe, die verschwunden und wahrscheinlich gestorben war. Aber eine der Zeuginnen gehörte einer jüngeren Generation an und hatte keine Erinnerung an die wirkliche Katze und ihr gegenüber folglich auch keine Empfindungen irgendwelcher Art.«

Die Grundlage dieser seltsamen Überzeugungen und Geschichten scheint die Doktrin zu sein, die sich in den Lehren fast aller Schulen religiöser Philosophie vereinigt: daß sich alles hier unten mit den Dingen darüber in Übereinstimmung befindet, und daß sichtbare Dinge ihre spirituellen Gegenstücke im Reich des Unsichtbaren haben; und daß für uns normalerweise unsichtbare Wesen wahrnehmbare Gestalt annehmen können, um denjenigen eine symbolische Botschaft zu bringen, die den Schlüssel dazu besitzen.

KAPITEL XXVII

KATZEN ALS HELLSEHER

DIE ÄGYPTER NANNTEN DIE KATZE ›Mau‹, das bedeutet der Seher (von ›mau‹, sehen), weil sie sie vielleicht mit dem
Symbol des alles-sehenden Horusauges in Verbindung brachten. Doch die okkulte Lehre hat die Katze immer mit beachtlichen Fähigkeiten des Hellsehens ausgestattet, und die Erforschung jüngerer Beispiele bestätigt die Vorstellung, daß
sie diese Gabe in nicht geringem Maß besitzt. In diesem Kapitel möchten wir dem Leser einige der vielen aufgezeichne-
ten Fällen ihrer Ausübung vorlegen, doch vorher wollen wir
anmerken, daß für den Nachweis möglicher übersinnlicher
Ereignisse ein eindeutig demonstrierter Fall so beweiskräftig
ist, wie es tausend Fälle wären. Diejenigen, die die Phänomene des Hellsehens leugnen, müssen sich auf den Standpunkt
stellen, daß unter den vielen Beispielen, die von intelligen-
ten Zeugen festgehalten oder, im Falle menschlicher Wesen,
von den Berichtenden tatsächlich selbst erlebt wurden, nicht
eines ist, das nicht entweder eine Täuschung oder eine
erdachte Erfindung ist. Eine solche Position ist nicht nur
offensichtlich absurd, sondern verschließt die Tore zu unzähligen Pfaden des Wissens, indem sie den Wert wirklicher
Zeugnisse leugnet. Wo alles ein unergründliches Geheimnis
ist, hat dogmatischer Materialismus keine Grundlagen und
kann durch den wahrhaft Philosophischen nicht einen Moment aufrechterhalten werden.

Das Folgende ist ein interessantes Beispiel für die heftige
Furcht einer Katze in Gegenwart einer bösen, geisterhaften
Manifestation. Rev. J. G. Wood, der bekannte Naturfor-
scher, führt in seinem »Man and Beast« den Brief an, in dem

dieser später von der S.P.R. untersuchte und bestätigte Fall beschrieben wird (vgl. deren »Journal« von Mai 1888). Die Verfasserin des Briefs war eine Dame, die mit ihrer Mutter in einem alten Haus in Boulogne-sur-mer wohnte, und das Erlebnis, das sie beschrieb, ereignete sich etwa 1845. Sie schreibt:

»Es war im Winter 18.., als ich eines Abends vor dem knisternden Feuer in meinem Schlafzimmer saß und meine geliebte Katze innig liebkoste – die berühmte Lady Catherine, die es nun leider nicht mehr gibt. Sie lag in gedankenverlorener, schläfriger Haltung auf meinem Schoß.

Obwohl ich in meinem Zimmer wohl keine Kerzen angezündet hatte, wurde es vom Licht des Feuers vollkommen beleuchtet.

Es gab zwei Türen – eine hinter mir, die zu einem Raum führte, der während des Winters verschlossen war, und eine andere auf der gegenüberliegenden Seite, die auf den Flur hinausging. Mama war gerade einige Minuten gegangen, und der hochlehnige altmodische Sessel, auf dem sie gesessen hatte, stand leer in der dem Kamin gegenüberliegenden Ecke. Die Katze, die ihren Kopf auf meinen Arm gelegt hatte, wurde immer schläfriger, und ich sann über die Schicklichkeit nach, mich auf das Zubettgehen vorzubereiten. Auf einmal wurde ich gewahr, daß etwas den Gleichmut meines Lieblings beeinträchtigt hatte. Das Schnurren verstummte, und sie zeigte rasch zunehmende Anzeichen von Unbehagen. Ich beugte mich nieder und bemühte mich, sie durch einschmeichelnde Worte zu beruhigen, doch ihr ganzer Körper sträubte sich auf meinem Schoß, und heftig fauchend, mit gekrümmtem Rücken und aufgestelltem Schwanz nahm sie eine Furcht und Herausforderung ausdrückende Haltung ein.

Durch den Wechsel ihrer Stellung war ich genötigt, meinen Kopf zu heben, und als ich aufblickte, bemerkte ich zu meinem unaussprechlichen Entsetzen eine kleine, abscheuliche, runzlige alte Hexe auf Mamas Sessel sitzen. Ihre Hände lagen auf den Knien, und ihr Körper war so vorgebeugt, als ob sie ihr Gesicht nahe an das meine heranbringen wollte. Ihre durchdringend wilden Augen, die in überwältigendem Glanz leuchteten, starrten mich an... Diese entsetzlich großen Augen mit ihrem leidenschaftlich bösen Ausdruck nahmen mir gänzlich die Sinne und hinderten mich daran, Einzelheiten wahrzunehmen. Ich wollte schreien, aber ich bekam keine Luft, während mich der fürchterliche Blick so entsetzlich gefesselt hielt, daß ich weder die Augen abwenden noch von meinem Sessel aufstehen konnte.

Ich hatte mich unterdessen bemüht, die Katze festzuhalten, aber sie war mit aller Kraft entschlossen, solch häßlicher Gesellschaft zu entrinnen, und nach einigen verzweifelten Versuchen gelang es ihr schließlich, meinem Griff zu entkommen. Sie sprang über die Sessel und Tische und alles, das sich ihr in den Weg stellte und warf sich immer wieder mit schrecklicher Heftigkeit gegen die obere Füllung der Tür, die zu dem unbenutzten Raum führte. Dann machte sie kehrt und stürzte sich wie rasend in derselben verzweifelten Weise gegen die Tür auf der gegenüberliegenden Seite. Mein Entsetzen war nun geteilt, und ich sah abwechselnd auf die alte Frau, deren große, starrende Augen ununterbrochen auf mich fixiert waren, und auf die Katze, die mit jedem Versuch rasender wurde. Zuletzt bewirkte die furchtbare Vorstellung, die Katze wäre wahnsinnig geworden, daß ich wieder Luft bekam, und ich konnte laut schreien. Mama kam sofort herein, und die Katze sprang beim Öffnen der Tür buchstäblich über ihren Kopf hinweg; und mehr als eine halbe Stunde rannte sie die Treppen hinauf und hinunter, als würde sie verfolgt. Ich drehte mich um, um auf das Objekt meines Schreckens zu zeigen: es war nicht mehr da. Unter solchen Umständen läßt sich der Ablauf der Zeit schwer schätzen, doch ich würde meinen, daß die Erscheinung etwa vier bis fünf Minuten angedauert hat. Einige Zeit danach verlautbarte, daß der ehemalige Besitzer des Hauses, eine Frau, sich in eben diesem Zimmer erhängt hatte.«

Ein ziemlich ähnlicher Bericht über den Schrecken einer Katze wurde in den »Evening News« am 5. Oktober 1923 unter der Rubrik »Sonderbare Geschichten über das Unheimliche« veröffentlicht. Die Überschrift lautet: »Was hat die Katze gesehen?« Der Verfasser H. G. Swindon schreibt:

»Als ich eines Abends spät nach Hause kam, eine Woche nach dem Tod meiner Mutter, befand sich die Katze in einem Zustand großer Erregtheit und versuchte, aus einem der Zimmer zu entkommen. Ich nahm sie auf und setzte sie in den Lieblingssessel meiner Mutter – auf diesen Sessel sprang die Katze immer, wenn meine Mutter ihn freigab. Aber nun floh sie zu meinem Erstaunen aus dem Sessel und kratzte mich übel an beiden Händen.

Dreimal setzte ich sie in den Sessel, aber jedesmal sprang sie herunter und versuchte mich wieder zu kratzen, während sie mitleiderregend schrie. Ich durchsuchte die Räume gründlich, konnte aber keinen sichtbaren Anlaß für die Aufregung der Katze finden; also ließ ich sie zur Tür hinaus, woraufhin sie den Flur entlangstürzte und sich irgendwo im Haus verbarg. Wir hatten die Katze seit neun Jahren, und uns, die wir ihre Vorliebe für den Sessel meiner Mutter kannten, war die plötzliche Abneigung der Katze sehr unheimlich. Und die Katze ist seit diesem Ereignis niemals mehr freiwillig auf diesem Sessel gewesen, noch bleibt sie in dem Sessel, wenn man sie hineinsetzt.

Die Katze bleibt nicht einmal in dem Zimmer mit dem Sessel; wenn sie zufällig darin eingeschlossen ist, wenn wir zu Bett gehen, kratzt sie ununterbrochen an der Tür, bis einer von uns hinuntergeht und sie hinausläßt, woraufhin sie vor Freude schnurrt. Könnte die Katze etwas gesehen haben, das für menschliche Augen unsichtbar war?«

Bei der Betrachtung des vorangegangenen Falles wird eine positive Antwort sicherlich nahegelegt, und wir können sie durch einen Vergleich mit der nun folgenden Geschichte noch weiter bekräftigen, die von R. D. McLean in einem Brief an die »Occult Review« von April 1924 weitergegeben wurde. Eine Freundin dieses Schreibers »hatte den Geist einer ihrer verstorbenen Verwandten auf einem Stuhl in ihrem Zimmer sitzen sehen. Ihre Katze kam in das Zimmer, sprang auf den Schoß dieses Geistes, war ziemlich überrascht, daß der Schoß sie nicht trug und fiel mit großem Schrecken auf den Boden.«

R. D. McLean erläutert: »Dies scheint darauf hinzudeuten, daß Tiere Schwierigkeiten bei der Unterscheidung zwischen physischen und astralen Wesen haben.« Diese Schwierigkeit beschränkt sich nicht nur auf Tiere. In dem Kapitel über die Katze als Todesomen finden sich einige Fälle, in denen Menschen nicht zwischen physischen und astralen Katzen unterscheiden konnten.

Der berühmte Schriftsteller Edward Shanks, der in »T.P.'s and Cassell's Weekly« über seinen Lieblingsgeist schreibt (»The Ghost that I like best«), erzählt den folgenden Fall von Hellsichtigkeit einer Katze: »Meinen Lieblingsgeist habe ich aus reinem Favoritentum gewählt«, sagt er. »Es ist kein großer Geist, aber er gehört mir, oder zumindest habe ich ihn langfristig gemietet, und das ist fast genauso gut. Das Haus, in dem ich wohne, besteht aus zwei alten Landhäusern, die zu einem umgebaut wurden. Der kleine Raum, den ich als Studierzimmer benutze, war einmal, soweit ich es beurteilen kann, Küche und einziges Wohnzimmer des kleineren Hauses. Eines Tages, vor ungefähr fünfzig Jahren, ich glaube wohl wegen der zu beengenden Gegenwart seiner Frau und seiner Kinder, erhängte sich der Arbeiter, der hier gelebt hatte, an einem Balken dieses Raumes. So lautet die Überlieferung im Dorf, und bis zum heutigen Tag befindet sich an diesem Balken ein großer, fester Nagel, an dem sich ein Mann sehr wohl aufhängen könnte. Er könnte, das heißt wenn er ein Zwerg wäre oder keine Beine hätte: jeder andere Mensch hätte Schwierigkeiten. Und aus Gründen, die noch deutlich werden, kann er nicht beinlos gewesen sein. Die einmal gehörte Überlieferung hatte ich vergessen. Doch einige Zeit später ergab es sich, daß ich noch nach Mitternacht allein bei der Arbeit saß, während alle anderen im Haus längst schliefen. Nicht ganz allein, denn meine Katze war da – eine abscheuliche Katze, die nur der Mäuse wegen gehalten wurde und keineswegs des Autors Lieblingskatze, die sein Studierzimmer teilt und ihm bei der Arbeit zusieht. Irgendetwas, ich weiß nicht was, ließ meinen Blick schweifen. Dort, direkt unter dem plötzlich unheimlich anmutenden Nagel, war die Katze und lief auf und ab, mit allen Bewegungen und dem zufriedenen Ausdruck einer Katze, die sich an den Beinen eines Menschen reibt. Einige Minuten lang ging sie hin und her, leise schnurrend, während ich über meine Schulter blickend bewegungslos dasaß. Dann ging ich zu Bett und ließ die Katze zurück, ließ alle Lichter brennen und alle Türen hinter mir offen. Und seltsam, am Morgen wichen die Schrecken der Nacht dem Besitzerstolz. Es war mein Geist, mein eigener Geist; kein Grundeigentümergeist, wohlgemerkt, aber selbst ein Pachtgeist ist mehr als die meisten Menschen haben…«

Bei dieser Geschichte gibt es wieder kein bestätigendes Zeugnis eines menschlichen Hellsehers, und wir haben nur die Handlung der Katze, um unser Urteil zu bilden, doch in der folgenden Anekdote sind beide Faktoren vorhanden. Erzählt wird sie von Miss Bates, die in einer neu eingerichteten Fremdenpension Zimmer gemietet hatte und bald entdeckte, daß ihre Wirtin »eine überzeugte und sehr bemerkenswerte Spiritistin« war. »Seltsame Dinge geschahen während der Mahlzeiten – besonders beim Abendessen, wenn sie häufig

Messer und Gabel hinlegte und meine Aufmerksamkeit auf das andere Ende des hübschen Speisezimmers lenkte, wo sie den Geist ihres seligen Gatten zu sehen pflegte. ›Sehen Sie, liebe Miss Bates! Bestimmt müssen Sie ihn sehen – meinen lieben Henry, meine ich. Da steht er, mit Bart und allem, genau zwischen dem Sofa und der Wand. Ich kann ihn genauso deutlich sehen, wie ich Sie sehe!‹ Ich kann versichern, daß ich ›den lieben Henry‹ niemals sah; aber die schöne Tigerkatze sah sicher etwas in dieser Ecke, denn sie stürzte wie wahnsinnig auf das Sofa zu, sprang auf das eine Ende und saß da, auf (den mutmaßlichen) Henry starrend, den Schwanz hochgestellt und das Fell aufgerichtet und blickte wild in die Ecke, mit einem aus Furcht und Faszination gemischten Ausdruck.«

Eine leichter zu verstehende, weil materiellere Form des Hellsehens ist das Vorausspüren und Reagieren auf magnetische oder meteorologische Veränderungen. Viele Lebewesen, der Mensch eingeschlossen, teilen diese Fähigkeit in größerem oder geringerem Maß, doch vielleicht ist die Katze besonders empfindungsfähig, und möglicherweise haben Wetterpropheten in früheren Zeiten ihr Verhalten genau beobachtet, wenn sie versuchten, die verschiedenen Launen der Natur zu prognostizieren.

Ich selbst wurde von der alten Hüterin meiner Kindheitstage angewiesen, die Handlungen unserer Katze zu beobachten und sie als Vorzeichen unbestreitbarer Wahrhaftigkeit zu betrachten, denen man unbesorgt vertrauen konnte. Das folgende kleine Gedicht gibt die Einstellung meiner eigenen Kinderfrau zu diesen Dingen genau wieder:

> »Much mystic lore of various use she knew,
>   Why coals seem coffins and why flames burn blue,
>   If with her tail puss played in frolic mood,
>   Herself pursuing, by herself pursued;
>   ›See!‹ cried my Nurse, ›she bids for rain prepare,

A storm, be sure is gathering in the air;‹
If near the fire the kitten's back was found,
Frost was at hand, and snows hung hovering round,
Her paw prophetic rais'd above her ear
Foretold a visit for some friend was near.«

»Sie wußte um mancherlei geheime Kunde,
Warum die Briketts Särgen gleichen, die Flamme blau
                                 erscheint.
Wenn Pussy übermütig mit dem Schwanze spielte,
Sich selber jagend, von sich selbst gejagt,
›Schau‹, rief dann meine Amme, ›auf Regen
Und auf Sturm soll'n wir uns vorbereiten!‹
Wenn nah am Herd der Katze Rücken lag
War Frost nicht fern und Schnee lag in der Luft;
Hob sie prophetisch ihre Pfot' zum Ohr,
Dann würd' gewiß ein Freund bald stehen vor dem Tor.«

Fast überall gilt die Überzeugung, daß eine Katze Regen
vorankündigt, wenn sie sich mit feuchter Vorderpfote hinter
dem Ohr putzt. Und wenn in Sizilien der Rosenkranz für
Seefahrer gebetet wird, sagt das Miauen einer Katze eine
mühsame Reise voraus.

Ein tatsächliches Beispiel für Miezes Empfindlichkeit gegenüber magnetischen Störungen soll es vor dem Erdbeben
in Messina gegeben haben. Ein Kaufmann, der in dieser
Stadt ansässig war, bemerkte, daß seine beiden Katzen an seiner Zimmertür kratzten. Sobald er sie öffnete, flohen sie die
Treppe hinunter zur Haustür und kratzten dort. Er ließ sie
hinaus und folgte ihnen über die Straßen bis auf ein offenes
Feld. Selbst da waren ihre Ängste nicht gemildert, sondern
sie rissen und zogen wie wahnsinnig am Gras. Bald darauf
kam der erste Stoß des Erdbebens, und das Haus des Kauf-
manns stürzte, zugleich mit vielen anderen, in Trümmern zusammen.

Solche Beispiele hellseherischer Fähigkeiten von Katzen, wie wir sie in diesem Kapitel geschildert haben, ließen sich fast unendlich ausweiten. Die Katze scheint Zugang zu zwei Welten zu besitzen und sich in beiden gleichermaßen heimisch zu fühlen. Die Lehre vom Okkulten hält nicht nur die Katze selbst für hellseherisch, sondern sie lehrt gleichsam, daß der gewalttätige, gewissenlose Anhänger der schwarzen Magie ihr diese Fähigkeit entreißen kann. Wir haben gesehen, wie in dem Ritual des Taigherm das zweite Gesicht mit Hilfe gequälter Katzen von den Göttern erzwungen wird, doch nun wollen wir betrachten, wie dieselbe Gabe durch den materiellen Körper oder einen Teil des Tiers erlangt werden kann, ohne daß es notwendig ist, übernatürliche Hilfe anzurufen. Exakte Anweisungen für die Erlangung des Hellsehens auf diese Weise lassen sich im Talmud (Abhandlung »Berakhoth«, Folio 6) finden. Nachdem der Aspirant gewarnt wird, daß »wenn das Auge die Dämonen wahrnehmen könnte, die das Universum bevölkern, Leben nicht möglich wäre. Die Dämonen sind zahlreicher, als wir es sind: Sie umgeben uns auf allen Seiten wie Gräben, die um Weinberge gezogen sind«, wird er dahingeführt, wie er die bösen Engel erblicken kann, wenn er jetzt noch dazu entschlossen ist. »Lasse den, der sie sehen will, von der Nachgeburt einer schwarzen Katze nehmen, die aus dem ersten Wurf einer schwarzen Katze stammt, die aus dem ersten Wurf der Mutter stammte; wenn dieselbe im Feuer verbrannt ist, stoße sie zu Pulver und gib ein wenig davon in seine Augen, und dann erkennt er sofort die Dämonen.«

Zahlreiche Varianten von Zaubersprüchen für diesen Zweck, in denen eine Katze oder ein Teil von ihr der einzige oder Hauptbestandteil ist, werden in der okkulten Literatur beschrieben. Zum Beispiel schreibt Francis Barret in seiner kunstvollen okkulten Abhandlung »Der Magus« unter der Überschrift »Natürliche Magie«: »Es gibt bestimmte Augentropfen, die uns die Abbildungen von Geistern in der Luft oder sonst überall sehen lassen; ich kann sie aus der Galle eines Menschen und den Augen einer schwarzen Katze sowie einigen anderen Dingen herstellen.«

Die Vorstellung, daß das Hellsehen der Katze ihrem materiellen Körper oder einem Teil desselben innewohnt und damit auf einen Menschen übertragen werden kann, besteht bei manchen primitiven Völkern noch heute. Die Zauberer der Talansi in den nördlichen Gebieten der Goldküste tragen beispielsweise das komplette Fell einer kleinen schwarzen Katze um ihren Hals. Sie befragen Geister, um denen zu helfen, die sie um Rat fragen und nehmen eine einflußreiche Position in Religion und täglichem Leben ein. Der Brauch unterliegt kleinen örtlichen Varianten. So schreibt ein Korrespondent von »Cat Gossip« 1927 aus Betschuanaland, wo er eine ähnliche Praxis beobachtete: »Vor kurzem bemerkte ich, daß der Kopfschmuck eines eingeborenen Medizinmanns, der behauptete, er sei aus dem Fell einer ›Wildkatze‹ gemacht, graugefleckt war, wie das Fell meines ›Paria-Katers‹, wie ich ihn nenne; der Schwanz, sehr flauschig und von sechs Ringen gezeichnet, baumelte nach hinten.«

Es wird auch nicht überall für nötig gehalten, die Katze zu töten, um an ihren Kräften teilzuhaben. Bis vor vergleichsweise kurzer Zeit herrschte in England der Gedanke vor, bloße Nähe zu einer schildpattfarbenen Katze bewirke die Entfaltung des zweiten Gesichts, und man ermutigte Kinder, mit ihnen zu spielen.

Sogar Nachbildungen von Katzen wurde die Fähigkeit nachgesagt, die Gabe zu übermitteln, eine Vorstellung, die wahrscheinlich ägyptischem Einfluß entspringt, denn in den Gräbern von Beni-Hassan wurden bei den Mumien Katzenfiguren gefunden, die möglicherweise die Verstorbenen im Jenseits vor dem unsichtbaren Bösen gewarnt haben. Die abgebildete Bronzefigur stammt aus der XVIII. Dynastie.

KAPITEL XXVIII

KATZEN UND TELEPATHIE

DIE GABE DER TELEPATHIE ist mit dem Hellsehen eng verbunden, und sie ist gelegentlich, wenn auch normalerweise latent, nicht nur unmißverständlich beim Menschen manifestiert, sondern auch bei vielen seiner nichtmenschlichen Mitbrüder. Ich beziehe mich in diesem Kapitel nicht auf die niedrigeren Formen der Telepathie, die so nah an den Instinkt herankommen, daß schwer zu unterscheiden ist, wo das eine anfängt und das andere aufhört, sondern auf das Erreichen eines Bewußtseinszustands, in dem materielle und räumliche Bedingungen, die normalerweise unser Leben begrenzen, überschritten werden und Geist mit Geist ohne greifbare Medien kommunizieren kann.

Unter den Tieren, die die Potentialitäten dieser Fähigkeit mit dem Menschen gemeinsam haben, steht die Katze an herausragender Position, und in einigen seltenen Fällen befindet sie sich in so tiefer Sympathie mit einem menschlichen Wesen, daß sie fähig ist, telepathische Verbindung zu ihm aufzunehmen. Unnötig zu sagen, daß dies eine weitaus schwierigere Angelegenheit ist, als das Aufbauen ähnlicher Beziehungen von Mensch zu Mensch, weil es keine gemeinsame Sprache gibt, die die Gedankenübertragung fördert. Der reine Gedanke muß ohne die Verpackung in Worte von Gehirn zu Gehirn übermittelt werden und in ausreichender Deutlichkeit vorhanden sein, um die Verwirrung auszuschalten, die durch den völlig unterschiedlichen Blickwinkel, aus dem so unähnliche Wesen wie ein Mensch und eine Katze denselben Gegenstand betrachten müssen, leicht entstehen kann.

Doch so groß die Hindernisse sind, es gibt genügend Fälle, die beweisen, daß sie überwunden werden können. Zwischen Dumas dem Älteren und seinem Kater bestand eine so enge telepathische Verbindung, daß das begabte Tier in der Lage war zu entscheiden, ob sein geliebter Herr zur üblichen Zeit von seiner Arbeit nach Hause kam oder nicht.

Zu dieser Zeit lebte Dumas mit seiner Mutter und dem Kater Mysouff in der Rue de l'Ouest und arbeitete als Schreiber unter Louis Philippe, dem Herzog von Orléans. Das Kontor befand sich in der Rue St. Honoré, einen Fußweg von einer halben Stunde von Dumas' Haus entfernt, und jeden Morgen begleitete Mysouff seinen Herrn bis zur Rue de Vaugirard, und jeden Nachmittag lief er wieder zu derselben Stelle, um ihn mit herzlicher Begrüßung zu empfangen und nach Hause zu geleiten.

Das außergewöhnliche an diesem Geschehen war, daß es für seine Mutter zwecklos war, die Tür zu öffnen, wenn Dumas zufällig durch einen unvorhergesehenen Umstand von seiner gewöhnlichen Zeit der Rückkehr abwich. Mysouff rührte sich nicht von seinem Kissen. Doch wenn Dumas seiner gewohnten Stunde treu blieb, und sie vergaß den Kater hinauszulassen, kratzte er so lange an der Tür, bis sie ihn erlöste. Deshalb nannte sie Mysouff ihr Barometer; es stand auf ›Sonne‹, wenn Dumas zum Abendessen nach Hause kam und auf ›Regen‹, wenn er nicht erschien.

Ein weiteres, gleichermaßen bemerkenswertes Beispiel von der zwischen Mensch und Katze möglichen Gedankenübertragung beschreibt Ernest Bozzano, der es aus erster Hand erfuhr. So lautet sein Bericht:

»An bestimmten Tagen ziehen sich meine Schreibarbeiten bis in die späten Stunden hinein, und so war ich in das Thema meiner Schriften vertieft, als ich wie besessen von dem Gedanken ergriffen wurde, meine Katze bedürfe meines Beistands. Ich stand auf, um sie zu suchen. Nachdem ich erfolglos das ganze Haus durchsucht hatte, ging ich in den Garten; da die ganze Szenerie in Dunkelheit getaucht war, rief ich nach ihr. Schließlich hörte ich ein entferntes, schwaches Miauen. Ich rief noch einmal, und das Miauen antwortete darauf, doch die Katze kam nicht. Ich ging wieder hinein, um eine Laterne zu holen und lief noch einmal durch den Garten auf ein Feld zu, von dem die Schreie auszugehen schienen. Nach einigem Suchen fand ich meine Katze in einer Hecke, gefangen in einer Kaninchenfalle, den Schleifknoten um ihren Hals gelegt. Wenn sie um ihre Befreiung gekämpft hätte, wäre sie stranguliert worden. Glücklicherweise besaß sie die Intelligenz, sich nicht zu rühren, sondern stattdessen eine Botschaft an ihren Herrn zu schicken, ihr zu helfen. Diese Handlung der Katze war nicht der erste Vorfall, bei dem eine telepathische Kommunikation zwischen uns beiden entstand. Manchmal schienen unsere Eindrücke uns in die Irre geführt zu haben; wir konnten keine rechte Begründung dafür finden. Vergeblich riefen wir im ganzen Garten nach ihr. Dann habe ich sie auf einmal, wie auf einer geistigen Photographie, in einer kleinen ungenutzten Kammer unter dem Dach des Hauses eingesperrt gesehen, an einem Ort, der fast immer verschlossen war. Die Vision bewahrheitete sich. Die Katze war dort eingeschlossen, ich weiß nicht wie. Sie hatte mir eine telepathische Botschaft geschickt, damit ich sie aus ihrem Gefängnis befreien konnte.«

Dieser letzte Fall ist von besonderem Interesse, denn er zeigt deutlich, daß sich das Mittel zur wortlosen Gedankenübertragung in Form einer Art geistiger Bilderschrift darstellt. Dieses Kommunikationsmittel ist wahrscheinlich viel älter als die Sprache, doch das Bemerkenswerte an Bozzanos Erzählung ist, daß die Vision der Katze ihrer selbst und der Bodenkammer so exakt mit seiner eigenen übereinstimmte, daß er sie augenblicklich erkannte, als sie vor seinem geistigen Auge erschien. Welch ein Beweis für das beinahe menschliche Entwicklungsstadium der Wahrnehmungsfähigkeit und der geistigen Kräfte des Tiers.

Eine ebenfalls sehr interessante persönliche Erfahrung erhalten wir von Madame Camier, deren Erzählung in der »Revue Scientifique et Morale du Spiritualisme« veröffentlicht wurde. Bozzano bezieht sich auf diesen Fall, und er erläutert, daß beide darin vorkommenden Geschehnisse mit Telepathie erklärt werden müßten, und nicht, wie die Erzählerin vermutet, mit Spiritualismus. Madame Camier schreibt:

»Ich hatte eine wunderschöne, langhaarige weiße Angorakatze mit einem leichten Grauschimmer, nur der Rand um ihre grünen Augen war schwarz. Sie hatte einen liebevollen und zärtlichen Charakter und wurde von allen bewundert, doch sie hatte einen Fehler; sie versuchte nämlich jede Nacht hinauszuschlüpfen und einen Spaziergang zu machen. Der Hof des Hauses, in dem ich wohnte, wurde von einem Gitter zweigeteilt; sie entkam immer, indem sie darüber sprang. Eines Nachts kam ich gerade noch zur rechten Zeit in den Hof, um sie davon abzuhalten, auf die Umzäunung zu springen. Ich hatte sie kaum mit meinen Händen gefaßt, als ich mit Erstaunen eine andere Angorakatze, die in allen Punkten mit meiner identisch war, über den Zaun springen sah. Zu dieser Zeit wußte ich nichts über die Lehren des Spiritualismus; ich schaute auf die andere Seite der Umzäunung, um mir die seltsame Angelegenheit zu erklären, denn ich wußte genau, daß es in unserer Umgegend keine ähnliche Katze wie meine gab; doch ich sah nichts auf der anderen Seite. Als ich später in die neue Lehre eingeweiht war, verstand ich, daß meine Katze in diesem Augenblick von der Vorstellung von Flucht so beherrscht wurde, daß ihr ›périsprit‹ sich mit solcher Kraft befreite, daß er substantiell erschien.

Einige Zeit später wurde das arme Geschöpf krank, und ich erkannte die Notwendigkeit, sie der Obhut eines Tierarztes anzuvertrauen. In der Nacht, als sie starb, fühlte ich – fühlte ich wirklich – wie meine Katze sich mit ihren Krallen an die Bettdecke hängte und auf das Bett kletterte, wie sie es gewöhnlich tat. Der Eindruck war so echt, daß ich instinktiv meine Hand ausstreckte, um mich zu überzeugen, daß es kein Irrtum war. Am nächsten Morgen ging ich wieder zum Tierarzt, wo ich erfuhr, daß meine Katze in der Nacht gestorben war; ihre letzten Gedanken galten mir.«

Die Beispiele in diesem Kapitel lassen darauf schließen, daß die Kluft, die normalerweise zwischen dem Menschen und seinen weniger entwickelten Mitgeschöpfen besteht, nicht unüberbrückbar ist, und daß das Gesetz, welches der geheimnisvollen Fähigkeit der Telepathie zugrundeliegt, die Harmonie der Vielfalt in der Einheit ist. Ein einziges Herz schlägt für alle verschiedenen Manifestationen des Lebens. Und in Einklang schwingende Saiten verbinden alle fühlenden Kreaturen, so daß Kommunikation immer möglich ist, wo es Liebe gibt.

KAPITEL XXIX

Die Katze als Phallussymbol

WAHRSCHEINLICH WURDE DIE KATZE zunächst als Phallussymbol betrachtet, weil sie als irdischer Stellvertreter der Sonne und des Mondes galt, und somit auch des Gottes oder der Göttin, die durch die geheimen Einflüsse, die diesen Himmelskörpern zugeschrieben wurden, die weltliche Fortpflanzung und Empfängnis beherrschten. Die eigene Fruchtbarkeit der Katze kann ebenso eine Rolle dabei gespielt haben, scheint aber nur zweitrangig bei der Entscheidung für ihre Angemessenheit gewesen zu sein.

Um die Stellung der Katze in dieser Rolle zu verstehen, müssen wir die Mythologie einiger Sonnen- und Mondgottheiten betrachten, die sie verkörperte, sowie die dazugehörigen Glaubenslehren.

Zuerst wollen wir anmerken, daß die Phallusanbetung ursprünglich Ausdruck einer Verehrung war, die das einfache, unaufgeklärte Volk dem Wunder von Zeugung, Empfängnis und Geburt entgegenbrachte. In Ehrfurcht blickte es auf das Mysterium und sah darin das sichtbare, irdische Erkennungszeichen der schöpferischen Macht Gottes. Erst in späteren Jahren, als Religion entartete und unheilige Riten Einzug hielten, wurde das Ideal, die Anbetung des Lebens selbst, verdunkelt und zerstört.

Obwohl wir heutzutage gewohnt sind, uns die Personifizierung des Mondes weiblichen Geschlechts vorzustellen, wurde er in vielen alten Religionen von einer männlichen oder hermaphroditischen Gottheit verkörpert, und seine Verbindung mit einer Göttin entwickelte sich aus der früheren Vorstellung.

269

Wir haben bereits darauf hingewiesen, daß die katzen-köpfige Göttin Bastet den weiblichen Aspekt des Welt-schöpfers Ptah darstellt, dem ältesten aller Götter. »Die gött-liche und ursprüngliche Klugheit und Weisheit«, »Der aus sich selbst Hervorgegangene«, »Der das Leben gibt«. Ptah hat nach der einfachen ägyptischen Auffassung als personifizierte Sonne den heiligen Apisstier, das Fruchtbar-keitssymbol der Natur, aus einem Lichtstrahl geschaffen. Sein Name bedeutet »Der, der öffnet« und deutet auf seine zweifache Funktion als Gott des Lebens und Gott des Todes hin, der Öffner des dunklen Schoßes und des dunklen Gra-bes. Nicht nur als Verkörperung der Sonne, sondern auch wegen ihrer Verbindung zu Bastet war die Katze ein Sekun-därsymbol des Ptah. In späteren ägyptischen Allegorien bemächtigte sich Osiris der Stellung Ptahs als Gott des Le-bens und der Vermehrung, und er wohnte, obwohl er ein Sonnengott war, auf dem Mond. Plutarch beschreibt ein ägyptisches Fest mit dem Namen »Der Einzug des Osiris auf den Mond«, was eine phallische Bedeutung hat. Und auf ei-nem Papyrus im Louvre, der sich auf den vermeintlichen Einfluß des Mondes auf die Fortpflanzug bezieht, können wir lesen: »Paarung und Empfängnis sind im Überfluß vorhan-den, wenn er (Osiris-Lunus) an diesem Tag am Himmel zu sehen ist.«

Die vorangegangenen Betrachtungen machen die außerge-wöhnliche Bestrafung verständlicher, die die Ägypter wegen Ehebruchs zum Tod verurteilten Frauen auferlegten. Diese Unglücklichen wurden zusammen mit einer Katze in einen Sack eingenäht und in den Nil geworfen. Dieser barbarische Brauch scheint in den Vorstellungen früherer Völker Gefal-len gefunden zu haben, denn er hat eine weite Reise ge-macht. Es gibt eine finstere Überlieferung über ein tiefes, un-heimliches Wasserloch, das von einem Fluß in Island gebildet wird. Sein Name bedeutet ›Becken der Ertränkten‹, und es heißt, daß dort, wie in Ägypten, weibliche Verbrecher zusammen mit einer lebenden Katze in einen Sack gebunden und in seine Tiefen geschleudert wurden.

Eine Begründung für dieses grausame Ritual liefert Paul Megnin: »Bei den alten Germanen,« sagt er, »war die Katze einerseits das Symbol für den Ehebruch, gleichzeitig aber auch für Unabhängigkeit; bei den Skandinaviern und Nordeuropäern war sie das Emblem der Liebe: die Göttin Freya wurde stets in einem Wagen dargestellt, den zwei große Katzen zogen.« Er kommentiert die ägyptische Todesstrafe für Ehebrecherinnen wie folgt: »Diese raffinierte Grausamkeit beruht vielleicht auf der orientalischen Vorstellung, daß von allen Weibchen der Tierwelt die Katze am meisten der Frau ähnelt wegen ihrer Gewandtheit und ihrer Verschmustheit, aber auch wegen ihrer Unstetigkeit und ihren Wutausbrüchen.«

Der Kult des Fruchtbarkeitsgottes ist mit dem Hinscheiden von Ptah und Osiris vielleicht nur deshalb nicht untergegangen, weil er so weit verbreitet war. Bei den Römern gestaltete er sich in der Verehrung von Janus, dem zweigesichtigen Gott der Fruchtbarkeit, der seinen Anhängern als älteste, höchste und heiligste aller Gottheiten galt und dessen man in jedem Gebet vorrangig gedachte und dem man bei jeder Opferung huldigte; der sogar Vorrang vor Jupiter hatte. Sein Name, der auch in der Schreibweise Ianus auftritt, ist das maskuline Äquivalent zu Jana oder Diana, und wir finden dieses merkwürdig zusammengesetzte Paar schon früh in enger Partnerschaft als die Sonnen- und Mondgottheiten, die die Religion ins Leben riefen, die fast bis zum heutigen Tag in der Hexerei überlebt hat.

Der Hexenkult scheint Janus hauptsächlich aufgrund seiner Funktion als Keulenträger und Pförtner anerkannt zu haben, die er wegen des Stabs und der Schlüssel, die er als Hüter der Wege und Öffner der Tore mit sich trug, innehatte, und dies sind Aufgaben, die unmißverständlich auf seine direkte Herkunft von Ptah hinweisen. Als Gott der Empfängnis und als Maßgeber der Zeit waren ihm die Anfänge aller Dinge heilig. Und hier wird die Ursache seiner Verbindung mit Diana deutlich. Denn sie war als Mondgöttin ebenfalls eine Wächterin über die Zeit, und ihre liebevolle Sympathie für die Leiden ihrer Geschlechtsgenossinnen machte sie zur Göttin der Niederkunft. Sie stand Frauen in ihrer Schwangerschaft bei und beschützte sie vor dem Tod, wenn Janus das Tor zum Leben ihrer Kinder öffnete. Eine seltsame Beschäftigung für die jungfräuliche Jägerin, doch selbst die Götter sind gegen die Launen des Schicksals nicht immun! Als sich der Mond-Phallus-Kult entwickelte, rückte der weibliche Aspekt der Mondgottheit mehr in den Vordergrund, und das eher männliche Symbol Sonne geriet fast völlig außer Sicht; die ersten Fruchtbarkeitsriten wurden eher von Priesterinnen als von Priestern geleitet.

Die Symbolik von der Natur als Große Mutter scheint dafür verantwortlich gewesen zu sein. Sie hatte eine unmittelbare Anziehungskraft auf die einfachen Gemüter früher Völker, und ihre Empfindung war in ihrem Innersten leicht nachzuvollziehen. Folglich überlebte sie endlose Wandlungen und brachte selbst in der Dekadenz unzählige Varianten ihrer Hauptinhalte hervor. Die Oberhoheit der Priesterin, Wahrsagerin oder Hexe war inzwischen so fest etabliert, daß sie nicht erschüttert wurde. Sie war kraft des heiligen und okkulten Wissens, das ihr Amt und ihre Stellung ihr verliehen, Prophetin, Priesterin, Heilerin oder Töterin. Sie war der Zugang zur Kommunikation zwischen der spirituellen und der materiellen Welt und nahm für sich die Gaben des Hellsehens, des Hellhörens und des Erweckens der Seelen der Toten in Anspruch. Sie konnte Gegenmittel für den Schrecken der Nacht, den am Tage fliegenden Pfeil, die in der Dunkelheit umgehende Seuche und die am Mittag wütende Zerstörung beschaffen. Dämonen gehorchten ihren Beschwörungen und Krankheit oder Tod folgten ihrem Fluch.

Diana hat es nicht für unter ihrer Würde gehalten, im Mond als Katze Zuflucht zu suchen. Die Jägerin der Nacht war ihr heiliges Symbol. Folglich finden wir sie eng verbunden mit ihren Priesterinnen und selbst als Verkörperung der Göttin oder als das Medium, das ihren Dienerinnen ihre Gaben vermittelte, obwohl christliche Obskuranten sie später auf den Rang eines vertrauten Geistes degradierten.

Die Kirche muß so viele Beschuldigungen bezüglich der Schaffung und Förderung des Aberglaubens über sich ergehen lassen, daß man mit Freude entdecken kann, daß sie sich bisweilen dagegen behauptete, wenn auch mit geringerem Eifer, als sie ihn zur Verteidigung ihrer Sache zeigte. Einen solchen Fall hat McPherson aufgezeichnet, der auf einen mit der Geburt verbundenen, »seltsamen Glauben« aufmerksam macht, »der von Dr. Gregor erwähnt und anhand von Fällen exemplifiziert wird, die vor die Kirchengerichte kamen. Es bestand der Glaube, daß wenn ein Kater über Nahrungsmittel sprang und dabei Samen von sich gab, diejenige, die von der Speise essen würde, Katzen empfinge.« Er führt fort: »Mein Informant hat Leute in Glenlivet sagen hören, daß sie es nicht mögen, wenn eine männliche Katze über einen Tisch springt, auf dem sich Essen befindet. Dieser Glaube taucht in verschiedenen Fällen auf, die vor die Presbyterien kamen. Am 5. März 1654 gestand Jean Simpson aus Rothiemay bei einer Gerichtssitzung, daß sie mit ihrer Mutter zu Agnes Bain gegangen ist, um eine Kräutermedizin gegen die Katzen in ihrem Bauch zu verlangen. Ihr Fall wurde dem Presbyterium in Botarie übergeben, vor dem sie am 22. desselben Monats erschien. Sie gab zu, gesagt zu haben, daß sie ›Katzen in ihrem Bauch‹ habe. Sie glaubte wahrhaftig so fest daran, daß sie den Pfarrer von Rothiemay aufsuchte und ihn drängte, ihr eine Empfehlung an die Ärzte in Aberdeen zu geben. Dieser weigerte sich. Ihre Mutter bestätigte in der Zeugenaussage, daß auch sie dachte, es seien tatsächlich Katzen gewesen, und kein Kind, mit denen ihre Tochter schwanger war. Doch als Jean zum Pfarrer von King-Edward ging, ›um von ihm einen Trank zu bekommen, der die Katzen töten sollte‹, weigerte er sich und sagte, es sei ein Kind, und keine Katzen. Es ist offensichtlich, daß sich dieser Glaube über Katzen in der Unterwelt durchsetzte. Er wurde von den Hexen gefördert, die den Verkauf von heilsamen Tränken betrieben. 1571 gab es in Elgin einen Prozeß, der dieselbe Auffassung verdeutlicht. Janet Kar wurde für schuldig erklärt, Megot Nachty Schaden zugefügt zu haben, indem sie gesagt hatte: ›maky maie yow ceist ane barrall of makis furth of the weym yow castis bot kitlyngis (kittens) and nocht childerying‹ (›Suche dir ein Faß aus, das dafür bestimmt ist, alles aufzunehmen, was aus deinem Leib kommt; in Wirklichkeit wirfst du nur Kätzchen da hinein, aber keine Kinder.‹) Fast ein Jahrhundert später wurde derselbe Glaube durch eine Hexe zur Schau gestellt. 1661 wurde in Elgin durch Archibald Forsyth Anklage gegen Margaret Murray, Hexe in Elgin, erhoben mit der Beschuldigung, seine Frau behext zu haben, die unter großen Schmerzen litt, bis Margaret zu ihr kam. Die Hexe sagte in Anwesenheit vieler ehrenwerter Frauen, es seien Katzen, die sich in ihrem Leib befänden. So daß sie sich anschließend nicht mehr erholte, sondern bei der Geburt des Kindes starb. Die Hexe in diesem Fall und Jean Simpson in Rothiemay förderten diesen Glauben jeweils zu ihrem eigenen Nutzen.«

Obwohl wir für uns in Anspruch nehmen, solche rohen Vorstellungen überwunden zu haben, läßt sich der Glaube an die phallische Bedeutung der Katze in zeitgenössischen Bräuchen noch immer nachweisen, ebenso wie der Wunsch, Diana möge mit ihrer Hilfe ein äußeres Zeichen ihrer Absicht geben, die eheliche Gemeinschaft zu segnen und fruchtbar zu machen; in Südengland gilt der Besitz einer schwarzen Katze als Gewähr, daß die Töchter des Hauses heiraten werden, und in Mittelengland ist eine schwarze Katze ein glückbringendes Hochzeitsgeschenk.

Die »Morning Post« vom 18. August 1927 druckte unter der Überschrift »Eine Prozession von Omen« die folgende Geschichte aus einem Brief »eines Lesers aus Surrey«, der sie von einem verheirateten Freund hatte. »An ihrem Hochzeitstag war eine schwarze Katze auf der Kirchentreppe. Eine weitere war an der Tür des Hotels, eine dritte in der Eingangshalle, eine vierte in dem Empfangsraum, wo die Gäste sich zum Hochzeitsfrühstück versammelten, eine fünfte bei dem Taxi, mit dem das frischverheiratete Paar wegfuhr und eine sechste an der Bahnstation, wo es seine Hochzeitsreise begann.«

Miss Primrose Grace, die Enkelin des berühmten Cricketspielers, glaubte anscheinend an solche Omen, denn bei ihrer Hochzeit war eine schwarze Katze anwesend; und auf einer Photographie von der Braut und den Brautjungfern, die am 29. April 1926 in »Daily Mail« veröffentlicht wurde, ist die Katze auffallend im Vordergrund zu sehen. Miss Phyllis Bletsoe erhielt bei ihrer Heirat gleichfalls eine schwarze Katze als glückbringendes Geschenk, und der »Daily Express« bildet sie am 17. September 1930 mit ihrem Talisman in den Armen ab.

Ein anderer Glaube besagt, daß eine Katze, die am Tag oder am Vorabend der Hochzeit in Hörweite der Braut niest, ihr viel Glück verheißt, doch wenn ein unverheiratetes Mädchen einer Katze auf den Schwanz tritt, muß sie für ein ganzes Jahr die Hoffnung auf eine Hochzeit aufgeben.

In Scarborough gab es einen Aberglauben unter den Ehefrauen der Seeleute, daß das Halten schwarzer Katzen in ihren Häusern Sicherheit für ihre Männer auf See bedeutete;

doch es wurde als Unglück angesehen, wenn dieselben Seemänner an Bord eines Schiffes mit zwei* schwarzen Katzen gingen.

Eine Erklärung läßt sich in Kapitel VII finden.

Vielleicht ist das Vorherrschen solcher Aberglauben bei den Seeleuten dafür verantwortlich, daß sie in weit verstreuten Teilen der Erde zu finden sind. Zum Beispiel steht bei den Telugu-Indianern die Katze in Verbindung mit Hochzeitsbräuchen. Dieses Volk betrachtet die Verheiratung mit einer dritten Frau als unglücklich. Doch der enthusiastische Bräutigam kennt einen Weg zur Erfüllung seines Herzenswunsches, ohne die üblen Folgen tragen zu müssen. Und die Katze hilft ihm dabei! Er heiratet ›pro forma‹ eine Katze und legt ihr das Heiratssymbol – ein gelbes Band – um den Hals; nach dieser Zeremonie kann er sich gefahrlos eine dritte Frau durch eine vierte Heirat nehmen.

Doch der Mensch ist ein undankbares Wesen, und der Dienst der Katze wird von dem Telugu schlecht bezahlt. Er betrachtet Katzen als köstliche Mahlzeit und nutzt sie als Nahrung. Dennoch scheint er in dieser Sache mit seinem Gewissen nicht ganz im reinen zu sein, denn wenn ihm jemand, der ihn mit einer Katze auf dem Arm sieht, Vorwürfe wegen seiner grausamen Absicht macht, hält er stets die Entschuldigung bereit, die Katze sei für eine dritte Heirat bestimmt.

Diese einzelnen Relikte sind das einzige, was die Katze als Phallussymbol noch mit dem heutigen Leben verbindet, doch sie haben für diejenigen ihre Bedeutung, die sie im Licht vergangener Glaubensrichtungen sehen und sind somit an dieser Stelle nicht irrelevant.

---

* Zwei ist eine weibliche Zahl.

276

KAPITEL XXX

Die Katze als Zaubermittel und Talisman

Die Leser der nordischen Mythologie werden sich erinnern, daß der Strick, der sich als stark genug erwies, den schrecklichen Wolf Fenris zu binden, nachdem er die dicksten Ketten, die die Asen herzustellen vermochten, wie nichts entzweigebrochen hatte, aus solchen Dingen wie Katzenschritten gemacht war: Dinge, die nicht zerstörbar sind, weil sie nicht existieren.

Uraltes Brauchtum ist erhalten geblieben und hat uns vieles von den Zaubermitteln und Talismanen der frühen Völker überliefert, die, in Verbindung mit Zaubersprüchen und Beschwörungen und den magischen Formeln entsprechend, aus ähnlichen Unstofflichkeiten bestanden; manchmal waren sie auch mit wirklicher Materie verschmolzen. Der düstere Glaube an Ebenbilder und Zaubermittel, der den Vorstellungen von Gottheiten in Tier- oder Menschengestalt vorausging, erlosch bei deren Einführung nicht, sondern blieb Seite an Seite mit ihnen bestehen und überlebte die Glaubensrichtungen, aus denen er hervorgegangen war, bei weitem.

Die von der Religion losgelösten alten Rituale reduzierten sich auf ihren ursprünglichen Status, oder sie wurden gemäß der Glaubenszugehörigkeit eines fremden Eroberers Hand in Hand mit dem Glauben, der sie über die Stufe des Fetischismus hinausgehoben hatte, als Satanismus und Schwarze Magie gebrandmarkt und so verfolgt, daß die verstreuten Fragmente, die allein übrigblieben, ihre Bedeutung fast vollständig verloren haben. Dinge, die heute Glück bringen sollen, waren einst Bestandteile von Religion. Die alten Pfade ziehen noch immer Neulinge an, ihre abwegigen Bahnen zu beschreiten, vielleicht von einer halbbewußten Angst ausgehend, daß es Unglück bedeuten könnte, ihnen nicht zu folgen.

Auch der heutige Mensch, dessen äußeres Bewußtsein von so vielen materiellen Lockungen abgelenkt wir, stellt ein angeborenes Bewußtsein von einer unsichtbaren und übernatürlichen Welt fest. Er verspürt noch immer den Drang, ihre inneren Geheimnisse zu erforschen, sich gegen ihre Gefahren zu schützen, oder ihre Hilfe bei Wagnissen zu erlangen. Und die einst von der Katze eingenommene, verherrlichte Position als Symbol von Sonne und Mond, Tag und Nacht, Gut und Böse, Sein und Nichtsein läßt dieses Tier sogar jetzt noch als eine der stärksten Mächte in allen Formen des Okkultismus erscheinen.

Der Grund für das Einsetzen einer schwarzen Katze für Zwecke der Schwarzen Magie wird in dem alten Vers des Eusebius (Praep. Evan. iv. 9) deutlich: »dunkle Opfer den Mächten der Dunkelheit, helle den Mächten der Helligkeit«, empfahl er. Wir dürfen hinzusetzen, daß die Götter eines verdrängten Glaubens von den Vertretern ihrer Nachfolger stets als die Mächte der Dunkelheit betrachtet und zu einem unterirdischen Dasein verbannt wurden. Wie wir in anderen Kapiteln gesehen haben, ist dies die Erklärung für Satanismus, Hexerei und viele Geheimrituale. Die Katze, die in der Dunkelheit wandelt, ist ein angemessenes Symbol des verborgenen Glaubens und begleitet ihn durch alle Veränderungen hindurch.

Auch wird die Kreatur nicht unbedingt als Opfer angesehen.

Da der christliche Dualismus Satan die Position des Gottes weltlichen Reichtums zugewiesen hat, hielt man den bloßen Besitz seines Lieblingssymbols aus der Tierwelt, einer schwarzen Katze, für ein Mittel, an ihn heranzukommen, und durch Gunst, die man ihr als seiner Repräsentantin erwies, glaubte man ihn veranlassen zu können, einiges von den ihm zur Verfügung stehenden Gütern ihrem Besitzer zu übertragen. Auch treue Christen waren häufig keineswegs abgeneigt, den Ratschlag ihres Herrn, sich mit dem Mammon der Gottlosigkeit anzufreunden, in die Praxis umzusetzen, wenn es den Anschein hatte, daß es dabei etwas zu gewinnen gab. Wir können die fortdauernden Überreste dieses Glaubens in allen Klassen der heutigen Gesellschaft sehen, an den vielen schwarzen Katzen, die »Satan« heißen und an den Bildern von schwarzen Katzen, die Abergläubische bei sich tragen; durchweg Parlamentärflaggen, die dem Herrn der Welt dargeboten werden.

»Them that ever mind the world to win
  Must have a black cat, a howling dog and a crowing hen.«

»Wer im Sinn hat, die Welt zu gewinnen,
  Muß haben 'ne schwarze Katze,
  'nen heulenden Hund und 'nen Hahn, der kräht.«

Dies ist ein uraltes englisches Sprichwort. Ein anderes ist uns von Sir John Denham, einem recht angesehenen Dichter des 17. Jahrhunderts, überliefert worden:

»Kiss the black cat,
  And that'll make ye fat:
  Kiss ye the white one
  And that'll make ye lean.«

»Küsse die schwarze Katze
  Und du wirst fett;
  Küsse die weiße
  Und du wirst mager.«

Wahrscheinlich sollen »fett« und »mager« hier metaphorisch verstanden werden, denn es gibt einen vor allem im Westen zu verzeichnenden, weitverbreiteten Aberglauben, daß weiße Katzen Unglück bringen, vielleicht als Symbol der »Mutter Gottes von den Schmerzen.«

Dennoch denken manche, irgendeine Katze sei besser als gar keine und in einem Haus, in dem es keine Katzen gibt, werde ewiges Leid herrschen.

Wegen ihrer Fähigkeit, in der Dunkelheit sehen zu können und als Verkörperung des Mondes, der die Nacht erhellte, wurde die Katze natürlich für fähig gehalten, Blindheit zu heilen und die Gabe des zweiten Gesichts zu verleihen, die der alles-sehende Mond besaß.

Der Naturforscher Topsell, der im 17. Jahrhundert wirkte, hat eine genaue Anleitung zur Verwendung des Kopfes einer schwarzen Katzen als Heilmittel gegen den Verlust der Sehkraft hinterlassen. Die Farbe des Tiers verkörperte wahrscheinlich die Dunkelheit, von der der Patient umgeben wurde, und war wichtiger Bestandteil des Rezepts.

»Bei Schmerzen oder Blindheit des Auges verursacht durch irgendwelche Haut, Gewebe oder Nägel ist dieses eine bewährte Medizin: Nimm den Kopf einer schwarzen Katze, der kein Fleckchen einer anderen Farbe hat, und verbrenne ihn in einem irdenen Gefäß, das innen glasiert oder verbleit ist, zu Asche; nimm danach dieses Pulver und blase es dreimal täglich mit einem Federkiel in dein Auge; und wenn dich davon in der Nacht irgendwelche Hitze quält, nimm zwei in kaltem Wasser eingeweichte Eichenblätter, und binde sie auf das Auge; und so wird der Schmerz verfliegen und die Blindheit vergehen, auch wenn du ein ganzes Jahr darunter gelitten hast; und diese Medizin ist von vielen Ärzten, früheren und späteren, erprobt worden.«

Professionelle Zauberer leben noch in Cornwall und machen ihre Kunst zu einem gewissenhaften Beruf, in dem sie, wie seit jeher, die magischen Eigenschaften der schwarzen Katze nutzen.

Der Berichterstatter von »Daily Mail« äußerte über den »Congress of the Folk-Lore Society«, der am 24. September 1928 stattfand: »In Anwesenheit mancher dieser Leute spürt man instinktiv, daß Magie und Geheimnisvolles in der Luft liegt.« Miss B. C. Spooner, die viele Meilen einsamer Heide-moorwege in Cornwall durchwandert hat, um Fragmente von Volkssagen zu sammeln, berichtete dem Kongress von einem Zaubermittel, das ein Gerstenkorn am Auge heilen soll.

»Streiche mit dem Schwanz einer schwarzen Katze von der Nase aus über das Auge und sprich bei jedem Strich eine der folgenden Zeilen: ›I poke thee, I don't poke thee, I toke the queff that's under the 'ee. Oh, qualyway. Oh, qualyway.‹« »Ich knuffe Dich, Ich knuffe Dich nicht; Ich nehme fort an 'nen anderen Ort, Das Gerstenkorn unter dem Auge.«

Ein ähnliches Heilmittel empfahl der »Sunday Express« kurze Zeit vor dem Kongress. In diesem Fall war nur ein Haar von der Schwanzspitze einer schwarzen Katze erforderlich, es mußte aber ausgerissen werden, wenn der Neumond am wol-kenlosen Himmel aufging, und die Zahl neun, die mit der mystischen Lehre von der Katze in so enger Verbindung steht, kommt ins Spiel, denn das Haar muß neunmal über das geschwollene Augenlid gezogen werden.

Der Glaube, daß die Katze den geistig Verblendeten zu wahrer Einsicht bringen kann, wird aus dem schottischen Sprichwort ersichtlich: »Cast the Cat over him« (Wirf die Katze über ihn). Diese Aufforderung wird heute geäußert, wenn jemand übertriebene, unglaubwürdige Geschichten er-zählt und die Vermutung naheliegt, der Erzähler phantasiere. Früher galt die praktische Durchführung des Sprichworts als Heilmittel für einen Menschen, der sich im Fieberwahn be-fand.

Eine breitere Schilderung der Potentialitäten, die der Katze hinsichtlich der Übertragung des zweiten Gesichts zugetraut wurden, befindet sich in dem Abschnitt über das Taigherm, das ich in dem Kapitel über die Katze als Opfer behandelt habe.

Eine alte Frau aus meiner Bekanntschaft, deren Berufung das Aufbahren der Körper Verstorbener ist, warnte mich eindringlich, niemals einer Katze das Betreten eines Raumes zu gestatten, in dem ein Leichnam liegt. Sie erklärte, daß eine Katze, wenn sie Zugang zu einem Toten hätte, ihm die Augäpfel herausreißen und sie auffressen würde; und sie sagte, sie habe dies schon mehr als einmal erlebt.

Hierin können wir den Ursprung des schottischen Aberglaubens sehen, den Pennant erwähnt, nach dem eine Katze gnadenlos getötet werden muß, wenn sie einen Raum betritt, in dem sich eine Leiche befindet.

Die angeführte Begründung liegt darin, daß die erste Person, über die die Katze anschließend hinwegspringt, mit Blindheit geschlagen wird; und nach dem oben Erwähnten scheint es wahrscheinlich, daß eine geheimwirkende Magie befürchtet wird.

Eine solche Magie wendet der Südslawone an, wenn er unentdeckt stehlen will. In diesem Fall gebietet die Formel, eine blinde Katze zu verbrennen und eine Prise ihrer Asche über den Menschen zu werfen, den er zu betrügen beabsichtigt. Wenn er dies getan hat, so berichtet Krauss, kann er aus dessen Laden nehmen was er will, denn der betrogene Besitzer wird nichts bemerken, weil er so blind geworden ist wie die Katze, mit deren Asche er bestreut wurde. Der Dieb kann sogar fragen: »Habe ich dafür bezahlt?«, denn der unselige Kaufmann wird mit Sicherheit antworten: »Ja.«

Für solche Zwecke war das Gehirn einer schwarzen Katze eine weitere Lieblingswaffe der Hexerei, die für die Herstellung von Zaubermitteln und Talismanen sehr gefragt war.

Ben Jonson hat die zweifelhaften Methoden zur Gewinnung der begehrten Zauberingredienz illustriert.

»I from the jaws of a gardener's bitch
Did snatch these bones, and then leaped the ditch,
Yet I went back to the house again,
Killed the black cat, and here's the brain.«

»Diese Knochen raubte ich aus dem Maul
Der Hündin des Gärtners und sprang übern Graben,
Aber dann ging ich ins Haus zurück,
Tötete die schwarze Katz'; hier ist ihr Gehirn.«

Die stark magischen Kräfte wurden auch zur Herstellung von Gegenzaubermitteln verwendet. Zu der Zeit, als »Tyburn's Triple Tree« (der Galgen), »der weder Rinde noch Äste besaß und dennoch das ganze Jahr über Früchte trug«, in Blüte stand, kursierte im Volksglauben der gespenstische Aberglaube von »der ruhmreichen Hand« und ihrem Begleiter, »der Kerze des toten Mannes«. Die ruhmreiche Hand war die rechte Hand eines hingerichteten Mörders, die während einer Mondfinsternis vom Handgelenk abgetrennt worden war; während die Kerze, die zwischen die Finger der bleichen Hand gesetzt worden war, mit einem Docht aus Haaren von Toten und dem Fett des Mörders gefertigt war, oder, wenn wir Ingoldsby glauben dürfen,

»With the grease and the fat
Of a black Tom Cat«

»Aus dem Talg und dem Fett
Eines schwarzen Katers«

und sie sollte die Eigenschaft besitzen, die Kräfte derjenigen zu lähmen, auf die ihr Licht fiel.

»Wherever that terrible light shall burn,
Vainly the sleeper may toss and turn;
His leaden eyes shall he n'er unclose
So long as that magical taper glows,
Life and treasure shall he command
Who knoweth the charm of the glorious Hand!«

»Wo immer dies schreckliche Licht scheint
Soll der Schlafende sich vergebens hin- und herwerfen;
Seine bleischweren Lider soll er nie öffnen können,
Solang die magische Kerze brennt.
Über Leben und Reichtum soll der gebieten,
Der den Zauber kennt von der ruhmreichen Hand!«

Der Gegenzauber, der das Licht auslöschen konnte, war der Geruch der Galle einer schwarzen Katze.

Obwohl nicht geleugnet werden kann, daß schwarze Katzen als Amulette und Glücksbringer überwiegen, so sind andere Farben jedoch nicht ausgeschlossen.

Es gibt einen alten buddhistischen Aberglauben, daß der Besitz einer hellen Katze gewährleistet, daß immer Silber im Haus ist, und wo es eine dunkel gefärbte Katze gibt, wird stets Gold vorhanden sein.

Nach Conway ist eine dreifarbige Katze ein sicherer Schutz vor Zerstörung durch Feuer für das Haus, in dem sie lebt, während in Irland und Schottland noch der Glaube existiert, daß eine schildpattfarbene Katze Glück bringt, und es gilt als gutes Omen, wenn man eine solche Katze im Haus hat.

Schließlich soll eine Katze mit doppelten Krallen, wenn man sie findet, ein besonders wirksamer Glücksbringer sein, und sie muß sorgfältig beschützt und behütet werden.

Wahrscheinlich wegen ihrer Verknüpfung mit dem Mond wird die Katze in vielen Ländern als wirksames Zaubermittel zum Herbeiführen von Regen angesehen, wenn die vorge-schriebenen Rituale eingehalten werden, und ich führe hier einige Beispiele an, die Mr. Frazer gesammelt hat. In Süd-Ce-lebes versuchen die Menschen Regen zu machen, indem sie eine Katze auf eine Sänfte binden und sie dreimal um die aus-getrockneten Felder tragen, während sie sie mit Wasser aus Bambusspritzen benässen. Wenn das arme Tier zu miauen be-ginnt, rufen sie: »Oh Herr, laß Regen auf uns niederfallen.«

Wenn in Malaysia Regen gewünscht wird, setzt eine Frau ein umgedrehtes Tongefäß auf den Kopf und dann, nachdem sie es auf den Boden gestellt hat, füllt sie es mit Wasser und badet eine unglückliche Katze darin, bis das Geschöpf fast er-trunken ist. Man glaubt fest daran, daß auf die Durchführung dieses Zaubers ein starker Regen folgt.

Mr. Skeat, der dies beschreibt, sagt, daß die umgedrehte Schüssel das Himmelsgewölbe symbolisiert. In Java ist das Baden einer Katze eine übliche Methode für das Regenma-chen, manchmal sind es auch zwei Katzen, die dann männ-lich und weiblich sein sollten. Gelegentlich werden sie mit Musik in einer Prozession herumgetragen. Auch in Batavia kann man bisweilen Kinder mit einer Katze umhergehen se-hen, um Regen zu machen. Sie tauchen ihr Opfer in ein Becken und lassen es dann los.

Um in Sumatra Regen herbeizuführen, versammeln sich die hell gekleideten Frauen des Dorfes am Fluß, waten hinein und bespritzen sich mit Wasser. Sie haben eine schwarze Katze dabei, die sie in den Fluß werfen und dazu zwingen, herumzuschwimmen. Zuletzt darf sie ans Ufer zurückkehren, während sie von den spritzenden Frauen verfolgt wird. In diesem Fall ist die Farbe der Katze Bestandteil des Zaubers. Das Schwarz soll durch geheime Wirkung den Himmel mit Regenwolken verdunkeln. Dieses Prinzip wird in Kota Gadang auf Sumatra in noch übertragenerer Form angewen-det. Hier ist es ein Stein, der mit einiger Anstrengung und großer Vorstellungskraft eine schwache, entfernte Ähnlichkeit mit einer Katze haben könnte. Er besitzt die natürliche Eigenschaft, Regen vom Himmel herabzuziehen, da die wirkliche schwarze Katze dies zu tun vermag. Deshalb wird er bisweilen mit dem Blut von Geflügel bestrichen, gerieben und beweihräuchert, während eine Zauberformel dazu gesprochen wird. Die Chinesen glauben fest daran, daß die Katze ihrem Besitzer eine Gewähr für Glück bietet. Ein lebendiges Abbild des Unglücks, das dieser Glaube für die arme Katze nach sich zieht, findet sich in »Die Seele Chinas.« Dort ist zu lesen: »In der Hälfte der Läden zog und zerrte und miaute eine Katze, angebunden und gekettet – die meisten von ihnen ziemlich eigenartig aussehende Tiere, denn je älter die Katze, desto größer das Glück, das sie bringt, in einem das hohe Alter verehrenden China. Und die Katze ist der lebende (und keineswegs stumme) Glücksbringer Chinas, der in jedem chinesischen Dorf in allen Häusern beinahe den Ehrenplatz mit dem Herdgott persönlich teilt. Denn der Herdgott ist der Herdgott, dem häuslichen Leben geweiht, unbedachtsam derber Geschäftsdinge. Hunde streifen auf freiem Fuß in ganz China umher, aber Katzen müssen an der Kette leben. Hunde laufen frei herum – warum auch nicht, denn ein chinesischer Hund beißt nur Fremde und Bettler, aber Katzen sind fast immer festgebunden und angekettet. Denn das Glück könnte mit der Katze fortgehen und, im Gegensatz zur Katze, nicht zurückkehren. Und weil das Glück, das die Katze bringt, um so größer und sicherer ist, je älter und schäbiger sie ist, dürfen Katzen würdigeren und verantwortlicheren Alters, anders als junge Kätzchen, denen eine gewisse natürliche Bewegungsfreiheit und Spielen erlaubt werden kann, nichts dergleichen. Aber auch Jahrhunderte einer solchen Gepflogenheit haben die chinesischen Katzen nicht im geringsten versöhnt, und sie machen die ungeheure Beschneidung ihres Bewegungsdrangs mit der freien Ausübung eines teuflischen und unermüdlichen Gekreischs wett. Sie heulen die ganze Zeit in einem großen, schrillen, mißtönenden Unisono aus empörtem Protest.«

Selbst in China ist dennoch nicht jede Katze ein Vorbote des Glücks, denn nach Doolittle sind die Chinesen das einzige Volk der Erde, das die Nähe einer schwarzen Katze verabscheut, die für sie als Omen für Krankheit und Armut gilt.

Wir haben nun eine kleine Vorstellung von der Bedeutung der Katze als Talisman und Zaubermittel gewonnen, und es sollte uns nicht überraschen, daß diejenigen, die ihre Fähigkeiten für weiße oder schwarze Magie ausgenutzt haben, manchmal Zuflucht in Zaubereien suchen mußten, um die für ihre Absichten gewünschte Anzahl an Katzen zu erhalten.

Das 1791 veröffentlichte »Conjurer's Magazine« gibt ein Beispiel für einen solchen Zauber, der Katzen anlocken und betören sollte. »Sammle bei Neumond das Kraut Nepe (›Nepeta cataria‹ oder Katzenminze?) und trockne es in der Sonnenhitze; sammle Eisenkraut in der 8. Stunde und lasse es nur an die Luft, während der Mond hinter der Erde steht. Hänge beides zusammen in einem Netz an einen geeigneten Ort, und wenn eine von ihnen den Geruch wahrgenommen hat, wird ihr Schrei bald alle herbeirufen, die ihn vernehmen; und sie werden herumlaufen und toben und hüpfend und springend versuchen, das Netz zu erreichen, das so aufgehängt oder plaziert sein muß, daß sie nicht herankommen können, sonst werden sie es zerreißen.« In der Nähe von Bristol gibt es ein »Katzenfeld«, das seinen Namen wegen einer großen Menge dieser Tiere erhalten hat, die durch diese List dorthin gelockt wurden.

Wiederum wegen ihrer Bedeutung als Amulett muß die Katze bei einem Umzug der Familie, die sie adoptiert hat, überredet werden sie zu begleiten, und ein Zaubermittel muß ihre Abneigung gegen einen Wohnortwechsel überwinden.

Die Pfoten einer Katze mit Butter zu bestreichen, um sie an ein neues Haus zu gewöhnen, ist ein Zaubermittel, das heute in allen Gruppen der Gesellschaft praktiziert wird. Ein alter schottischer Schriftsteller wirft mit seinem interessanten Vergleich neues Licht auf die feinsinnige Sympathie, die zwischen Katzen und Königen bestehen soll:

»Aber kennt ihr auch den Trick, ihm die Handflächen mit Öl zu salben? Nach meiner Meinung ist das ein altes Zaubermittel, um den neuen König im Königreich zu halten: denn es gibt kein sichereres Mittel, eine Katze im Haus zu halten, als ihre Pfoten auf diese Weise einzufetten.«

Woraus ersichtlich wird, daß unsere Vorfahren glaubten, Katze und König würden durch ein- und dasselbe Zaubermittel gleichermaßen bezaubert!

KAPITEL XXXI

Die Symbolik von Katze und Maus

In anderen Kapiteln haben wir gesehen, daß die Katze das Emblem der Sonne und des Mondes und auch der vielen Gottheiten ist, die diese strahlenden Himmelskörper personifizierten. Nun wollen wir die Verbindung der Katze zu ihrem traditionellen Opfer, der Ratte oder Maus betrachten, wie sie in der Mythologie von Sonne und Mond dargestellt wird.

In ihrer gemeinverständlichen Bedeutung symbolisiert die Maus die grauen Wolken, die die Sonnen- oder Mondkatze mit den hervorschießenden Tatzen ihrer Strahlen auseinandertreibt; oder ihnen in verspielter Weise, einmal verborgen und dann wieder hervorstoßend, ein Trugbild von Freiheit gewährt, bevor sie verzehrt werden.

Doch esoterisch gesehen ist die Maus oder die Ratte oder der Vogel (da die Glyphen austauschbar sind) die menschliche Seele*, ob es der düstere Geist ist, der in der Nacht umgeht, oder die noch am Körper haftende Psyche.

Dieses schildert Baring Gould, der 1872 schrieb: »Wenn man Grimm und Wolf glauben darf, sind Opfer an Ratten und Mäuse bei der Landbevölkerung mancher Teile Deutschlands noch weit verbreitet.« Er erklärt weiter: »Ratten und Mäuse wurden allgemein als heilige Tiere betrachtet«, und »bei den skandinavischen und germanischen Völkern sah man in ihnen die Seelen der Toten.«

In der germanischen Mythologie überleben viele sagenhafte Geschichten, die diesen Glauben widerspiegeln. Ein typi-

---

* Vgl. S. 246.

sches Beispiel ist die folgende von Prastorius. In Saafeld in Thüringen lebte einmal ein Dienstmädchen, das in Schlaf fiel, während ihre Freunde Nüsse schälten. Als sie so schlief, sahen die anderen eine kleine rote Maus aus ihrem Mund kriechen und durch das offene Fenster laufen. Ein Mann, der dabei gewesen war, schüttelte das schlafende Mädchen, doch als er feststellte, daß er es nicht aufwecken konnte, brachte er seinen bewußtlosen Körper an einen anderen Ort. Bald danach kam die Maus dahin zurück, wo das Mädchen einge- schlafen war und flitzte hin und her, als ob sie es suchen wür- de. Doch als sie den Aufenthaltsort nicht entdecken konnte, verschwand sie, und im selben Augenblick verschied das Mädchen.

Esoterisch betrachtet ist die Katze, am aufmerksamsten, wenn sie am abwesendsten scheint, unnachgiebig in der Ab- sicht, unfehlbar im Ziel, in der Dunkelheit sehend, sicherlich ein außerordentlich gutes Ideogramm für den großen Jäger. Ich kann mich nicht enthalten, mit meinen Lesern das Ver- gnügen zu teilen, das mir ein Gedicht von Humbert Wolfe bereitet, welches das Denken der alten Symboliker so schön portraitiert. Er schreibt:

»Gott jagt die Seele nicht auf flachen, glatten Pfoten wie ein Spürhund, sondern er fällt über sie her wie eine Katze. Er ist nicht bedächtig, wie ein schwerfälliger Stern, der allmäh- lich strahlt, sondern er wählt, wo die Stürme der wütenden Sonne walten, eine Seele aus der Menge und schlägt sie, so wie eine dahingleitende Wolke plötzlich zu einem blutroten Stillstand geschlagen wird unter dem stahlblauen Glanz der Krallen der großen Sonnenkatze. Er kann nicht dulden, daß der kleinste der Himmelsvögel seinen strahlenden Pfad un- behelligt mit weißen, glatten Federn durchfliegt, sondern er durchspringt den Himmel mit einem gewaltigen Sprung und reißt, beim Springen scheinend, die weißen Flügel der Wol- ken in prachtvolle Fetzen.«

Eine Mythe ist für die Verehrung des Apollo Smintheus verantwortlich, die davon erzählt, wie dieser Gott die Stadt Smintha von den Mäusen befreite, die sie belagerten (Ovid, Met. xii. 585). Der Name Smintheus ist von Zoologen für die Bestimmung einer Unterart kleiner Nagetiere übernommen worden, und Lang hat darauf hingewiesen, daß die korrekte Bezeichnung des Gottes »Mäuseapollo« oder »Apollo,

Drei Ratten hängen eine unbeteiligt aussehende Katze

Herr der Mäuse« lauten müßte. Eine Variante dieser Mythe berichtet, daß Apollo Phrygien von einer Rattenplage befreite. Wir erfahren nicht, wie der Gott seine Heldentat vollbrachte, doch Baring Gould hat den Schlüssel für die Bedeutung der Sage geliefert. Er vermutet, daß Apollo die Nager mit Hilfe seiner Leier wegzauberte, genau wie der Rattenfänger von Hameln die Ratten mit seiner zauberhaften Musik weglockte. Denn die Musik des Sonnengottes oder des Rattenfängers ist der unwiderstehliche Ruf des Todes, und der Berg, in den die Seelen, die die mystischen Töne vernehmen, geführt werden, ist das Grab. Das Sprichwort erinnert uns daran, daß der Berg eine Maus gebar: ›Parturiunt montes, nascitur ridiculus mus‹. Aus dem dunklen Schoß des Todes entspringen die schatten- oder geisterhaften grauen Mäuse, um im Halbdunkel der Astralwelt zu wandeln. Sie werden von der Mondkatze, der schwachen Widerspiegelung der Sonne, durch die Trugbilder der Nacht gejagt, bis schließlich die Sonnenkatze emporsteigt. Sie erscheint nun nicht als zerlumpter Rattenfänger, sondern mit all ihrer Pracht und Kraft. Sie stürzt sich auf die losgelösten Seelen, die sich ihr so lange entzogen haben und nimmt sie in sich auf. Die Morgendämmerung ist rot vor Blut, denn die Umwandlung kann nur durch das Opfern der kleinen, losgelösten Einzelseelen vollzogen werden. Doch wer würde über die Mittel streiten, wenn das Ergebnis so großartig ist?

Einen Widerhall dieser Symbolik kann man in dem Märchen vom gestiefelten Kater entdecken. Nachdem der Menschenfresser Tod von der Katze des Ra, dem Gott des Lichts und des Lebens, veranlaßt worden war, als Maus oder als das Selbst, das diese schreckliche Gestalt beseelte, zu erscheinen, konnte er dem leidenschaftlichen Wunsch des Gottes nach seiner Aufsaugung nicht länger widerstehen, sondern wurde verschlungen, wie Metis von Zeus.

Eine ganz andere Version der Allegorie von Katze und Maus erfahren wir von einem alten französischen Wappenkundler. Die Geschichte erzählt, wie Sonne und Mond bei der Erschaffung der Welt um die Besiedlung der neuen Erdkugel mit Tieren wetteiferten. Die leuchtende, großmütige Sonne brachte einen majestätischen Löwen hervor, edel und feurig wie sie selbst. Der Mond sah, daß die übrigen Götter vor Bewunderung über das schöne Geschöpf fast außer sich waren und ließ, entschlossen, sich nicht übertrumpfen zu lassen, eine Katze auf der Erde entstehen. Doch die offensichtliche Unterlegenheit der kleineren Katze an Würde und Schönheit rief den Spott der Götter hervor und Empörung auf Seiten der Sonne, die, ungehalten über den aussichtslosen Versuch des Mondes, es mit ihrer Macht aufzunehmen, eine Maus als Symbol ihrer Geringschätzung schuf. Noch immer nicht bereit, seine Niederlage einzugestehen, brachte der Mond einen Affen hervor. Doch dieser rief, als das possenhafteste aller Tiere, maßlose Belustigung hervor. Der Mond wurde zornig über die Verhöhnung, die seine Bemühungen hervorriefen, und in einer letzten Anstrengung, sich an der Sonne zu rächen, schuf er ewigen Haß zwischen dem Affen und dem Löwen und zwischen der Katze und der Maus.

In der oben angeführten Geschichte werden Mond und Katze gleichermaßen als Gegenstand der Verachtung betrachtet, oder bestenfalls als schwache Widerspiegelung der Sonne und ihrer schöpferischen Fähigkeiten, obwohl die großen Religionen von ganz anderen Vorstellungen inspiriert wurden. Als die frühesten Menschen den abnehmenden Mond sahen, dachten sie, er würde tatsächlich dahinschwinden oder aufgegessen. So glauben die Dakotas, daß bei Vollmond eine Schar Mäuse an einer Seite zu knabbern beginnt, bis er verspeist ist, während die Eingeborenen der nördlichen Gebiete der Goldküste zur Erklärung einer Mondfinsternis sagen, eine Katze habe den Mond gegessen. Nach ihrer Theorie kehrt die Sonne in der Nacht auf demselben Weg zurück, den sie am Tag beschritten hat, und der Mond, der von seiner Bahn abgekommen ist, gerät ihr in den Weg, woraufhin sie damit beginnt, ihn aufzuessen. Die Eingeborenen kommen ihm treu ergeben zu Hilfe und bitten die Sonnenkatze, ihn freizugeben, indem sie langsam in die Hände klatschen.

KAPITEL XXXII

DIE KATZE IN DER HERALDIK

DER GEDANKENVOLLE LESER, der sich in Erinnerung ruft, daß der manifestierte Kosmos und alles, was sich darin befindet, in gewissem Sinn eine Offenbarung zumindest eines Aspekts des göttlichen Unmanifestierten ist, wird erkennen, daß jedes wahre Symbol in seiner höchsten und tiefgreifendsten Interpretation dieses mystische Verwandtschaftsverhältnis repräsentiert.

Die von den alten Weisen verwendete Symbolik ist keine willkürliche Erfindung, sondern die Sprache, mit deren Hilfe wir allein das Unbeschreibliche und das Unbegreifliche erfahren und ihm nahekommen können. Carlyle hat das wunderbar ausdrückt: »Ein Symbol ist Verbergung und doch Enthüllung, Schweigen und Sprechen zugleich, eine Verkörperung und Offenbarung des Unendlichen, geschaffen um sich mit dem Endlichen zu verbinden, um dort sichtbar und gleichsam erreichbar zu werden.«

»Wie im Himmel, so auf Erden.« Der Mensch ist »der Mikrokosmos des Makrokosmos,« unbekannt und unerkennbar, genau wie sein Schöpfer. Die Heraldik ist die menschliche und personenbezogene Anwendung der Sprache der Symbolik. Das gewählte Emblem ist genau der Schatten, der dem Helden folgt, der Spiegel, der sein Wesen reflektiert, die Maske oder der Schild, der sein inneres Selbst vor den Angriffen und Pfeilen einer feindlichen Welt beschützt. Es wird in solchem Ausmaß mit ihm selbst identifiziert, daß beide miteinander verschmelzen, und seine Nachkommen übernehmen es mit Stolz und lassen seine Form auf diese Weise für immer fortbestehen.

»Was not all the knowledge
Of the Egyptians writ in mystic symbols?
Speak not the Scriptures oft in parables?
Are not the choicest fables of the poets,
That were the fountains and first springs of wisdom,
Wrapp'd in perplexed allegories?«

»War nicht alles Wissen der Ägypter
In mystischen Zeichen geschrieben?
Spricht nicht die Heilige Schrift oft in Gleichnissen?
Sind nicht die schönsten Fabeln der Dichter,
Aus denen einst die Weisheit entsprang,
In verwirrende Allegorien gehüllt?«

Ben Jonson

Das Sinnbild in der Heraldik ist so alt, daß viele widersprüchliche Meinungen hinsichtlich des tatsächlichen Alters und Ursprungs der Gestaltung von Wappen entstanden sind. Manche Fachleute behaupten, sie seien älter als die zivilisierte Welt; andere wollen die Quelle dieser Familienerkennungszeichen auf die phonetischen Alphabete des alten Indien und China zurückführen; einige haben ihre Anfänge in den Nationalbannern und Titular- oder Familienschilden des alten Ägyptens oder in den Federkronen und Namensovalen des alten Mexiko gefunden. Doch diese und andere Theorien sind nicht so widerstreitend, wie es auf den ersten Blick scheint, wenn wir nur die Heraldik als einen Teil jenes großen Systems der symbolischen Lehre erkennen, die unter den Völkern des Altertums vor der Erfindung der Schrift vorherrschte.

Alle antiken Geschichtsschreiber und Autoren schreiben ihren Helden bestimmte Symbole zu. Diodorus Siculus gibt Jupiter ein Zepter, Herkules einen Löwen, Mazedon einen Wolf, den Persern einen Bogenschützen; und wir alle wissen, daß der römische Adler von 752 v. Chr. bis zum Niedergang des Reichs als Synonym für Rom gestanden hat. Es ist kein Land, Volk oder Staat bekannt geworden, das nicht irgendeine Art symbolischer Repräsentation verwendet hätte. In der beachtlichen Reihe der Geschöpfe, die in der Heraldik dargestellt werden, nimmt die Katze ihren Platz mit Würde ein, auch wenn sie vergleichsweise selten anzutreffen ist.

Der alte französische Genealoge Pierre Palliot wies darauf hin, daß die Römer bei der Gestaltung ihrer Banner und Standarten häufig auf die Figur der Katze zurückgriffen. Die Absicht war vermutlich eine Anspielung auf die römische Göttin der Freiheit, denn diese Gottheit wurde mit einer ihr zu Füßen liegenden Katze dargestellt, sowie mit einer Schale in der einen und einem zerbrochenen Zepter in der anderen Hand.

Das Soldatenheer ›Ordinis Augusti‹, das einem Befehlshaber der Infanterie unterstand, führte eine grüne Katze auf weißem oder silbernem Grund. Ein anderes Regiment, die ›Felices Seniories‹, zeigte eine Halbkatze, rot auf einem rosafarbenen Schild. Einen dritten Katzenschild führten die alpinen Truppen, der eine Katze mit einem sichtbaren Auge und einem sichtbaren Ohr zeigte.

Die Sueben, Vandalen und Alanen führten Zobelkatzen, denn dieses Tier symbolisierte Freiheit. Die Holländer wählten die Katze aus demselben Grund zu ihrem Wahrzeichen. Sie stellten fest, daß die leidenschaftliche Freiheitsliebe der Katze und ihr wildes Kämpfen dafür sie zum angemessenen Emblem ihres kleinen, aber tapferen Landes machte, das so lange um seine Unabhängigkeit kämpfen mußte.

Das Bemerkenswerte an dem königlichen Wappen Großbritanniens ist, daß es keinen englischen Wappenhalter trägt. James I. ersetzte den Tudor-Drachen durch das Einhorn; doch uns interessieren die drei Leoparden, von denen zwei aus der Normandie und der dritte aus Guienne stammten. Die Leoparden, die von den Normannen stammten, waren wahrscheinlich ursprünglich Katzen. Die erste französische Republik setzte die Katze auf ihr Banner und folgte der römischen Tradition, sie an die Seite der Freiheitsstatue zu stellen. Der republikanische Künstler Prudhon schuf eine interessante Allegorie auf die Verfassung, in der die Weisheit, von Minerva personifiziert, mit dem Recht und der Freiheit dargestellt wird. Hinter dem Recht führen Kinder einen Löwen und ein Lamm nebeneinander her, während die Freiheit an der zu ihren Füßen sitzenden Katze erkennbar ist. Die Herrschaft der Katze endete mit der der Republik. Vom Freiheitssymbol degenerierte sie zur Verkörperung des Verrats. Die Frontseite eines alten Buches mit dem Titel »Les crimes des Papes« (Die Verbrechen der Päpste) zeigt eine Katze zu Füßen des Papstes, zur Symbolisierung von Verrat und Scheinheiligkeit. Danach wurde die Katze, wenn sie überhaupt noch in Erscheinung trat, nicht länger zum Wahrzeichen von Adelshäusern gemacht, sondern sie wurde zum Erkennungszeichen von Ladenbesitzern und Händlern; der gestiefelte Kater wurde beispielweise zu einem beliebten Warenzeichen der Schustergilde.

Eine interessante Erklärung für den Abstieg der Wappenkatze auf diese Stufe findet sich in den Manuskripten der Harley-Sammlung (in der Bibliothek des Britischen Museums, London). Wir erfahren, daß manche Gewerbetreibenden, »nachdem sie den Dienst bei ihren Herren quittiert hatten, den Helmbusch, die Spange oder das Wappen ihrer Herren übernahmen«. Deshalb wurde die Katze von ehemaligen Bediensteten des Lord Evers, Cat of Mount und Leper (Leopard), des Marquis von Worcester und des Lord Buckhurst als Wappentier getragen.

Die Wildkatze war das Emblem der Burgunder, und Klothilde von Burgund, die 493 mit dem Frankenkönig Clovis verheiratet wurde, führte eine Zobelkatze auf goldenem

Grund, die eine Ratte tötete. Die Helmzier der Dawsons scheint an den von Klothilde zu erinnern, denn er wird beschrieben als »Kopf einer Tigerkatze, aufrecht, im Maul eine getötete Ratte. Ihr Motto lautete ›Vitae via virtus‹ (Tugend ist der Weg des Lebens). König Childebert, der von 511 bis 558 in Frankreich regierte, soll einem Ritter, der während des Krieges zwischen Frankreich und den Burgundern Gundemar von Burgund gefangengenommen hatte, das Wappenzeichen einer eingekerkerten Katze verliehen haben.

Ein amüsanter Dialog in Fernes »Glory of Generositie« erinnert an das Brauchtum: »›Paradis‹, der Herold: ›Darum bitte ich Euch, fangt an und berichtet Eurem Herrscher, welches Wappen dieser Ritter führt?‹

›Torquatus‹, ein Ritter: ›Mich dünkt, er führt einen goldenen Zobel, aufrecht schreitend, hinter einem achtteiligen Gitterwerk in Rot mit silberweißen Fäden.‹

›Columel‹, ein Pflüger: ›Jesus, Herr! Nennt Ihr das ein Wappen? Ich für meinen Teil habe mir gedacht, Wappen sollten keine so unbedeutenden Dingen tragen. Ei, das ist ja gerade die Katze hinter dem Fenster des Kuhstalls. Es wird dem Milchraum schlecht bekommen, einem solchen Parasiten die Obhut anzuvertrauen.‹«

Eine merkwürdige und interessante Eigenart in der Heraldik sind die Wappenzeichen, die aus einem Wortspiel über den Namen des Eigentümers entstanden sind. Doch wie wir schon erwähnten, liegt die wahrscheinlichere Erklärung darin, daß früher jeder Personen- und Ortsname eine symbolische Bedeutung hatte.

In der englischen Heraldik finden sich viele Beispiele für diesen Brauch: Archer (Bogenschütze), drei Pfeile; Hunter (Jäger), drei Jagdhunde und ein Jagdhorn; Butler (Mundschenk), drei Weinkrüge; und die Katze bot dem Symbolisten oder Wortspielmacher ein willkommenes Objekt seiner Findigkeit, dessen er sich auch geflissentlich bediente.

Die Grafschaft Caithness soll ihren Namen von germanischen Siedlern aus dem Volk der Chatten erhalten haben und ursprünglich Catti-Ness geheißen haben. Es ist überflüssig zu erwähnen, daß sich die alten Herolde eine solche Gelegenheit für ein Wortspiel nicht haben entgehen lassen, und die meisten der heute verbreiteten Familien des alten Clans der Chatten wählten die Bergkatze für ihre Helmzier. Der Earl of Sutherland, der in alten Tagen der Oberlehnsherr dieses Stammes war, war als ›Mohr ar chat‹, das heißt die Große Katze, bekannt. Der Wahlspruch der Familie

Abzeichen der Familie Catesby

Mackintosh lautet: »Berühre die Katze nicht ohne Handschuh.« Die Helmzier ist »eine aufrecht springende Bergkatze«; Wappenhalter sind zwei gewöhnliche Katzen.

Denselben Wortlaut hat der Wahlspruch des Grant of Ballindalloch, der noch ein zweites Motto zur Erklärung anfügt: ›ensé et an'imo‹. Auf französisch: ›On ne prend pas tel chat sans moufles‹ (Solche Katze kann man nicht ohne Fausthandschuh packen).

Das Abzeichen der Familie Catesby ist eine gepunktete Katze, wie sie auf dem bemalten Glas in Lapworth Church in

Warwickshire dargestellt wird, und Catesby ist der Held, der in dem wohlbekannten Spruch geheimnisvoll als »die Katze« aufgeführt wird:

»The cat, the rat, and Lovel our dog.«

»Die Katze, die Ratte, und unser Hund Lovel.«

Die Bergkatze oder Wildkatze wurde in Rockingham Forest, dem Land von Catesby, lange Zeit gehegt. Doch in seinem Schild führte Catesby den Löwen, das Oberhaupt der Katzen.

Weitere Beispiele für diese Wortspielerei in der Heraldik finden sich bei Keats of Gloucester and Berks, dargestellt durch eine schreitende Bergkatze, bei Keat, mit einer Wache stehenden Halbkatze, bei Cattley, mit einer aufsteigenden Halbkatze und einem Anker, bei Caterall of Cheshire, mit einer schreitenden Katze und einem umgedrehten Hut.

Den Wortspielmacher im Ausland hat der Name der Katze gleichermaßen beflügelt. Das alte deutsche Haus Katzen führte zum Beispiel eine silberne Katze, die ein Haus festhält, auf blauem Feld. Der neapolitanische Herr des Hauses Della Gatta zeigte ebenfalls eine silberne Katze auf blauem Feld, und die Familie La Chetardie aus Limoges führte zwei silberne Katzen, übereinander, auf Blau.

Ein vielsagendes Beispiel für die Ereignisse, die manchmal dazu geführt haben, der Katze wegen ihrer inneren Verdienste die Ehre zuteil werden zu lassen, der heraldische Repräsentant einer Familie zu werden, ist in »Watson's Annals« festgehalten. Wir können dort lesen, daß Elizabeth Hurd und ihr Ehemann mit Penn zu den ersten Siedlern in Philadelphia gehörten, und während sie sich damit plagten, ein Wohnhaus zu bauen, suchten sie Unterschlupf in einer Höhle am Flußufer. Sie arbeiteten gerade an der Errichtung eines

Kamins, als Hurd seine Frau recht grob anherrschte: »Du solltest dich lieber um das Essen kümmern!« Elizabeth wußte, daß der einzige Inhalt des Speiseschranks aus Brot und Käse bestand, aber sie nahm den Entscheid ihres Gemahls sanftmütig an und ging zurück zu der Höhle, betrübt nachsinnend, wie sie ihren hungrigen Gefährten sättigen sollte. Da lief ihr Kater über ihren Weg, der mit einem großen Kaninchen im Maul von der Jagd zurückkehrte. Dankbar nahm Elizabeth ihm die Beute ab und konnte so ihren halbverhungerten Mann mit einer wohlzubereiteten, nahrhaften Mahlzeit empfangen. Sie erzählte ihm, wie sie dazu gekommen war. Den armen Siedlern erschien es wie ein Geschenk des Himmels, und sie weinten vor ehrfürchtiger Freude. Und sie vergaßen die Hilfe nie, die sie in der Stunde ihrer Not erfahren hatten. Als Elizabeth Hurd nach vielen Jahren in Wohlstand verschied, hinterließ sie ihrer Großnichte, Mrs. Morris, eine silberne Terrine, in die ein Kater mit einem Kaninchen im Maul eingraviert war.

KAPITEL XXXIII

DIE NEUN LEBEN DER KATZE

>»What wouldst thou have with me?
>Good king of cats, nothing but one
>of your nine lives.«

>»Und was willst Du denn von mir? –
>Guter König der Katzen, nichts als
>Eins von Deinen neun Leben.«
>
>(*»Romeo and Juliet,«* III, 1.)

DAS STÄNDIGE WIEDERKEHREN bestimmter Zahlen in heiligen und okkulten Schriften entgeht nicht einmal der Aufmerksamkeit des oberflächlichsten Gelegenheitslesers, und es ist offensichtlich, daß diese Zahlen mehr sind als nur arithmetische Symbole. In Wahrheit drängt sich ihre esoterische Bedeutung in manchen Fällen so stark in den Vordergrund, daß ihr numerischer Wert nebensächlich wird. Wo die Katze betroffen ist, bezieht sich diese Aussage vor allem auf die Zahlen 3 und 9, die mit der Katzensymbolik in enger Verbindung stehen. In anderen Kapiteln haben wir gesehen, wie die Katze von den Vertretern antiker Religionen zur Versinnbildlichung der drei Verkörperungen der göttlichen Dreiheit eingesetzt wurde, so daß wir hier nicht weiter auf ihr heiliges Bündnis mit der Zahl drei eingehen müssen, sondern auf ihren Zusammenhang mit der Zahl neun übergehen können, die, wie die Dreiheit der Dreiheiten, als die heiligste aller Zahlen angesehen wurde.

Das ägyptische Pantheon mit seinen drei Göttergruppen, die jeweils aus neun Einzelgöttern bestanden, hat seine volle

Entwicklung zur Zeit der V. Dynastie erfahren, und ihre beschützende Liebe zu der Katze könnte die Ursache für die Annahme gewesen sein, sie besitze neun Leben. Die Götter der ersten Gruppe waren Tem, Schu, Tefnut, Qeb, Nut, Osiris, Isis, Set und Nephthys. Die mittlere Gruppe setzte sich aus etwas geringeren Gottheiten zusammen, während die dritte Gruppe selten erwähnt wird und die Bezeichnungen ihrer Götter unbekannt sind. In manchen Textstellen, die sich auf die Götter beziehen, wird das Zeichen für Gott achtzehnmal wiederholt, um eine doppelte Neunergruppe oder die gesamte Gesellschaft der höheren und niedrigeren Götterzyklen anzuzeigen. Die Vorstellung, daß alles Göttliche sich in der Zahl neun ausdrückte, war möglicherweise der Grund, daß die Neun bei allen Völkern, die mit der ägyptischen Gedankenwelt in Berührung gekommen waren, sowohl der Sonne als auch dem Mond, sowie der Katze, die sie symbolisierte, geweiht war. Als Gott des Lichts soll Apoll die neun Monate hervorgebracht haben, aus denen das Ur- oder Mondjahr bestand, und er wird von neun Musen umgeben, die nach Vergil seine Schwestern waren (Eccl. 6 66) und die Schirmherrschaft über Literatur, Wissenschaft und Kunst führten.

»Daughters of Jove! that on Olympus shine,
Ye all-beholding, all-recording nine.«

»Neun Töchter des Zeus auf dem Olympos leben,
Rechenschaft über alles und jeden ablegen.«

Alexander Pope, Ilias, XIV, 599-600

Diana war sowohl als Schwester des Apoll als auch in ihrer Rolle als Mondgöttin mit der Katze und der Zahl neun innig verbunden. Die Bedeutung dieser beiden Symbole im dianischen Kult wird durch eine Zeile aus Quarles' »Litany« hervorgehoben, wo die Hexen als »Katzen auf zwei Beinen mit dreimal neun Leben« beschrieben werden. Der Dichter spielt anscheinend auf jene rituellen Tänze an, die wir bereits an anderer Stelle geschildert haben, bei denen die Töchter Dianas, als Katzen verkleidet, zu Ehren der Mondgottheit versucht haben mögen, die drei Gruppen der ägyptischen Götter darzustellen und durch die Verzückung, die die vorgeschriebenen rhythmischen Bewegungen hervorriefen, in mystischer Verbindung mit den »dreimal neun Leben« jener Gottheiten identisch zu werden.

In dem Bericht des Pomponius Mela über die neun Priesterinnen der Insel Sark finden wir einen interessanten Zusammenhang zwischen den ursprünglich heiligen Anhängerinnen der himmlischen Gottheiten, die ihre geheimen Kräfte zum Heilen und Segnen einsetzten, und jenen entarteten Töchtern der Diana, den späteren Hexen, die ihre Fähigkeiten für üble und zerstörerische Zwecke mißbraucht haben sollen; oder bestenfalls für so fragwürdige Kunststücke eingesetzt haben, wie sich selbst in Tiere zu verwandeln und Unwetter zu erzeugen.

Mela erzählt uns, daß »Sena, nahe dem Land der Osis-Myes in der britischen See gelegen, für sein Orakel des Gottes der Gallen berühmt ist, dessen Priesterinnen, neun an der Zahl, ein Gelübde ewiger Jungfräulichkeit abgelegt haben. Sie werden Gallikinnen genannt und sollen durch die besondere Gabe, über die sie verfügen, Meer und Winde durch Zauberei in Aufruhr bringen und sich selbst in jedes beliebige Tier verwandeln können; und sie heilen Krankheiten, die jeder andere für unheilbar erklären würde und prophezeien Dinge, die sie voraussehen, doch nur für diejenigen, die mit der festen Absicht zu ihnen hinübersegeln, sie wegen eines bestimmten Anliegens um Rat zu fragen.«

Man könnte die Gallikinnen mit den neun Telchinen von Rhodos, den Söhnen des Poseidon, vergleichen, die den Dreizack Neptuns schmiedeten und, auf Walrossen reitend, im Heer des Dionysos kämpften. Denn in dieser frühen Vorstellung finden wir die Niedrigkeit der Ideale, zu denen die Töchter Dianas in späterer Zeit scheinbar abgestiegen sind. Die Telchinen konnten, wie die Gallikinnen, jede beliebige Gestalt annehmen (Diod., v. 55), und sie galten, vielleicht zum Teil aus diesem Grund, beim einfachen Volk als Betrüger, Zauberer und Dämonen. Doch ihre Machenschaften gingen darüber hinaus. Der böse Blick, mit dem sie begabt waren, war tödlich für den, der davon getroffen wurde (Ovid, Met. i. 7). Sie mischten stygisches Wasser mit Schwefel, um Tiere und Pflanzen zu vernichten, und sie konnten Hagel, Regen und Schnee befehligen. Einigen Berichten zufolge verließen sie Rhodos, nachdem sie eine große Flut vorausgesagt hatten, und verteilten sich über verschiedene Länder. Andere sagen hingegen, Apoll, dem die Insel heilig war, habe sie dort vertrieben, und seitdem seien sie wie besessen kreuz und quer durch die Meere gezogen (Crabb).

Wenn wir uns Nordeuropa zuwenden, treffen wir auf die sächsische Göttin Hel, den dunklen Aspekt der Freya, deren von Katzen gezogenen Wagen wir in einem anderen Kapitel beschrieben haben, und auch sie stand mit der Zahl neun in enger Verbindung. In der Edda steht geschrieben, daß Odin ihr Macht über neun Welten verlieh, oder, nach einer anderen Version, über die neunte Welt, und daß man neun Nächte durch düstere Täler reiten mußte, um den Fluß Gjöl und die goldene Brücke, die darüber führte, zu erreichen.

Pitcairn hat ein Beispiel für den Gebrauch der Zahl neun bei einer rituellen »Katzenbeschwörung« aufgezeichnet, die spätere Hexen in einer Hexenversammlung in Seaton durchgeführt haben. Er sagt: »Nachdem sie eine gewisse Strecke miteinander gegangen waren, packten sie auf ihre teuflische Weise eine Katze und zogen dieselbe neunmal durch den Ring im Kamin der besagten Beigis. Dann eilten sie so schnell sie konnten nach Seaton-Thorne, nördlich vom

Tor... Und anschließend gingen sie alle zusammen mit dem Teufel zum eisernen Tor von Seaton, wo sie erneut eine Katze fingen und dieselbe neunmal durch das genannte Eisentor zogen. Unmittelbar danach kamen sie zu der Scheune von George Feudaris, wo sie die erwähnte Katze tauften und ihr den Namen Margaret gaben. Und danach gingen sie alle zurück zu dem Platz, wo sie sich zuerst versammelt hatten und übergaben die Katze dem Teufel.«

Dieser Bericht von der »Taufe« einer Katze läßt darauf schließen, daß der Hexenkult von dem jüngeren Glauben nicht unbeeinflußt blieb. Doch sei es wie es wolle, die alte, fast über die ganze Welt verbreitete Zahlensymbolik, die mit der geweihten Katze so eng verbunden ist, wurde von der christlichen Kirche übernommen und in ihr Ritual einbezogen.

›Nona hora‹ oder Mittagszeit, die neunte Stunde, die drei Uhr nachmittags entspricht, hat durch den kirchlichen Brauch, um zwölf Uhr ›Nonen‹, die Gebete zur neunten Stunde, zu sprechen, die Bedeutung von Mittag erhalten, der Stunde, die dem Sonnengott besonders heilig ist, der dann im Zenit seiner Kraft und seiner Herrlichkeit steht. Offensichtlich ist sie allen heilig, die in der Sonne das Symbol des Höchsten erkennen. Außerdem ist sie eine kritische Stunde, denn sie kennzeichnet den Wendepunkt. Die Sonne muß ihren Abstieg ins Grab beginnen. Die neunte Stunde war die Stunde des Todes Christi. Christus, die Sonne der Redlichkeit, der in der frühchristlichen Symbolik, wie seine ägyptischen Vorläufer Osiris und Horus, durch die heilige Katze verkörpert wurde, um hervorzuheben, daß er die neugeborene aufgehende Sonne war, das Licht der Welt.

KAPITEL XXXIV

Die Bezeichnungen für die Katze

In bestimmten Okkultistenkreisen gilt es als Axiom, daß der Name eine ungeheure Macht über seinen Träger hat und guten oder bösen Einfluß auf ihn ausüben kann. Die Erklärung besteht teilweise in dem Zusammenhang zwischen den enthaltenen Buchstaben und der sogenannten Lehre von der Numerologie. Deren Beziehung zu der Katze habe ich bereits in einem anderen Kapitel behandelt, so daß wir hier nicht noch einmal darauf eingehen müssen. Aber der Name ist mehr, als durch Zahlen ausgedrückt werden kann. Er ist das Symbol des Selbst: das Wort, das integraler Bestandteil des Wesens ist, das ihn trägt; ein vitales geheimnisvolles Bindeglied zwischen der Persönlichkeit und denen, die ihr begegnen möchten. Wie ein Portrait, wie ein Bild oder wie ein wirklicher Körperteil (z. B. Fingernägel) ist der Name des Trägers in den Händen eines schwarzen oder weißen Magiers vorgeblich ein wirksames Instrument der Zauberei oder der Segnung; so innig ist er mit der Seele dessen, zu dem er gehört, verbunden. Für ein besseres Verständnis des Gegenstands unserer Untersuchung wird es deshalb hilfreich sein, einige der vielen Bezeichnungen näher zu betrachten, mit denen der Mensch die Katze identifiziert hat, und wir wollen versuchen, sie auf ihre Herkunft zurückzuführen.

Das erste Auftreten der domestizierten Katze in Ägypten wird von Fachleuten auf die Zeit um 2500 v. Chr. festgelegt, und eine etwa 200 Jahre jüngere Abbildung, die in Beni Hassan aufgefunden wurde, zeigt, daß ihr Name ›Mait‹ gewesen ist, die weibliche Form von ›Mau‹, einem Wort, das von dem

Klang des Miauens hergeleitet worden sein soll. Die Chinesen domestizierten die Katze erst um die Zeit von 200–400 n. Chr., aber die Namengebung erfolgte offensichtlich nach demselben Muster, denn sie hieß ›Mao‹ oder ›Miu‹. Der Schrei der Katze ist Ausdruck ihrer selbst, und die Vermutung liegt nahe, daß die französischen Synonyme Minette, Minousse, Mimi usw. und die deutsche Mieze oder Miezekatze ebenfalls Imitationen des Lautes ihrer Stimme sind.

Eine andere Quelle für die vielen Namen, die der Katze gegeben wurden, ist ihre auffallende Jagdeigenschaft; sie ist verantwortlich für ihre Bezeichnung im Sanskrit, ›Mârgaras‹, dessen eigentliche Bedeutung Jäger oder Sucher ist, der, der den ›mârgas‹ oder die Spur verfolgt. Gubernatis meint vielsagend, der Jäger könne als Verfolger der Grenze oder Spur verstanden werden; oder alternativ als Jäger und Töter der ›mrigas‹, der Tiere des Waldes. Der Mond – die himmlische Katze –, andernorts als die Jägerin Diana personifiziert, heißt im Sanskrit ›mrigarâgas‹ oder König der Tiere des Waldes, und wie Könige zu sein pflegen, ist er einmal Beschützer und einmal Vernichter seiner Untertanen. Die Mondkatze kann verstanden werden, als fresse sie die grauen Mäuse der Nacht, oder als beschütze sie die Schwachen mit ihrem leuchtenden Schein. Das Wort ›màrgaras‹ ist leicht zu verwechseln mit dem Wort ›mârgâras‹, der hinduistischen Bezeichnung für Katze, das Säuberer bedeutet; denn beide Wörter beschreiben einen Aspekt der Katze. Die weiße Katze wird mit dem Mond identifiziert, dem Säuberer der Nacht, der mit seinem durchdringenden Licht die Dunkelheit vertreibt, mit seinem äußeren Finger den Weg weist und unschuldige Tiere vor ihren Feinden schützt. Doch die schwarze Katze verkörpert die dunkle Nacht, und als diese vernichtet und verschlingt sie alles, was Gestalt besitzt. In diesem komplizierten Symbolismus müssen wir die Spur oder ›mârgas‹ als den reinen Teil des Landes betrachten, so wie der Rand der saubere Teil einer Buchseite ist, und so wird er sowohl mit der säubernden als auch mit der jagenden Katze in Verbindung gebracht. Das deutsche Wort ›Marder‹ ist aus dem dem Sanskritwort ›Mârgaras‹ abgeleitet und bezeichnet, wie dieses, den Töter. Die südamerikanische Wildkatze heißt dementsprechend Margay. In Italien hingegen wird der Begriff ›Mardar‹ durch falsche Etymologie mit der heiligen Martha assoziiert, die, wie die Katze, eine Verkörperung der häuslichen Tugenden darstellt.

Der lateinische Name für die Katze, ›Felis‹ oder ›Feles‹, soll nach Meinung mancher Etymologen aus der Wurzel ›fe‹ entstanden sein, was soviel wie ›Junge hervorbringen‹ bedeutet und sich auf die Fruchtbarkeit beziehen soll, die die Katze zum Sinnbild aller großen Muttergottheiten hat werden lassen. Doch diese Entstehung ist umstritten und alternativ wurde vorgebracht, die Römer hätten der Katze und anderen Tieren, das Wiesel eingeschlossen, die Bezeichnung ›felis‹ verliehen, weil sie Mäuse zur Strecke bringen oder »fällen«. Die angelsächsischen, keltischen und dänischen Varianten von »fällen« bedeuten »begierig zu töten«, »den Untergang bewirken«, »niederstrecken und schonungslos vernichten« und spielen auf die wilde, unbezähmbare Katze an, die so treffend von Sachmet repräsentiert wird, der Personifizierung der zerstörerischen Kraft der Sonne.

Der französische Name für die Wildkatze, ›Haret‹, scheint diese Ansicht zu bekräftigen. Er ist anscheinend mit dem englischen Wort »harry« (verheeren) verwandt, das aus dem angelsächsischen ›here‹ (Heer) hervorgegangen ist und Begriffe wie Raub, Plünderung und Zerstörung impliziert, die alle mit Krieg in Verbindung stehen.

Die folgenden Bezeichnungen für Katze sind anscheinend alle aus der arischen Wurzel ›ghad‹ entstanden, was packen oder fangen bedeutet, die Art, wie die Katze ihre Beute ergreift.

Griechisch ›Catta‹, lateinisch ›Cattus‹, französisch ›Chat‹, italienisch ›Gatto‹, altenglisch ›Gattus‹, spanisch oder portugiesisch ›Gato‹, polnisch ›Kot‹, russisch ›Kots‹, deutsch und germanisch ›Katze‹, ›Katti‹, ›Ket‹, walisisch und kornisch ›Kath‹, baskisch ›Catua‹, armenisch ›Gatz‹ und arabisch ›Kittah‹.

Das englische Wort »Puss« ist ebenfalls unbekannten Ursprungs, und viel Erfindungsgabe ist darauf verwendet worden, dessen Quelle aufzuspüren. Die verlockendste Vermutung ist, daß es von dem ägyptischen ›Poscht‹ oder ›Pascht‹ herrührt, das ist die Göttin Bastet, und diese Erklärung scheint nicht weithergeholt oder unwahrscheinlich zu sein. Das türkische und afghanische ›Pis-chik‹ (Verkleinerungsform von ›Pis‹), das arische ›Pusag‹, das persische ›Pushnak‹ und das arabische ›Bussah‹ können auch mit Bes, dem Gemahl der Bastet, in Verbindung gebracht werden, denn beiden ist die Katze heilig.

Eine andere verführerische Ableitung von »Puss« könnte von dem lateinischen ›Pusus‹, kleiner Junge, oder ›Pusa‹, kleines Mädchen stammen; das Wort kommt in dem Kinderspiel »Puss-in-the-corner« (das Kämmerchenvermieten) vor und wird häufig als Kosename für ein Kind oder eine junge Frau verwendet. Es ist leicht nachzuvollziehen, wie es dazu gekommen ist, das menschlichste aller Haustiere, die Katze, so zu nennen.

Das hinduistische »Phis, Phis« (Fisch, Fisch) als Katzenname läßt sich damit vergleichen. »Puss« ist ein schmeichelnder Ausdruck; »Phis« verspricht eine Belohnung. Beide Wörter gemahnen der Achtung, die dem heiligen Tier gebührt.

Doch eine dritte, weniger ehrfurchtsvolle Möglichkeit legt die Vermutung nahe, daß »Puss« ursprünglich ein nachahmendes Wort für das Fauchen der Katze war. Dies wird allerdings anscheinend durch die Tatsache widerlegt, daß das

Wort »Puss« zu Shakespeares Zeiten einen Hasen oder ein Kaninchen bezeichnet hat, und es wäre interessant zu wissen, ob die Nager ihren Namen nach der Katze erhalten haben und ob es einen gemeinsamen oder einen unabhängigen Ursprung gegeben hat.

Der altenglische Name für einen Kater (Tom-cat) war »Gib« oder »Gibbe-cat«, und dieser Ausdruck wurde in Nordengland und Schottland noch bis vor kurzem als übliche Bezeichnung verwendet und ist auch heute noch nicht völlig ausgestorben. Dieser Name wurde anscheinend hauptsächlich für ein altes männliches Tier gebraucht, dessen Gesetztheit schon an Schwermut erinnerte. So läßt Shakespeare Falstaff sagen: »I am as melancholy as a gib-cat« (Ich bin so melancholisch wie ein Brummkater) (»Henry IV,« 1. Akt, 2. Sz.). Die Bedeutung dieses Ausdrucks wird von Fenell erhellt, der in seiner 1843 geschriebenen »Naturgeschichte der Vierbeiner« sagt: »Der größte Teil der gehaltenen (männlichen Katzen) ist verweichlicht, und in diesem Zustand, in dem sie stets eine unterdrückte und schwermütige Erscheinung bieten, werden sie ›Gilberts‹ oder »Gib-cats« genannt.«

Die unheimliche, düstere Stimmung dieser Katzen war Anlaß, sie mit der Hexerei in Verbindung zu bringen, und Marston beschreibt »Ein häßliches Weib, dessen Augen Gift sprühen – das zu einer alten Hexe geworden ist und nun im Begriff steht, sich in einen alten Kater (gib-cat) zu verwandeln.« (»The Fawne«, IV.)

Der Name scheint eine gebräuchliche Abkürzung von Gilbert gewesen zu sein und althochdeutschen Ursprungs zu entstammen. Zunächst wurde er als Eigenname für eine einzelne Katze verwendet, wie die moderne englische Bezeichnung »Tom«, doch schließlich wurde er zu einem generellen Ausdruck. Ein Beispiel für seine Verwendung im früheren Sinn läßt sich bei Poole finden, der sagt:

»Ere Gib, our cat, could lick her ear.«

»Ehe Gib, unsere Katze, ihr Ohr lecken konnte.«

(»Edward I.«)

Es wurde vermutet, daß Tibert, der Name der Katze in
»Reinhart Fuchs«, das altfranzösische Äquivalent zu Gilbert
gewesen sein könnte. Es ist eine Variante von Tybalt, eine
Form vom Theobald, und war, wie Gilbert, ein beliebter
Name für eine Katze. Chaucer gibt in seinem »Rosenroman«
»Thibert le Cas« als »Gibbe, our cat« (I. 6204) wieder. In
»Romeo und Julia« wird Tybalt als »Katzenkönig« bezeich-
net.

Wie auch immer, es scheint, daß »Tib-cat« das weibliche
Gegenstück zu »Gib-cat« war. Auf der anderen Seite wurde
eine »Tabby cat« (Tigerkatze, gestreifte Katze) wegen der
schwarz-weiß moirierten Seide, die ursprünglich aus El Tab-
biana bei Bagdad kam, so bezeichnet, aber das Wort erhielt
die Bedeutung ›weibliche Katze‹ im Gegensatz zu »Tom-cat«
für ›männliche Katze‹.

Einen anderen Aspekt hebt Gubernatis mit seiner Interpretation bestimmter Katzennamen hervor. Zum Beispiel das
Sanskritwort ›Naktacârin‹, das ohne Unterschied zur Bezeichnung von Katze und Räuber angewandt wird. Er weist
darauf hin, daß Ameisen, Mäuse, Maulwürfe und Schlangen
»in Verstecken leben und ihre Geheimnisse verbergen,
während der Ichneumon (Schleichkatze), das Wiesel und die
Katze im allgemeinen aus ihrem Versteck herauskommen, alles aufspüren, was verborgen ist und aus den Schlupflöchern
ziehen, was zu holen ist. Sie sind selbst Räuber und jagen andere Räuber.« Er fügt hinzu, daß das Sanskritwort ›Nakulus‹
den Ichneumon bezeichnet, der mit der Katze gemeinsame
Sache bei der Vernichtung von Mäusen, Skorpionen und
Schlangen macht. Er sieht seine Herkunft in der Wurzel

›nac‹, ›nak‹ = necare, so daß ›naculus‹ »Vernichter der nächtlichen Mäuse« bedeutet, ein Name, der gleichermaßen auf die Katze zutrifft. Er fügt hinzu, daß die Maus, ›mûsh‹, ›mûshas‹ oder ›mushakas‹ (Sanskrit, stehlen), der Räuber, der Schänder ist und gleichbedeutend mit der Ratte (›a rapiendo‹) steht. Der »Mauser« ist, wie ›nakulus‹, der Vernichter der Mäuse. Wir sehen also, daß die eigenartige, widersprüchliche Natur der Katze sie erneut einen Kreis schließen läßt. Sie ist nicht nur der Räuber, der in der Nacht kommt, eingehüllt und verborgen in ihrer Dunkelheit; sie ist auch Vernichter von Räubern, Verkörperung der göttlichen Augen von Sonne und Mond, vor denen »alle Dinge nackt sind« (Heb. 4 13), der Enthüller, der Offenbarer, die völlige, reine Wahrheit, die frei ist von jeglicher Art des Verbergens und unausweichlicher Feind aller, die in der Dunkelheit wandeln. Philos Rat, wegen versteckter Bedeutungen »den Spiegel der Namen« zu befragen, ist ein Schlüssel zu vielen verschlossenen Türen.

KAPITEL XXXV

SAGEN VON DER INSEL MAN

DIE HERKUNFT DER RASSE schwanzloser Katzen, die die Insel Man bewohnen, ist ein Geheimnis, das nie eine befriedigende Erklärung gefunden hat. Doch die Sage verbindet stets Schiffbruch mit dem Erscheinen der Man-Katze in ihrer Inselheimat. Einer Erzählung zufolge kam die Rasse mit der Spanischen Armada herüber und pflanzte sich aus Katzen fort, die dem Untergang zweier Schiffe bei Port Erin entronnen waren. Ein alter Zeitungsartikel von der Insel Man behauptet, daß 1808 ein »Schiff der Ostgrafschaft bei Jurby Point Schiffbruch erlitten habe, und eine schwanzlose Katze sei an Land geschwommen.« Eine andere Überlieferung, die Rev. W. B. Clarke vor der Vergessenheit bewahrt hat, berichtet, daß ein baltisches Schiff, das zwischen Castle Rushen und dem »Calf« Schiffbruch erlitten hat, für die Verbreitung der Man-Katze auf der Insel verantwortlich ist. Als das Schiff dicht bei der Küste vorübertrieb, sprangen zwei oder drei schwanzlose Katzen vom Bugspriet herunter und wurden von den Schiffbrüchigen aufgenommen; und das waren die ersten dieser Art, die auf Man anzutreffen ist. Alle diese Sagen sind zugestandenermaßen neueren Datums und wollen lediglich sagen, daß die Herkunft der Rasse unbekannt ist und im Ausland liegt.

Der erfahrene Forscher Auguste Pavie war der Ansicht, daß die Annamkatze mit der Man-Katze in Verbindung gestanden haben mag. Diese war von graziöser Gestalt, eher klein und hatte gelbe Augen und einen von Natur aus kurzen Schwanz. Sie wurde während einer Invasion nach Burma eingeführt und könnte im achtzehnten Jahrhundert von englischen Handelsexpeditionen in das Britisch-Indische Reich importiert worden sein. Auch Siam und Malaysia scheinen mögliche Quellen zu sein.

Die Katzen der malaiischen Inselgruppe sind für ihren geknickten, knotigen, klumpigen oder andersartig deformierten Schwanz berühmt. Der Grund für diese Tatsache ist unbekannt, aber es ist ein Faktum, das seit so langer Zeit besteht, daß es schon 1783 von William Marsden, dem damaligen Staatssekretär der Regierung Sumatras, erwähnt wird. Er schreibt in seiner »Geschichte von Sumatra«: »Die Spitzen ihrer Schwänze sind alle unvollständig und knotig.«

Eine einheimische Sage berichtet, daß eine Prinzessin, die in einem See auf dem Gelände des Palastes baden wollte, ihre Ringe über den (noch geraden) Schwanz ihrer Katze gestreift hatte. Aber, o weh! Die Katze tauchte ihren Schwanz unter, und die Ringe glitten ins Wasser. Beim nächsten Mal verknotete die Prinzessin den Schwanz der Katze, damit die Ringe an Ort und Stelle blieben, und seitdem haben alle einheimischen Katzen einen geknickten Schwanz.

Für den Reisenden muß es ziemlich schwierig sein, zwischen natürlich und künstlich schwanzlosen Katzen zu unterscheiden. Mr. Frazer berichtet uns, daß alle Katzen der Bismark-Inseln von der Nordküste Neu-Guineas an mit Stummelschwänzen umherlaufen. Aber es ist nicht die Natur, die für die Fehlerhaftigkeit ihres hinteren Anhängsels verantwortlich ist. Die Eingeborenen des Landes betrachten die Katze als vorzügliche Mahlzeit, und die weniger Gewissenhaften unter ihnen versuchten bisweilen, der Katze des Nachbarn habhaft zu werden, wenn ihre Nahrungsreserven knapp wurden. Diese Versuchung wird vereitelt, indem der Schwanz einer Katze zum Teil gestutzt wird und dieses Stück aufbewahrt wird. Falls eine Katze nach einer solchen Prozedur gestohlen und verspeist wird, kann der Besitzer das Verbrechen durch die Beerdigung des zurückbehaltenen Teils, verbunden mit bestimmten Zaubersprüchen, rächen. Denn dies wird bei dem Dieb eine schwere Erkrankung hervorrufen. Und deshalb wagt es niemand, eine Katze mit verstümmeltem Schwanz zu stehlen.

Als ich vor vielen Jahren in Newlyn in Cornwall war, traf ich auf viele Katzen mit kurzen Schwänzen, so daß ich annahm, ihre Herkunft sei von der Insel Man. Doch ein Einheimischer versicherte mir, sie seien von ihren Besitzern zurechtgestutzt worden. Er schrieb die Begründung der angeborenen Grausamkeit der kornischen Landbevölkerung zu, die er persönlich verabscheute. Es erscheint wahrscheinlicher, daß Aberglaube für diese Praxis verantwortlich war, aber obwohl meine persönlichen Erfahrungen mich lehrten, daß die Leute von Cornwall ausnahmslos freundlich waren, wußte ich zu dieser Zeit noch nicht genug, um einen tiefer liegenden Grund zu erkennen.

Aus der alten walisischen Sage, die unten angeführt wird, wird ersichtlich, daß die Man-Katzen schon in früher Zeit in Cornwall bekannt waren und daß diese Rasse von dort stammt. Sie waren eindeutig heilige Tiere, da die Sage berichtet, sie seien der Sproß einer Göttin oder zumindest des Religionssystems, das sie verehrte. Nach Davies »beteten die alten Britannier um achthundert vor Christus einen ›unbekannten Gott mit dem phönizischen Namen »Hwch« (Sau) an‹, und die Anzahl der Ortsnamen in dieser Gemeinde (Dinas Ffaraon), die ›Hwch‹ und ›Moch‹ (Schweine) enthalten, wie Llwyn yr Hwch, Dinas Moch, Cae'r Moch, usw., lassen den Schluß zu, daß die oben erwähnte Religion die Religion dieser Gegend gewesen ist.«

In der Sage heißt es, daß Dallwaran Dallben, der im Tal des Dallwyr in Cornwall lebte, eine Sau namens Henwen besaß, deren Hüter Coll ab Collfrewi war. »Die Sau war trächtig, und da prophezeit worden war, daß die Britische Insel durch ihre Nachkommenschaft Schaden nehmen werde, sammelte Arthur die Kräfte des Landes und zog los, um sie zu vernichten. Die Sau, die kurz vor dem Ferkeln stand, ging unterdessen bis an das Vorgebirge von Penwedig oder Land's End in Cornwall, von wo sie sich auf See begab. Sie ging in Aber Tarogi in Gwent an Land, aber Coll, der einige ihrer Borsten zurückbehalten hatte, folgte ihr überall nach, zu Land und zu Wasser. In Wheatfield in Gwent legte sie drei Weizenkörner und drei Bienen nieder; seitdem ist Gwent für den besten Weizen und Honig berühmt gewesen.

Von Gwent ging sie nach Dyfed, wo sie ein Gerstenkorn und ein Ferkel niederlegte; und seit dieser Zeit sind die Gerste und die Schweine von Dyfed sprichwörtlich. Danach ging sie weiter nach Arvon, und in Lleyn legte sie ein Roggenkorn nieder; seit dieser Zeit wird in Lleyn und Eifionydd der beste Roggen erzeugt. Von dort begab sie sich zur Klippe von Cyferthwch in Snowdon, wo sie ein Wolfsjunges und einen jungen Adler niederlegte – das waren der Wolf von Menwaed und der Adler von Brynach, die später so berühmt wurden. Von da ging die Sau zu dem schwarzen Stein in Arvon, unter den sie ein Kätzchen legte; dieses warf Coll in den Menai. In Mona nahmen die Söhne Palugs es heraus und zogen es zu ihrem eigenen Schaden auf. Aus ihm wurde die berühmte Katze von Palug, eine der drei größten Plagen von Mona.«

Coll ab Collfrewi soll der Neffe und Schüler von Rhuddlwm Gawr, dem dürren roten Riesen, gewesen sein, der möglicherweise ein phönizischer Kaufmann war und dessen religiöses System sich als Allegorie einer Sau darstellte. Davies, den wir hier zitiert haben, behandelt die Anbetung der Sau ausführlich, falls der Leser mehr darüber erfahren möchte.

Die älteste aller Ursprungsgeschichten über die Katze der Insel Man erzählt, daß sie das letzte Tier gewesen sei, das auf die Arche Noah wollte; durch ihre Verspätung geriet Noah außer sich und warf ungeduldig die Tür zu, wobei er ihren

Schwanz einklemmte. Das folgende Gedicht von Jane Crosby gibt diese Geschichte amüsant wieder:

»Said the cat, and he was Manx,
  Oh, Captain Noah, wait!
  I'll catch the mice to give you thanks
  And pay for being late!
  So the cat got in, but oh,
  His tail was a bit too slow!«

»Die Katze von der Insel Man
  Zu Noah sprach: ›Ach Captain, wart!
  Ich fange Mäuse Dir zum Dank,
  Tilge die Schuld durch meine Gegenwart.‹
  So kam die Katz' hinein, doch leider
  War die Tür ihr Schwanzabschneider!«

Und hier eine andere Fassung des Noahmythos:

»Noah, sailing o'er the seas
  Ran fast aground on Ararat,
  His dog then made a spring and took
  The tail from off a pretty cat:
  Puss through the window quick did fly,
  And bravely through the waters swam
  Nor ever stopped till high and dry,
  She landed on the Calf of Man.
  Thus tailless Puss earned Mona's thanks
  And ever after was called Manx.«

»Noahs war'n lang übers Wasser gefahr'n
  Und als sie endlich am Ararat war'n,
  Da machte sein Hund einen mächtigen Satz
  Und raubte den Schwanz einer prächtigen Katz';

Die Katze sogleich durchs Fenster flog
Und tapfer die Bahn durch das Wasser zog.
Sie ließ nicht nach, bis sie heil und ganz
Zum Trocknen auf die Insel kam: drum heißt sie Manx.«

Bei dem Jubiläumskongress der Folklore-Gesellschaft in London im Jahr 1928 sagte Miss Mona Douglas, die eine Rede über die Tiere der Insel Man in der Folklore hielt, es bestehe ein Volksglaube, daß die Katzen der Insel Man einen eigenen König hätten. »Dieser König führt tagsüber das Leben einer gewöhnlichen Hauskatze, aber in der Nacht ergreift er seine königliche Macht und zieht in unbändiger Verfassung durch die Gegend. Wehe dem Hausherrn, der seinen königlichen Gast schlecht behandelt hat, denn der Katzenkönig der Insel Man kann fürchterliche Rache nehmen.« Miss Douglas fügte hinzu, daß »Katzen in dem Ruf stehen, mit den Zauberwesen vertraut zu sein und mit allen Bewohnern der unsichtbaren Welt… Wenn eine Katze vor die Tür gesetzt wird, weil die Familie sich zur Ruhe begeben will, lassen die Feen sie in der Nacht wieder herein.«

BIBLIOGRAPHIE

Aldrovandi, Ulisse: *Opera Omnia*, Druck 1599–1668.

Apuleius Saturninus: *Metamorphesos, sive de Asino Aureo.*

Archæologia: or Miscellaneous Tracts relating to Antiquity, hg. von der »Society of Antiquaries of London«, London 1787.

Arnold, Sir Edwin: *The Light of Asia*, London 1906.

Aubrey, John: *Miscellanies*, Druck 1696.

Barclay, Alexander: *Description of Heavyness*, Druck 1506.

Barker, William Burckhardt: *Lares and Penates*, London 1853.

Barret, Francis: *The Magus, or Celestial Intelligencer*, London 1801.

Bates, E. Katherine: *Seen and Unseen*, London 1908.

Blavatsky, H. P.: *The Secret Doctrine*, London 1888ff.

Blind, Karl: *Artikel in »The Contemporary Review«*, Oktober 1881.

Bodin, Jean: *Six Livres de la République*, Druck 1576.

Boguet, Henri: *Discours des Sorciers*, 3. Aufl. Lyon 1590.

Bozzano, Ernest: *Les Manifestations Métapsychiques et les Animaux*, Paris 1926.

Brassington, W. Salt: *Historic Worcestershire*, Birmingham 1894.

Brooke, H. C. (Hg.): *Cat Gossip*, Taunton 1927.

Budge, Sir E. A. Wallis: *The Egyptian Religion*, London 1899.

— ders.: *The Liturgy of Funeral Offerings*, London 1909.

— ders.: *Legends of the Gods*, London 1912.

— ders.: *The Book of the Dead*, 2. Aufl. London 1923.

Butters, Laurence: *Fairbairn's Crests*, London o.J.

Campbell, J. Gregorson: *Witchcraft and the Second Sight in the Highlands and Islands of Scotland.*

Cardinall, A. W.: *The Natives of the Northern Territories of the Gold Coast*, London o.J.

The Century Dictionary, London o.J.

Churchward, Albert: *Signs and Symbols of Primordial Man*,
o.O. 1910.

Clodd, E.: *The Question*, London 1917.

Coleridge, Henry James: *Life and Letters of St. Francis Xavier*,
o.O. 1872.

Cooper, Thomas: *Mystery of Witchcraft*, London 1617.

Coulton, G. G.: *Superstitions condemned in the Penitential of
Bartholomew Iscanus, Bishop of Exeter, 1161–86*,
London o.J.

Crabb, George: *Universal Historical Dictionary*, London 1833.

Cramont, William: *The Records of Elgin (New Spalding Club)*,
Aberdeen 1903–07.

Danæus, Lambert: *Dialogue of Witches*, Druck 1575.

Davenport, John: *Witches of Huntingdon*, London 1646.

Davies, Edward: *Mythology and Rites of the British Druids*,
London 1809.

Davies, John: *Celtic Researches*, um 1630.

Davis, F. Hadland: *Myths and Legends of Japan*,
London 1920.

Dehors, P. S.J.: *Religion and Customs of the Uraons*, o.O. o.J.

Dennis, George: *The Cities and Cemeteries of Etruria*,
London 1883.

Dictionary of the Derivations of the English Language,
London o.J.

Dunbar, William: *Flyting of Dunbar and Kennedy*,
Druck 1508.

Eliphas Levi: *Transcendental Magic: Its Doctrine and Ritual*,
London 1923.

Encyclopædic Dictionary, Artikel »Cat in Scotch«, London.

Ennemoser, Joseph: *The History of Magic*, London 1854.

Erman, Adolph: *A Handbook of Egyptian Religion*,
London 1907.

Fables by the late Mr. Gay, London 1733.

Fairfax, Edward: *Dæmonologia*, verfaßt 1612, Privatdruck der
»Philobiblon Society« 1859.

Ferguson, Ian: *The Philosophy of Witchcraft*, London 1924.

Flinders Petrie, W. M.: *Amulets*, London 1914.

Ford, John u. Dekker, Thomas: *The Witch of Edmonton*,
um 1630.

Frazer, J. G.: *The Golden Bough*, London 1907ff.

Giffard, George: *Discourse of the subtill Practices of Devilles*,
London 1587.

— ders.: *A Dialogue of Witches and Witchcraft*, Druck 1608.

Glanvil, Joseph: *Saducimus Triumphatus, or Full and Plain
Evidence Concerning Witches and Apparitions*, London 1681.

Golding, Arthur: *The Rare and Singular Work of Pomponius
Mela, that excellent and worthy Cosmographer*,
London 1590.

Gordon, Sir Thomas Edward: *A Varied Life*, o.O. 1906.

Gould, Baring: *Curious Myths of the Middle Ages*,
London 1872.

Gregor, Walter: *Notes on the Folklore of the North-east of
Scotland*, London 1881.

Gubernatis, Angelo de: *Zoological Mythology*, London 1872.

Guerber, H. A.: *Myths of the Norsemen*, London 1909.

Harsnett, Samuel: *Declaration of Egregious Popish Impostures*,
Druck 1603.

Heath, Francis George: *Tree Lore*, London o.J.

Hislop, Alexander: *The Two Babylons*, 8. Aufl., London o.J.

Hose, Charles u. McDougall, William: *The Pagan Tribes of
Borneo*, o.O. 1912.

Howton, Richard: *Divine Healing and Demon Possession*,
London 1909.

Hurd, William: *The Religious Rites, Ceremonies and Customs
of the Whole World*, London o.J.

Hutchinson, Francis: *Historical Essay*, London 1718.

Ingoldsby, Thomas: *The Ingoldsby Legends*, London o.J.

Jenkins, D. E.: *Bedd Gelert, Its Facts, Fairies, and Folklore*, Portmadock 1899.

Jennings, Hargrave: *The Rosicrucians, Their Rites and Mysteries*, 2. Aufl. London 1879.

Johnson, W. Branch: *Folktales of Provence*, London 1927.

Jonson, Benjamin: *Masque of Queens*, um 1600.

Kerner, Dr.: *La Voyante de Prevorst*, o.O. o.J

Kreuzwald, Friedrich: *Estnische Märchen*, Halle 1869.

Lane, Edward William: *An Account of the Manners and Customs of the Modern Egyptians*, London 1835.

— ders.: *The Arabian Nights' Entertainments*, London o.J.

Lang, Andrew: *Custom and Myth*, London 1884.

Leger, Jean: *Histoire Génerale des Eglises Evangéliques des Vallées de Piemont ou Vaudoises*, o.O. 1669.

Lenormant, François: *Chaldean Magic*, London 1877.

Le Page Renouf, Peter: *On the Origin and Growth of Religion as Illustrated by the Religion of the Ancient Egypt*, um 1860.

Loiseleur, Jules: *La doctrine secrète des Templiers*, Paris 1852.

Lynton, E. Lynn: *Witch Stories*, o.O. 1861–62.

Maccullogh: *Among the Indians of Guiana*, o.O 1883.

Macdonald, James: *Religion and Myth*, London 1893.

Macdowall, M. W.: *Asgard and The Gods*, London 1886.

Mackenzie, Donald A.: *Egyptian Myth and Legend*, London 1913.

Macleod, Norman: *Reminiscences of a Highland Parish*, 1867.

McPherson, J. M.: *Primitive Beliefs in the North-east of Scotland*, London 1929.

Maspero, G.: *New Light on Ancient Egypt*, London 1922.

Massey, Gerald: *Symbolism*.

Mather, Cotton: *The Wonders of the Invisible World*, London 1862.

Mather, Increase: *The Wonders of the Invisible World: Being an account of the Tryals of Several Witches, Lately Executedin New England*, London 1862.

Mégnin, Paul: *Notre Ami le Chat*, Paris 1899.

Miln, Louise Jordan: *The Soul of China*, o.O. o.J.

More, Henry: *Antidote against Atheism*, um 1600.

Moret, A.: *Immortalité de l'ame*, o.O. o.J.

Murray, Margaret: *The Witch Cult in Western Europe*, Oxford 1921.

Muller, W. Max: *Egyptian Mythology*, London o.J.

Newes from Scotland, declaring the damnable Life of Doctor Fian, a notable Sorcerer, who was burned at Edenbrough in Januarie last, 1591.

North, Roger: *Lives of Francis North, Baron Guildford, and his Brothers*, o.O. 1740–42.

Northall: *Four Phases of Four Counties*, o.O. o.J.

O'Donnell, Elliott: *Animal Ghosts,* London 1913.

The Occult Review, alle Bände, London.

Ouseley, G. J.: *The Gospel of the Holy Twelve*, Neuaufl. London 1923.

Ovid: *Metamorphosen*.

Palaprat, Fabré: *Recherches Historiques sur les Templiers*, Paris 1835.

Palliot, Pierre: *La Vraye et Parfaite Science des Armoires*, o.O 1660.

Pennant, Thomas: *Tour in Scotland*, 1771–75 o.O.

Petto, Samuel: *A Faithful Narrative*, London 1652.

Philo [zugeschrieben]: *De Vita Contemplativa*, um 20 n. Chr.

Pitcairn, Robert: *Criminal Trials in Scotland*, Edinburgh 1833.

Plutarch: *Isis und Osiris*.

Pomponius Mela: *The Rare and Singuler Work of Pomponius Mela, that excellent and worthy Cosmographer*, ins Englische übersetzt von Arthur Golding, London 1590.

Quaritch, Bernard: *Faiths of Man*, London 1906.

Read, F. W.: *Egyptian Religions and Ethics*, London 1925.

Rehearsall both straung and true, London 1579.

Schmidt: *Histoire et doctrine des Cathares ou Albigeois*, Paris 1849.

Scot, Reginald: *The Discoverie of Witchcraft*, London 1584.

Scott, Sir Walter: *Letters on Demonology and Witchcraft*, Neuausg. London 1926.

— ders.: *Guy Mannering*, London 1878.

Sharpe, Charles Kirkpatrick: *A Historical Account of the Belief in Witchcraft in Scotland*, London 1884.

Sharpe, Samuel: *Egyptian Antiquities in the British Museum*, London 1862.

— ders.: *Egyptian Mythology*, 2. Aufl. London 1896.

Smith, Essex: *Horns of Elfland*. In: »The Occult Review«, Januar 1922.

Spalding Club Miscellany, Aberdeen 1841.

Speir, Mrs.: *Life in Ancient India*, London 1856.

Spence, Lewis: *Myths and Legends of Ancient Egypt*, London 1922.

Spicer, Henry: *Facts and Fantasies*, London 1853.

Squire, Charles: *Celtic Myth and Legend, Poetry and Romance*,

Stuart, John (Hg.): *Extracts from the Presbytery Book of Strathbogie*, Aberdeen 1843.

Summers, Montague: *The History of Witchcraft and Demonology*, London 1926.

Talmud – Abhandlung *Berakoth*.

Thorpe, Benjamin: *Monumenta Ecclesiastica*, London 1840.

Tooke, Andrew: *The Pantheon*, London o.J.

Topsell, Ed.: *Historie of Foure-Footed Beastes*, Druck 1607.

Tylor, Sir Edward B.: *Primitive Culture*, London 1873.

Van Loon, Hendrik Willem: *The Liberation of Mankind*, London 1926.

Virtue, George: *The Art Journal*, London 1854.

Walsh, R.: *Notices of Brazil*, 1830.

Webster, Nesta H.: *Secret Societies and Subversive Movements*, London 1924.

Webster, Wentworth: *Basque Legends*, o.O. 1877.

Weeks, John H.: *Among the Primitive Bakongo*, London 1914.

Whitaker, T. D.: *History of Whalley*, London 1818.

Wiedemann, A.: *Religion of the Ancient Egyptians*,
London 1897.

Wilkinson, Sir J. Gardner: *Manners and Customs of the
Ancient Egyptians*, London 1842.
— ders.: *The Ancient Egyptians*, London 1878.

Wood, J. G.: *Man and Beast, their Here and Hereafter*,
London 1874.

Woodhouse, F. C.: *The Military Religious Orders od the Middle
Ages*, London 1879.

INHALTSVERZEICHNIS

INHALTSVERZEICHNIS